The Economics of Entertainment

Schriften zur Politischen Ökonomik
Evolutorische und ökologische Aspekte

Herausgegeben von
Udo Müller, Oliver Budzinski, Yücel Calbay,
Jörg Jasper und Torsten Sundmacher

Band 16

PETER LANG

Julia Pannicke

The Economics of Entertainment

Eine theoretische und empirische Untersuchung
vor dem Hintergrund der Ökonomik der Medienverzerrung
und der Superstars

PETER LANG

Bibliografische Information der Deutschen Nationalbibliothek
Die Deutsche Nationalbibliothek verzeichnet diese Publikation in der Deutschen Nationalbibliografie; detaillierte bibliografische Daten sind im Internet über http://dnb.d-nb.de abrufbar.

Zugl.: Ilmenau, Techn. Univ., Diss., 2017

Ilm 1
ISSN 1439-7528
ISBN 978-3-631-76702-3 (Print)
E-ISBN 978-3-631-76703-0 (E-PDF)
E-ISBN 978-3-631-76704-7 (EPUB)
E-ISBN 978-3-631-76705-4 (MOBI)
DOI 10.3726/b14643

Peter Lang – Berlin · Bern · Bruxelles · New York · Oxford · Warszawa · Wien

www.peterlang.com

Inhalt

Abbildungsverzeichnis

Tabellenverzeichnis

1 Einführung

Die Lebensqualität und das Wohlbefinden vieler Menschen werden nicht unerheblich durch Medien und ihre Qualität determiniert (Anderson, Gabszewicz 2006). Bei einer täglichen Mediennutzungsdauer von rund 9,5 Stunden pro Tag[1] nehmen Medien einen zentralen Bestandteil im Leben und in der (Frei-)Zeitgestaltung der deutschen Haushalte ein. Im aktuellen Zeitalter der digitalen Revolution konsumiert nahezu jeder deutsche Haushalt täglich Medien. Deutschland erreicht bis dato sogar annähernd eine Vollversorgung mit TV- und Radiogeräten (Engel, Breuning 2015). Das Fernsehen bleibt bezogen auf seine Tagesreichweite und seine tägliche Nutzungsdauer das nutzungsstärkste Medium (Engel, Breuning 2015). Aufgrund des einfachen Konsums und seiner Beliebtheit nimmt es eine wesentliche Rolle bei der Meinungsbildung und der Beeinflussung der sog. öffentlichen Meinung ein. Die höchsten Einschaltquoten erreichen dabei die Unterhaltungssendungen (bpb 2010a). Die Unterhaltungsindustrie umfasst die kommerzielle Herstellung von medialen Produkten und deren Verbreitung insbesondere aus den Bereichen Fernsehen, Musik, Film, Computerspiele und Bücher (bpb 2010b). Audiovisuelle Medien als „Motor der Kreativwirtschaft" zählen dabei zu den bedeutendsten Innovations- und Wachstumstreibern der deutschen Gesamtwirtschaft (VPRT 2015). Die Gesamtumsätze der deutschen Unterhaltungs- und Medienbranche werden laut PwC-Prognose für das Jahr 2017 auf rund 73,2 Mrd. Euro geschätzt. Seit 2007 sind die Gesamtumsätze damit um knapp 30 % gestiegen. Mit einem durchschnittlichen Wachstum von 2,1 % pro Jahr wird weiterhin eine positive Entwicklung des Marktvolumens prognostiziert, womit die deutsche Unterhaltungs- und Medienbranche sogar auch zukünftig stärker als die Gesamtwirtschaft (+ 1,6 %) wächst. Damit werden bis 2019 Gesamtumsätze von 75,6 Mrd. Euro in Deutschland erwartet (PwC 2015). Zudem steigt sowohl die Zahlungsbereitschaft (PwC 2015; VPRT 2017) als auch die Zahlungsfähigkeit für Entertainment-Produkte (Destatis 2012; PwC 2012). Darüber hinaus hat sich der Anteil der Freizeit (= die Zeit, in der die Menschen unterhalten werden wollen) aufgrund einer im langfristigen Trend gesehenen Reduzierung der Arbeitszeit (im Vergleich zu den 1960/70er Jahren) sowie unterschiedlicher Lebensmodelle und Lebensweisen (mehr Single-Haushalte,

1 Fernsehen (208 Min.), Radio (173 Min.), Internet (107 Min.), Tonträger (24 Min.), Tageszeitung (23 Min.), Bücher (19 Min.), Zeitschriften und Video/DVD (jeweils 6 Min.) (Engel, Breuning 2015: 312).

niedrigere Geburtenraten, höheres durchschnittliches Geburtsalter etc.) erhöht (Eurofound 2012; Masnick, Ho 2012; Stiftung für Zukunftsfragen 2013). Menschen tendieren unter Bezugnahme der „Experience Economy“ folglich dazu, sich immer mehr auf Erlebnis und Unterhaltung zu konzentrieren (Pine, Gilmore 1998). Die Unterhaltungsmärkte gelten aufgrund ihrer Vermittlung von Lebensweisen als wichtige Orientierungsgrundlage (bpb 2010b). So wird die öffentliche Meinungsbildung heute lange nicht mehr nur durch Nachrichtensendungen und politischen Magazinen, sondern auch durch Unterhaltungssendungen und -medien beeinflusst. Unterhaltungsmärkte können wertvolle politische, kulturelle und gesellschaftliche Anstöße vermitteln. So stellt der Ökonom Wolf bereits im Jahr 1999 fest, dass „entertainment – not autos, not steel, not financial services – is fast becoming the driving wheel of the new world economy” (Wolf, 1999: 4).

Die Unterhaltungsindustrie wird folglich ein zunehmend bedeutendes Element der modernen und sich wandelnden Medienlandschaft und erscheint daher insbesondere aus medienökonomischer Sicht außerordentlich interessant. Obwohl Unterhaltungsmärkte eine immer größer werdende Rolle bei der Meinungsbildung und der Beeinflussung der sog. öffentlichen Meinung einnehmen, ist ihre ökonomische Analyse in diesem Forschungsfeld auf den damit (vermeintlich) weniger wichtigen Inhaltsbereichen (im Vergleich zu Nachrichten, politischen Sendungen usw.) dennoch unterrepräsentiert.

Die Aufgabe der Medien in einem freiheitlich-demokratischen Staat ist es, die pluralistische und öffentliche Meinungsbildung zu sichern und ihre Vielfalt zu gewährleisten. Um eine objektive Informationsbereitstellung der Medien- und Unterhaltungsinhalte zu gewährleisten, gilt es diese Güter zu schützen. Vor dem Hintergrund, dass Medienunternehmen aber Anreize haben können, meinungsrelevante Inhalte in eine bestimmte Richtung zu lenken und damit den Medienpluralismus zu gefährden, beschäftigt sich die Media Bias-Literatur mit ebendieser Problematik. Die Ökonomik der Media Bias (engl. Economics of Media Bias), also der verzerrten Berichterstattung, bildet einen Schwerpunkt der vorliegenden Dissertation. Im Gegensatz zum bisherigen Kernpunkt der ökonomischen Literatur zu Economics of Media Bias fokussiert die Dissertation dabei weniger Nachrichtenmärkte, sondern in erster Linie aufgrund der aufgezeigten hohen Relevanz die Unterhaltungsmärkte. Vor diesem Hintergrund ist innerhalb einer Vielfalt an Unterhaltungsmärkten auch eine spezielle Untergruppe besonders in Bezug auf die Kombination des Konsums der Unterhaltung und des direkten Involvements der Zuschauer interessant. So schaffen nicht nur Journalisten etc. Medieninhalte, sondern auch Experten, Juries oder Zuschauer, wenn jene in einen Entscheidungsprozess wie das Bestimmen über Ranglisten einbezogen werden. Dies wird bspw. in den TV-Unterhaltungssendungen „Eurovision Song Contest“ (kurz: ESC)[2], eines der erfolgreichsten pan-europäischen Musikwettbewerbe oder „Pop Idol“, eine erfolgreiche weltweit vermarktete Gesangstalentcastingshow, praktiziert. Dieser Abstimmungsprozess kann wiederum aufgrund bestimmter Faktoren ebenso Verzerrungen unterliegen (= Voting Bias).

Aufbauend auf den Theorien und empirischen Studien der modernen Wettbewerbs- und Industrieökonomik liegt das Ziel der vorliegenden Dissertation entsprechend in der Analyse, wie außenstehende Einflüsse zu Verzerrungen in Unterhaltungsmärkten führen und welche Triebkräfte dahinterstehen. Da Ruhm und Erfolg wichtige Bestandteile nahezu aller Arten von Unterhaltung sind, wird auch der Economics of Superstars ein geeigneter Ausgangspunkt für die Analyse der Entertainmentmärkte zugeschrieben.

Der erste Abschnitt des theoretischen Teils der Dissertation beschäftigt sich daher mit der grundlegenden Theorie zu Media und Voting Bias (Kap. 2.1), während sich der zweite Abschnitt mit dem ökonomischen Phänomen der Superstars auseinandersetzt (Kap. 2.2). Im anschließenden Kapitel 2.3 werden die dazugehörigen zentralen Forschungsfragen formuliert und die Zielstellungen detailliert.

Da schlussendlich jene Diskussionen aber auch empirische Fragen sind, werden für eine empirische Evidenz hinsichtlich der Voting und Media Bias sowie Economics of Superstars auf Unterhaltungsmärkten mehrere eigene empirische Studien vorgestellt. So beschäftigt sich das Kapitel 3.1 mit der empirischen Analyse von Voting und Commercial Media Bias. Während erstere den bereits erwähnten ESC thematisiert (Budzinski, Pannicke 2016; Pannicke 2016a), fokussiert sich letztere auf Publikumszeitschriften (Pannicke 2016b). Im anschließenden Kapitel 3.2.1 wird das Zuschauer-Involvement unter Berücksichtigung der Economics of Superstars empirisch untersucht (Budzinski, Pannicke 2017b). Im Kapitel 3.2.2 werden in einem Nebenprojekt im Bereich der Filmindustrie Erfolgsfaktoren in einem genre-spezifischem Kontext fokussiert (Kaimann, Pannicke 2017). Abschließend wird im Kapitel 3.3. das Abstimmungsverhalten unter Hinzunahme der Kultur- bzw. Medienkonvergenz thematisiert (Budzinski, Pannicke 2017a).

Ziel des Promotionsvorhabens ist es schlussendlich, ökonomische Zusammenhänge, Auswirkungen und Wechselbeziehungen auf dem Unterhaltungsmarkt vor dem Hintergrund der Ökonomik der Medienverzerrung (Media und

---

2 Für detaillierte Informationen zum ESC s. Kap. 3.1.1.1.

Voting Bias) sowie der Ökonomik der Superstars zu analysieren und zu erklären. Diese Zusammenhänge bieten wertvolle Informationen und Implikationen für die Ausgestaltung gesellschaftspolitischer und wirtschaftlicher Entscheidungen, welche im Kapitel 4 der Dissertation in einer Zusammenfassung münden.

2 Theoretische Grundlagen

Der erste Abschnitt des theoretischen Grundlagenteils beschäftigt sich mit der Theorie der Media Bias. Beginnend werden Media Bias (Kap. 2.1.1) vor dem Hintergrund der Theorie mehrseitiger Märkte (Kap. 2.1.2) definiert und vorgestellt. Anschließend wird in die Literatur bezüglich der Marktstruktur eingeführt, welche Anreize zu Media Bias setzt (Kap. 2.1.3). Media Bias werden ferner in Verbindung mit deren Motivation und Arten (Kap. 2.1.4) definiert und zusammengefasst. Darüber hinaus erfolgt eine detailliertere Betrachtung der gewinnorientierten Commercial Media Bias (Kap. 2.1.4.1) und der Voting Bias (Kap. 2.1.4.2), da jene im Zentrum der empirischen Analysen des Kapitels 3.1 stehen. In diesem Zuge werden auch kulturelle Voting Bias (Kap. 2.1.4.2.1), Voting Bias im Eurovision Song Contest (Kap. 2.1.4.2.2) und Voting Bias seitens Zuschauer und Experten diskutiert (Kap. 2.1.4.2.3). Der folgende Literaturüberblick zu den theoretischen und empirischen Grundlagen der Media Bias dient unterstützend und erleichtert das Verständnis des empirischen Teils der Dissertation im dritten Kapitel.

Im zweiten Abschnitt des theoretischen Grundlagenteils werden die bedeutendsten Vertreter der klassischen Superstartheorie zur Erklärung dieses ökonomischen Phänomens herangezogen und deren theoretischen Auseinandersetzungen zusammengefasst. Im Fokus der Diskussion stehen die theoretischen Ansätze nach Rosen (Kap. 2.2.1), MacDonald (Kap. 2.2.2), Adler (Kap. 2.2.3) sowie weiterführende Ansätze bis zum aktuellen Forschungsstand (Kap. 2.2.4). Elemente der vorgestellten Theorien werden in den anschließenden, empirischen Studien des Kapitels 3.2 aufgegriffen und untersucht (Kap. 3.2.1 und Kap. 3.2.2).

Das Kapitel 3.3 beschäftigt sich schlussendlich mit den beiden vorgestellten Theorieteilen und vereint somit beide Teilgebiete.

Der vorliegende, theoretische Teil endet mit den aus der Theorie hergeleiteten zentralen Fragestellungen, welche in der vorliegenden Dissertation bearbeitet werden (Kap. 3.3).

2.1 Grundlagen zu Media und Voting Bias

2.1.1 Begriffsbestimmung

Medienmärkte kennzeichnen sich durch zwei Arten von Wettbewerb. Dabei handelt es sich einerseits um den ökonomischen Wettbewerb im Sinne des Marktwettbewerbs (Gewinn, Marktanteile etc.), andererseits um den publizistischen Wettbewerb. Publizistischer Wettbewerb meint den „reine(n) Ideenwettbewerb ohne jede wirtschaftliche Konsequenz“ (Kantzenbach 1988: 80). Pluralistische Meinungsbildung sowie eine vielfältige Ausgestaltung der Meinungs- und Medienlandschaft kann vor dem Hintergrund verfassungs- und grundrechtlicher Vorgaben (Meinungsfreiheit im Art. 5 Abs. 1 Satz 1 GG, Rundfunk- und Pressefreiheit) im Sinne des publizistischen Wettbewerbs realisiert werden. Gleichsam steht er für das Bewahren, Schaffen und Fördern von Meinungsvielfalt und kultureller Vielfalt, welche Grundziele der Europäischen Union (Art. 151 (4) EGV) verkörpern (Psychogiopoulou 2006).

Ein vielfältiger Meinungsmarkt sowie eine vielfältig ausgestaltete Medienlandschaft und Kultur sind bedeutende Güter in einer demokratischen und liberalen Gesellschaft. Dieser Medienpluralismus ermöglicht eine individuelle Meinungsbildung sowie einen individuellen Meinungsbildungsprozess, welcher vielseitige Aspekte, Perspektiven und Meinungen berücksichtigt. Zudem gilt er als Voraussetzung für die Verhinderung von Meinungsmacht. Die Massenmedien nehmen dabei eine entscheidende Rolle ein, da insbesondere deren Medieninhalte die Vielfalt der Kulturen und Meinungen transportieren und veranschaulichen. Sie haben damit eine direkte Möglichkeit der Einflussnahme auf die öffentliche Meinung und Meinungsbildung, insbesondere dann, wenn Medienunternehmen konzentriert sind und Meinungsmacht besitzen (Ecke 2011; Hasebrink 2016). Um eine objektive Informationsbereitstellung, Ausgewogenheit und Meinungsbildung zu gewährleisten, gilt es folglich diese Güter zu schützen.

Weil Medienunternehmen Anreize haben können meinungsrelevante Inhalte in eine bestimmte Richtung zu lenken, beschäftigt sich das Forschungsfeld der Media Bias mit der Gefährdung und der systematischen Verzerrung ebenjener Schutzgüter. Durch eine gezielte Inhaltsverzerrung werden schlussendlich die Informationen unzureichend bereit- und einseitig dargestellt, womit die ökonomische Wohlfahrt durch steigende Informationskosten sinkt (Dewenter 2011; Dewenter, Heimeshoff 2014). Durch Media Bias und damit die einseitige, verzerrte oder unzureichende Berichterstattung wird die kulturelle Vielfalt sowie die Meinungsvielfalt beeinträchtigt.

Das junge Forschungsgebiet der Media Bias befindet sich an der Schnittstelle wissenschaftlicher Disziplinen und stellt u. a. Ökonomen, Politiker sowie Medien-, Rechts- und Kommunikationswissenschaftler zunehmend vor neue ökonomische, rechtliche, gesellschaftsethnische und politische Herausforderungen. Während Media Bias in der medienwissenschaftlichen Literatur zunehmend mit Nachrichtenverzerrung gleichgesetzt werden, handelt es sich im ökonomischen Sinne schlichtweg um eine strategisch verzerrte oder tendenziöse Berichterstattung, womit ein irreführendes, unwahres oder nicht-präferenzkonformes Bild der Wirklichkeit suggeriert und folglich rezipiert wird. Der englische Begriff Media

Bias[3] bedeutet entsprechend Medienverzerrung und Medienmanipulation, eine Manipulation der Inhalte durch Medien. Hinsichtlich der Media Bias wird zwischen einer gewollten und einer unbeabsichtigten Verzerrung unterschieden (Mullainathan, Shleifer 2005; Xiang, Sarvary 2007). Neben unbeabsichtigten oder zufälligen Verzerrungen, sind allen voran jedwede für die Dissertation bedeutend, die gezielt und systematisch in eine bestimmte Richtung verzerrt werden. Hierzu lassen sich die ideologischen Media Bias und die gewinnorientierten Media Bias als strategische Verzerrung einordnen (Dewenter 2011).

Jene Bias werden in den letzten 10 Jahren u. a. vermehrt in der Politikwissenschaft und auch zunehmend in der empirischen Industrieökonomik anhand moderner Methoden und Modelle wissenschaftlich diskutiert (u. a. Burke 2008; Gentzkow, Shapiro 2006, 2010; McLaren 2012; Xiang, Sarvary 2007). Während die ideologischen Bias auf politische, religiöse und/oder soziokulturelle Hintergründe beruhen (z. B. Gentzkow, Shapiro 2006; Mullainathan, Shleifer 2005), werden die gewinnorientierten durch ökonomische Interessen motiviert, indem die Inhalte an Präferenzen der Nachfrager angepasst werden (Dewenter 2011).

Obwohl die Thematik insbesondere auf Nachrichten- und Informationsmärkten ausgiebig sowohl in der empirischen Industrieökonomik als auch in der Politikwissenschaft, dem Journalismus und der Medienwissenschaft diskutiert wird (Anderson, McLaren 2012; Baron 2006; Besley, Prat 2006; Djankov et al. 2003; Petrova 2012; Sobbrio 2011a), offenbart sich im Bereich der Unterhaltungsmärkte eine Forschungslücke. Allerdings erscheinen gerade jene Unterhaltungsmärkte wegen ihrer zunehmenden Bedeutung, ihrer gesellschaftspolitischen Relevanz und ihres wachsenden Einflusses auf die öffentliche Meinungsbildung ökonomisch äußerst interessant (Kap. 1).

2.1.2 Relevanz der Theorie mehrseitiger Märkte (Plattformökonomik)

Die in den späten 1990er Jahren entstandene, und damit noch sehr junge Theorie mehrseitiger Märkte (oder auch Theorie zweiseitiger Märkte, Plattformökonomik, two-sides markets) legt einen Meilenstein für die Ökonomik der Medienmärkte, insbesondere für deren detailliertere mikroökonomische Analyse und die Erklärung von Verhaltensweisen und Betrachtung bereits bekannter Probleme (u. a. Anderson, Gabszewicz 2006; Demange, Gale 1985; Rochet, Tirole 2003, 2006). Dieser elementare Wissenschaftsansatz in der Medienökonomik

3 Das Forschungsgebiet der Media Bias ist hauptsächlich im englischsprachigen Raum präsent, weswegen noch keine einheitliche Übersetzung des Begriffs –Media Bias- existent ist. Daher wird im Verlauf der Arbeit der englische Begriff Media Bias fortgeführt.

hilft darüber hinaus bei der Anwendung und Beschreibung von Theorien, wie bspw. die der Media Bias. Gewinnorientierte Media Bias lassen sich z. B. mithilfe der Theorie zweiseitiger Märkte erklären (u. a. Ellman, Germano 2009).

Medienunternehmen vermitteln üblicherweise zwischen zwei Nachfragegruppen. So bedient beispielshaft ein privater Fernsehsender die Nachfrage der Rezipienten nach Sendungsinhalten und die Nachfrage der Werbekunden nach Werbeflächen. Die Nachfragegruppen sind allerdings im Vergleich zu gewöhnlichen Mehrproduktunternehmen abhängig voneinander und können nicht durch einfache Substitutions- oder Komplementärbeziehungen erklärt werden (Dewenter 2007a). Infolgedessen kann die ökonomische Motivation zur Verzerrung gewinnorientierter Media Bias als profitable Strategie begründet werden, welche zugunsten des Rezipienten- oder des Werbemarktes verzerrt.

Mit der Theorie zweiseitiger Märkte ist auch die Anzahl ökonomischer Studien zu Media Bias gewachsen, welche jene aus unterschiedlichen Perspektiven betrachten (Dewenter, Heimeshoff 2015). Da die Theorie mehrseitiger Märkte das theoretische Verständnis und die Anwendung der Media Bias Theorien unterstützt, wird die Theorie an dieser Stelle kurz beleuchtet. Obwohl das Grundverständnis zweiseitiger Märkte bereits seit Dekaden vorhanden ist (u. a. Blair, Romano 1993; Corden 1952; Demange, Gale 1985, Gustafsson 1978), fokussieren sich erst in den letzten 15 Jahren Ökonomen mit ebenjener Thematik. Die Theorie des Plattformwettbewerbs findet ihren Ursprung in den Märkten für Zahlungssysteme (z. B. Kreditkarten) (Armstrong 2006; Caillaud, Bruno 2003; Rochet, Tirole 2002, 2003, 2006), löst darauf folgend aber einen geradezu massiven Aufschwung an medienökonomischen Forschungsarbeiten in der modernen (Industrie-) Ökonomik aus (Anderson, Gabszewicz 2006; Evans, Schmalensee 2007; Rysman 2009; Weyl 2010). So ist es nun durch die Betrachtung indirekter Netzwerkeffekte und dem resultierenden Markterweiterungseffekt sowie unterschiedlichen Preisstrukturen möglich, weitaus mehr Implikationen abzuleiten als zuvor. Typische Beispiele für zweiseitige Märkte sind Kartenzahlungssysteme, Sportvereine, Reise- und Partnervermittlungen, Strombörsen sowie Immobilienmakler (Dewenter, Rösch 2015: 116–117).

Essentielle Bedingung einer zweiseitigen Plattform ist das Vorhandensein von indirekten Netzwerkexternalitäten zwischen mindestens zwei Nachfrage-/ Kundengruppen. Zudem müssen sich jene Nachfragegruppen distinkt gegenüberstehen, demgemäß klar unterscheidbar und voneinander abgrenzbar sein. Diese unterschiedlichen Nachfragegruppen treffen schließlich auf einer Plattform zusammen. Der Anbieter der Plattform agiert dabei als Intermediär, dementsprechend als Vermittler, und internalisiert die vorhandenen indirekten Netzwerkeffekte zwischen den Nachfragegruppen. Wäre ein derartiger Vermittlungsservice nicht erforderlich, d. h. die unterschiedlichen Nachfragegruppen könnten sich aufgrund geringer Transaktionskosten direkt koordinieren, läge aus ökonomischer Sicht kein mehrseitiger Markt vor (Evans 2003). Bspw. hemmen die hohen und mitunter sogar prohibitiven Transaktionskosten im Bereich der Kreditkartensysteme eine direkte Internalisierung der Externalitäten zwischen den Nachfragegruppen, wodurch eine Koordinierung durch eine Plattform also unabdingbar ist. Deshalb agieren Kartenzahlungssysteme als Intermediär zwischen den distinkten Nachfragegruppen der Kartenhalter und dem Einzelhandel. Im Falle einer als Plattform agierenden Partnervermittlung (z. B. Parship, Elite Partner) wäre allerdings eine direkte Koordination der Marktteilnehmer durchaus auch ohne Plattform denkbar, da ein Partner auch ohne Vermittlungsfirma gefunden werden kann. In diesem Falle müsste entsprechend nicht zwingend eine Plattform die Koordinierung übernehmen (Budzinski 2016).

Die Theorie mehrseitiger Märkte findet zunehmend im Bereich der Medienökonomik Anwendung. Medienmärkte, welche typischerweise als Plattformmärkte charakterisiert werden können, sind z. B. Zeitschriften, Zeitungen, Videospielkonsolen, Internetportale, werbefinanziertes Fernsehen und Radio (Dewenter, Rösch 2015: 116). Vor diesem Hintergrund veranschaulicht die Abbildung 1 das Konzept des zweiseitigen Marktes (Anderson, Gabszewicz 2006; Dewenter 2007b; Dewenter 2006; Rochet, Tirole 2006; Rosen 2005).

Abbildung 1: Beispiel eines zweiseitigen Marktes (Quelle: in Anlehnung an Dewenter 2007b: 3)

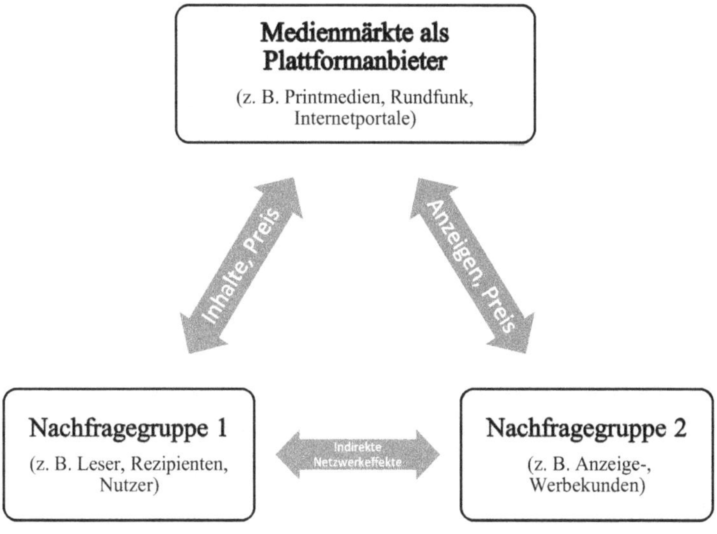

Im Zentrum steht die Plattform als Medium selbst, im folgenden Beispiel eine Zeitschrift. Diese übernimmt die Koordination zwischen Nachfragegruppe 1 und Nachfragegruppe 2. Nachfragegruppe 1 repräsentiert in diesem Fall z. B. den Lesermarkt, Nachfragegruppe 2 den Anzeige- bzw. Werbemarkt. Die Gruppen sind distinkt und über indirekte Netzwerkeffekte miteinander verbunden. Im Gegensatz zu direkten Netzeffekten, bei denen der Nutzen der Konsumenten in direkter Abhängigkeit zur Netzwerkgröße steht (u. a. Farrell, Saloner 1986; Katz, Shapiro 1985), wird hier der Nutzen der Nachfragegruppe 1 durch die Netzwerkgröße der verbundenen Nachfragegruppe 2 determiniert, folglich der zu- oder abnehmenden Anzahl der Mitglieder der Nachfragegruppe 2.

Der Leser der Zeitschrift erwirbt die Zeitschrift zu einem bestimmten Preis X, im Gegenzug wird dem Leser Content bereitgestellt (= Nachfragegruppe 1). Die Werbekunden erwerben zu einem bestimmten Preis Y Werbefläche (= Nachfragegruppe 2), um ihre Anzeigen schalten und eine entsprechende Lesergruppe erreichen zu können. Beide Nachfragegruppen sind somit wegen erheblicher Transaktionskosten von der Plattform abhängig, denn eine direkte Koordination ohne Plattform ist nur schwer möglich. Beide Marktseiten stehen zudem durch die indirekten Netzwerkeffekte in einem Abhängigkeitsverhältnis zueinander. So profitieren die Werbekunden stetig mit der Zunahme der Nachfragegruppe 1 und der damit verbundenen höheren Reichweite, d. h. je größer die Leserschaft der Zeitschrift, desto größer der Nutzen derer, die darin ihre Anzeigen schalten. Hier liegt ein positiv indirekter Netzwerkeffekt vor, welcher von den Lesern auf die Nachfragegruppe der Anzeigenkunden ausgeht (Budzinski 2016). Der Nutzen der Leserschaft wiederum wird auch vom Umfang an Werbeanzeigen beeinflusst. Während bspw. die Internetplattform Ebay als weltweit größter Online-Marktplatz eindeutig beidseitig positive, indirekte Netzwerkexternalitäten (Käufer und Verkäufer profieren wechselseitig mit Zunahme des verbundenen Netzwerkes) aufweist, ist es hier fraglich, ob es sich um positive oder gar negative, indirekte Netzwerkexternalitäten handelt. Mehr Werbung muss nicht zwangsläufig als informativ gesehen werden und somit entsprechend den Nutzen der Leser steigern (positiver Netzwerkeffekt). Im Gegenteil, sie kann als störend empfunden werden und demnach den Nutzen mindern (negativer Netzwerkeffekt) (Wilbur 2008). Um eine derartige Beurteilung vorzunehmen, ist allerdings eine Einzelfallbetrachtung notwendig. Unabhängig davon werden die distinkten Nachfragegruppen aber über ebenjene indirekten Netzwerkeffekte miteinander verbunden, welche für die Existenz einer Plattform relevant sind und damit die Existenz eines zweiseitigen Markts begründen (Armstrong 2006; Dewenter 2007b; Dewenter, Rösch 2015; Rochet, Tirole 2006; Rosen 2005).

Bei der Gewinnmaximierung müssen Unternehmen im Vergleich zu klassischen Märkten jene Netzwerkeffekte beider Gruppen angemessen berücksichtigen und interagieren (Dewenter 2011). So beeinflusst die Preissetzung gegenüber der einen Gruppe auch die Nachfragemenge der anderen Gruppe. Es kann entsprechend durchaus vorkommen, dass Preise auf Grenzkostenhöhe keine Wohlfahrt oder Preise unterhalb der Grenzkosten keine Verdrängungsstrategie im Sinne des Predatory Pricing suggerieren. Preise unterhalb der Grenzkosten zu setzen oder Null-Preise zu verlangen kann vor dem Hintergrund positiver, indirekter Netzeffekte durchaus aber auch effizient sein. Desgleichen müssen Preise auch weit oberhalb der Grenzkosten nicht notgedrungen auf einen Marktmissbrauch hindeuten. Mit Zunahme der Leserschaft aufgrund sinkender Copy-Preise steigt wiederum der Nutzen der Werbekunden und somit ihre Zahlungsbereitschaft, da die Reichweite erhöht wird. Gehen von einer Marktseite nur geringe positive Netzwerkeffekte aus (in diesem Falle die Marktseite der Anzeigenkunden), dann kann der Plattformbetreiber auf dieser Marktseite einen hohen Preis verlangen (Dewenter 2007b). Da Werbung im Fernsehen überwiegend als störend empfunden wird und somit negative Netzwerkeffekte erzeugt werden können, werden dort folglich hohe Werbepreise gesetzt. Die Preise seitens des Rezipientenmarktes fallen dann eher gering aus. Die Rezipienten werden durch die Werbetreibenden entsprechend quersubventioniert (Anderson, Gabszewicz 2006).

Schlussendlich ermöglicht die Theorie mehrseitiger Märkte eine Analyse und Bewertung neu entstandener Strukturen und Geschäftsmodelle in der Medienökonomik, die sich aufgrund der Digitalisierung und neuer Technologien überaus dynamisch entwickeln. Überdies können Medienmärkte vor dem Hintergrund ihrer Interdependenzen besser verstanden und erklärt werden. Rosen (2005) beschreibt das Konzept daher als „pervasive and important phenomena in modern economies" (Rosen 2005: 156).

2.1.3 Marktstruktur und Präferenzkonformität

Der in Kapitel 2.1.1 angesprochene Medienpluralismus und die Meinungsvielfalt können hinsichtlich meritorischer und konsumtiver Vielfalt unterschieden werden (Kruse 1999). Die definierte Meinungsvielfalt in § 25 RStV kann daher sowohl als konsumtive als auch als meritorische Meinungsvielfalt interpretiert werden (Kiefer 2005). Meritorische Vielfalt ist aufgrund ihrer paternalistischen Charakteristik und ihrem staatlichen Eingreifen in die Konsumentenpräferenzen allerdings eher kritisch zu bemessen und rein ökonomisch betrachtet ineffizient. Denn bei der meritorischen Vielfalt werden die Konsumentenpräferenzen bewusst nicht erfüllt, da jene Präferenzen gesellschaftlich nicht erwünscht sind (Dewenter, Rösch 2015: 47). Daher wird die meritorische Meinungsvielfalt hinsichtlich politischer und nicht ökonomischer Aspekte analysiert.

Die konsumtive Vielfalt kann indessen anhand der Präferenzen der Konsumenten bewertet und durch ökonomische Instrumente wie der horizontalen und vertikalen Produktdifferenzierung gemessen werden. Ein hoher Grad an vertikaler (Produktqualität) und horizontaler (Binnen- und Außenpluralität) Produktdifferenzierung ist ökonomisch betrachtet eng mit dem Erreichen von Meinungsvielfalt verbunden. Werden Informationen hinreichend verzerrt dargestellt (= Media Bias), kann dies desgleichen zu einer Einschränkung der Meinungsvielfalt führen. Media Bias können entsprechend je nach Grad ihrer Verzerrung ähnliche Effekte wie eine unzureichend horizontale und vertikale Produktdifferenzierung verursachen. Um Meinungsvielfalt zu erreichen, gilt es entsprechend den Media Bias weitestgehend zu minimieren (Dewenter 2011).

Ein Hauptbereich der ökonomischen Media Bias Forschung beschäftigt sich folglich mit der Frage, welche Marktstruktur und Marktkonzentration (Wettbewerb oder Monopol) Anreize für eine verzerrte Berichterstattung setzt und welche Rolle dabei die Präferenzen der Konsumenten einnehmen (Anderson, McLaren 2007; Burke 2008; Gentzkow, Shapiro 2006, 2010; Mullainathan, Shleifer 2002, 2005: Xiang, Sarvary 2007). Im Fokus steht daher die Frage, welche Marktstruktur in Abhängigkeit von den Präferenzen der Konsumenten Pluralismus und Meinungsvielfalt fördert oder mindert.

Unter den klassischen, ökonomischen Modellen von Steiner (1952), Wiles (1963), Rothenberg (1962) und Beebe (1977) wird zur Analyse von Meinungsvielfalt die (vertikale und horizontale) Produktdifferenzierung herangezogen. An dieser Stelle soll daher kurz auf die Produktdifferenzierung eingegangen werden, bevor Media Bias zur Analyse von Meinungsvielfalt berücksichtigt werden.

Monopolisten haben laut Steiner (1952) tendenziell mehr Anreize zu einer Produktdifferenzierung und damit ein vielfältiges Programm anzubieten als Wettbewerber. Er veranschaulicht dies anhand eines Beispiels von Radiosendern. Unter der Annahme des Ziels der Zuhörermaximierung und der ausschließlichen Finanzierung der Sender durch Werbung, welche von der zu erwartenden Zuhörerzahl abhängt, duplizieren im Wettbewerb stehende Anbieter lediglich ineffizient bereits vorhandene Programminhalte. Ergibt sich die Präferenzverteilung A > B > C von 3 Zuhörergruppen und 3 Programmen (A, B, C) bspw. so, dass Zuhörergruppe A1: 5000 Hörer, B2: 2500 Hörer und C3: 1250 Hörer verzeichnen und stehen nur 3 Programmplätze zur Verfügung, dann wird ein Monopolist alle 3 Kanäle beitreiben, um somit die maximale Zuhöreranzahl zu erreichen (5000 + 2500 + 1250 = 8750). Im Oligopolfall, bei welchem jeder

der 3 Sender einen eigenen Kanal betreibt, werden Kanal 1 und 2 jeweils das Programm A senden und somit jeweils die Hälfte der Hörer A1 bedienen (je 2500), Kanal 3 sendet Programm B mit entsprechend 2500 Hörern. Die Folge ist, dass 1250 Konsumenten der Konsumentengruppe C3, welche Programminhalte C präferieren, nicht bedient werden. Da der Monopolist unter diesen Bedingungen der gewinnmaximierenden Strategie keine weiteren Rezipienten erreichen kann, besteht kein Anreiz die eigenen Programminhalte zu duplizieren. Er wird entsprechend alle 3 Programminhalte anbieten und somit Vielfalt gewähren. Wettbewerber werden allerdings vor dem Hintergrund der ausschließlichen Finanzierung durch Werbung jene Inhalte duplizieren, welche von den meisten Konsumenten präferiert werden, da diese den Werbepreis bestimmen (Kap. 2.1.2). Damit werden die Einnahmen nach der Theorie zweiseitiger Märkte am Werbemarkt gesteigert, je mehr Konsumentenpräferenzen befriedigt werden. Bedeutend ist demnach die Zahlungsbereitschaft der Werbekunden. So könnte auch eine geringe Anzahl von Rezipienten ausreichend sein, um die Inhalte zugunsten derselben zu beeinflussen, wenn die Werbekunden eine besonders hohe Zahlungsbereitschaft bezüglich ebenjener Rezipientengruppe signalisieren (Budzinski 2009; Dewenter 2011). Dieser von Steiner (1952) entwickelter Ansatz wird durch Modelle von Wiles (1963) und Rothenberg (1962) ergänzt und später von Beebe (1977) weiterentwickelt.

Schlussendlich sind wesentliche Erkenntnisse der Modelle, dass Wettbewerb unter bestimmten Annahmen zu einer Verringerung der kulturellen Vielfalt respektive Produktdifferenzierung führt. Unter der Bedingung, dass die Rezipienten auch nur einen bestimmten Programmtypus nachfragen, wird das Angebot somit im Wettbewerb eine geringere soziale Wohlfahrt als jenes eines Monopolisten erzeugen. Diese Ansätze sind heute allerdings aufgrund der formulierten und teilweise irrelevanten und überholten Modellannahmen kritisch zu betrachten. So führen sinkende Produktionskosten, die kaum mehr vorhandenen Kapazitätsbeschränkungen der Sendeplätze und individuelle Konsumentenpräferenzen dazu, dass konkurrierende Anbieter durch Abdeckung von Nischenprogrammen eine größere Vielfalt ermöglichen (Dewenter 2011). Es findet sich auch in der empirischen Literatur dazu kein einheitlicher Einfluss der Marktstruktur auf die Meinungsvielfalt durch Produktdifferenzierung (u. a. Alexander, Cunningham 2004; Berry, Waldfogel 2001; Chambers 2003; Wurff, Cuilenburg 2001).

Voraussetzend für die Realisierung von Meinungsvielfalt ist allerdings nicht nur die eben betrachtete Produktdifferenzierung in Abhängigkeit von der Marktstruktur, sondern auch, unter welchen Marktstrukturen Media Bias minimiert und damit die Voraussetzung für Meinungsvielfalt gewährleistet wird. Je nach Präferenz der Konsumenten hat die Marktstruktur ungleiche Folgen auf die Anreizsetzung für Media Bias eines gewinnorientierenden bzw. gewinnmaximierenden Medienunternehmens. Studien bezüglich dieser Thematik sollen daher im Folgenden kurz vorgestellt werden.

Im Jahr 2005 untersuchen Mullainathan und Shleifer (2005) inwiefern die Marktstruktur Anreize für eine verzerrte Berichterstattung setzt. Präferieren die Konsumenten bspw. homogen eine unverzerrte Darstellung der Berichte, gibt es weder im Monopol noch im Wettbewerb Anreize für Media Bias. Wichtig ist allein die bloße Mitteilung von Fakten, womit auch die Medien keinen Media Bias aufweisen. Haben sämtliche Konsumenten homogen identische, aber verzerrte Präferenzen, so werden sich sowohl ein Monopolist als auch ein im Wettbewerb stehendes Medienunternehmen präferenzgerecht und damit verzerrt an die Konsumentenpräferenzen orientieren (Mullainathan, Shleifer 2005). Liegt hingegen die Konstellation vor, dass Konsumenten heterogene und somit unterschiedliche Präferenzen aufweisen, unterscheiden sich auch die Anreize je nach Marktform. Ein Monopolist tendiert dann zu einer relativ unverzerrten Berichterstattung, um so möglichst viele Rezipienten zur Gewinnmaximierung zu erreichen bzw. wird er eine Berichterstattung wählen, welche im Mittel den Präferenzen der Konsumenten entspricht (Dewenter 2011). Auf einem Wettbewerbsmarkt werden die Medienunternehmen allerdings eher dazu tendieren, ihre Berichterstattung auf die Präferenzen einzelner Meinungsgruppen zu fokussieren, woraus eine Steigerung der Media Bias durch erhöhten Anreiz resultiert. „Als Folge der überproportionalen Kosten, die aus einer Berichterstattung entstehen, die weiter von der eigenen Meinung der Konsumenten entfernt ist, werden beide Zeitungen sogar einen Bias aufweisen, der größer als der der Konsumenten ist und zwei extreme Positionen einnehmen“ (Dewenter 2011: 16). Somit wird der Preiswettbewerb der Medienunternehmen minimiert, da sich die Medieninhalte bedeutend voneinander unterscheiden, was schlussendlich trotz entgangener Marktanteile dazu führt, dass die Gewinne steigen.

Letztlich hat ein Monopolist durch Binnenpluralität daher weniger Anreize verzerrt zu berichten als ein im Wettbewerb stehendes Medienunternehmen (Mullainathan; Shleifer 2005; Xiang, Sarvary 2007). Infolgedessen würde eine ökonomische Wettbewerbsbeschränkung unter diesen Bedingungen paradoxerweise zu größerer publizistischer Vielfalt, Qualität und weniger Meinungsmacht führen. Dies ist aber allen voran der Modellannahme geschuldet, dass Konsumenten überproportionale Nutzeneinbußen entstehen, wenn Medienunternehmen nicht ihren Präferenzen entsprechend berichten. Die Konsumenten würden die Inhalte nämlich dann laut Annahme schlichtweg nicht mehr konsumieren (Budzinski 2009).

Burke (2008) argumentiert darüber hinaus, dass Wettbewerb zwar zu mehr Media Bias führt, dadurch aber gleichzeitig die Wohlfahrt aufgrund eines präferenzgerechten Angebots steigt. In seinem Modell geht er davon aus, dass Konsumenten jene Informationen präferieren, welche ihre eigenen Positionen, Meinungen und Vorstellungen erfüllen. Er thematisiert dabei das aus der Kognitionspsychologie bekannte Phänomen des ‚belief confirming'.

Gegenteilige Ergebnisse zeigen Anderson und McLaren (2012) sowie Gentzkow und Shapiro (2006) in ihren Untersuchungen, welche vergleichend zu Mullainathan und Shleifer (2005) und Xiang und Sarvary (2007) abweichende Annahmen treffen. Beide Analysen bekräftigen, dass wettbewerbliche Marktstrukturen den Media Bias reduzieren unter der Annahme, dass die Rezipienten Informationsmängeln ausgesetzt sind und sie die Güte sowie den Wahrheitsgehalt der Inhalte nicht beurteilen, bewerten und überprüfen können. Je weniger in Konkurrenz stehende Medieninhalte verfügbar sind, desto unwahrscheinlicher und schwieriger wird die inhaltliche Überprüfung. Die Wahrscheinlichkeit der ex post Aufdeckung von Media Bias wird allerdings unter der Bedingung eines intensiven Wettbewerbs erhöht. Daraus resultiert, dass monopolistische Marktstrukturen zu geringerer Vielfalt und damit zu Meinungsmacht führen könnten (Anderson, McLaren 2012; Gentzkow, Shapiro 2006).

Corneo (2006) und Anderson und McLaren (2012) betrachten zudem Medienunternehmen, welche neben dem eben betrachteten ökonomischen Ziel der Gewinnmaximierung auch politisch-gesellschaftliche Ziele anstreben. Unter dieser Bedingung steigt die publizistische Meinungsmacht, wenn ebenso monopolistische Marktstrukturen vorliegen. Entscheidend ist hier allerdings inwiefern sich die Konsumenten von Media Bias beeinflussen lassen. Empirische Evidenz dazu liefern bspw. DellaVigna und Kaplan (1997). Sie untersuchen den Einfluss verzerrter Berichterstattung auf die Präferenzen der Konsumenten anhand der amerikanischen Wahlen am Beispiel des TV Senders Fox News. Media Bias haben dort einen signifikanten Einfluss auf die Präferenzen und Abstimmungsergebnisse der Konsumenten sowie die steigende Anzahl der zu empfangenden Sender. Wettbewerb wirkt sich somit in diesem Falle positiv auf die Verringerung politischer Media Bias aus.

Summa Summarum kann somit nicht eindeutig aufgezeigt werden, welche Marktstrukturen weniger Anreize für Media Bias setzen und welche Konsumentenpräferenzen entscheidend sind. Grundsätzlich bieten beide Marktstrukturen Potenzial zu Media Bias.

Unberücksichtigt bleibt aber bspw. die Betrachtung der Elastizitäten der Nachfrager. Würde ein Medienmonopol verzerrt berichten, ist es fraglich, ob die

Konsumenten tatsächlich aufgrund unterschiedlicher Präferenzen von Inhalten den Konsum des Medieninhalts vollkommen einschränken würden. Zudem bestehen keine alternativen Medieninhalte. So würden Nachfrager gänzlich auf den Konsum verzichten, was außerdem fraglich ist. Überdies wird bei medialen Güterbündeln der Nicht-Konsum von verzerrten Medieninhalten erschwert. Desgleichen wird die Bedeutung von Innovationen, welche unter der Marktstruktur eines Monopols weniger relevant sind, vernachlässigt (Budzinski 2009).

Darüber hinaus können Nachfrager aufgrund der Vertrauensguteigenschaft von redaktionell aufbereiteten Nachrichten und den damit verbundenen Informationsasymmetrien und -mängeln den Wahrheitsgehalt der Nachrichten nicht vollauf überprüfen. Ob eine verzerrte Berichterstattung vorliegt ist infolgedessen nicht prüfbar. Diese Nicht-Überprüfbarkeit nimmt darüber hinaus zu, je konzentrierter der Markt und je weniger Medieninhalte von unterschiedlichen Medienunternehmen zur Verfügung stehen. Eine Reduzierung des Wettbewerbs unter Berücksichtigung von Informationsasymmetrien kann also zu Meinungsmacht und damit zu einer Einschränkung der Meinungsvielfalt führen (Anderson, McLaren 2007; Gentzkow, Shapiro 2006). So argumentiert auch Dewenter (2007a): „Zwar können ein Konsumenten- und ein Medienbias auch dann vorliegen, wenn wettbewerbliche Strukturen herrschen, die Ausnutzung von Meinungsmacht allerdings erscheint unwahrscheinlich ohne die Existenz einer marktbeherrschenden Stellung“ (Dewenter 2007a: 68).

Zusammenfassend kann also gesagt werden, dass tendenziell eher die Marktstruktur des Wettbewerbs Meinungsvielfalt und Medienvielfalt fördern könnte.

2.1.4 Motivation und Arten des Media Bias

Wie im Kapitel 2.1.1 angedeutet können unbeabsichtigte oder zufällige Media Bias auch schlichtweg im Zuge einer unsauberen Recherche zu fehlerhaften Darstellungen und Inhalten führen. Jene sind wegen ihrer geringeren Problematik und ihrer schweren Messbarkeit nicht für die vorliegende Dissertation relevant. Bedeutsam sind hingegen die ideologischen und die gewinnorientierten Media Bias als strategische Verzerrung. Diese beeinflussen sich wiederum gegenseitig und können aufgrund unterschiedlicher Motivationsaspekte auch innerhalb ihrer Gruppe als eigenständige Media Bias Arten charakterisiert werden.

Die ideologischen Bias beruhen in dieser Dissertation bspw. auf politische, religiöse oder sozio kulturelle Hintergründe, aber auch auf geografische im Sinne eines Zugehörigkeitsgefühls. Grundsätzlich können Medienunternehmen ihre Inhalte unverzerrt darstellen. Dies ist beispielhaft dann der Fall, wenn das Unternehmen selbst keine eigene politische Tendenz oder eine bevorzugte Meinung verfolgt. Medienunternehmen können jedoch auch die Inhalte und Berichterstattungen an ihre eigene ideologische Ausrichtung anpassen, wodurch ideologisch bedingte Bias vorliegen.

Die gewinnorientierten Media Bias werden durch ökonomische Interessen unter Berücksichtigung der profitabelsten Strategie motiviert, indem die Inhalte an Präferenzen der Nachfrager angepasst werden (Dewenter 2011). Die Nachfrager sind zum einen die Werbekunden, zum anderen die Rezipienten. Medienunternehmen können ihre Berichterstattung demgemäß an die Präferenzen der Leser oder an jene der Werbekunden anpassen (Hamilton 2004). Erfolgt die Anpassung aufgrund der Präferenzen bzw. des Einflusses von Werbekunden, dann liegen Commercial Media Bias vor.

Nachstehende Abbildung 2 veranschaulicht die unterschiedlichen Motivationen/ Arten der Media Bias und hebt jene hervor, welche für die vorliegende Dissertation bedeutend sind.

Abbildung 2: Arten der Media Bias

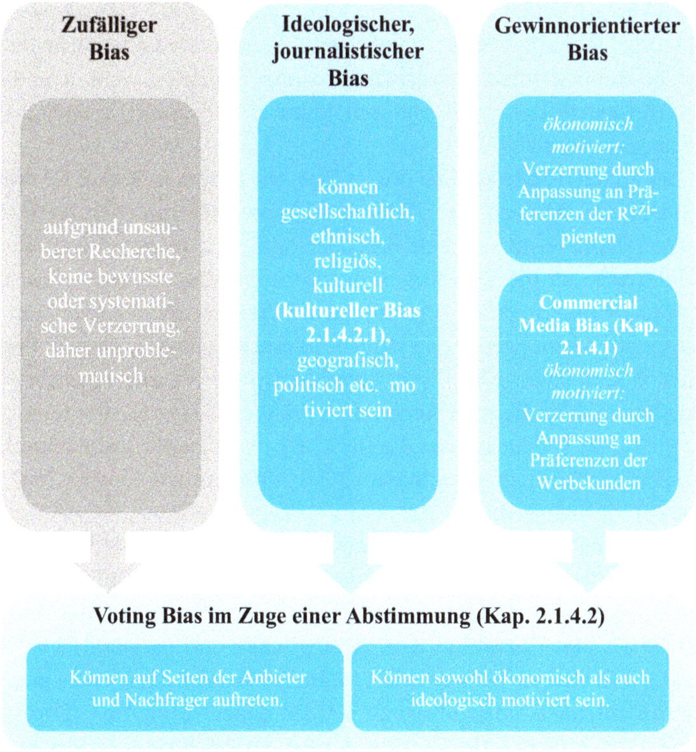

Media Bias können auf Seiten der Anbieter bspw. journalistisch, kulturell (kultureller Media Bias), interessenbedingt, politisch (politischer Media Bias) oder ökonomisch (z. B. werbetreibend) motiviert sein (Baron 2006; Strömberg 2004; Xiang, Sarvary 2007: 611–612).

Die journalistische Motivation kann u. a. dann auftreten, wenn bestimmte Informationen nicht mit der subjektiven Vorstellung des Berichterstatters bzw. Journalisten übereinstimmen. Entgegen seines Berufsethos hat jener schließlich Anreize, Inhalte zugunsten seiner eigenen journalistisch 'wahren' Meinung zu verzerren (Baron 2006: 1–2; Entman 2007: 163; Gentzkow, Shapiro 2006: 309–310). Die ideologische Verzerrung erfolgt ähnlich, allerdings wird hier aufgrund ideologischer Wertevorstellungen verzerrt berichtet, welche u. a. politisch, sozial, rassistisch, religiös, gesellschaftsethnisch oder kulturell motivierter Natur sein können. Ideologisch geprägte Media Bias verletzen die freie Meinungsbildung, da die Sicherung der Meinungs- und Kulturvielfalt im Sinne publizistischer Vielfalt gefährdet ist (Baron 2006; Mullainathan, Shleifer 2002). Die inhaltliche Verzerrung aufgrund politischer Hintergründe ist in der empirischen Literatur durch diverse Studien belegt (DellaVigna, Kaplan 2007; Gentzkow, Shapiro 2006; George, Waldfogel 2003). Parallel dazu können Medienunternehmen zugunsten bestimmter Interessenverbände verzerrt berichten, wenn jene die gleichen Wertevorstellungen (z. B. politisch, kulturell oder sozial) vertreten (Baron 2006; Xiang, Sarvary 2007).

Auf der anderen Seite können Media Bias, wie bereits in Kap. 2.1.3 erläutert, aufgrund der Präferenzen der Nachfrager ökonomisch motiviert werden, und zwar genau dann, wenn sich jene Berichterstattungen aufgrund von ökonomischen Interessen an die Präferenzen der Konsumenten anpassen. Hierbei berichten Medienunternehmen zugunsten der Rezipientenpräferenzen, um deren Ansichten und Meinungen zu bestätigen, ungeachtet dessen, ob jene Präferenzen verzerrt sind oder nicht. Damit kann die Umsatzgenerierung sichergestellt werden. Zwar erfolgt die Berichterstattung präferenzkonform, dies muss jedoch nicht gleichzeitig bedeuten, dass die Berichterstattung auch wahr und objektiv erfolgt (Baron 2006; Gentzkow, Shapiro 2006; Mullainathan, Shleifer 2002, 2005; Sobbrio 2011b; Xiang, Sarvary 2007).

Die ökonomisch motivierte und werbetreibende Art der Media Bias (Commercial Media Bias) wird im nachstehenden Kapitel 2.1.4.1 detaillierter erläutert, da sich die empirische Studie im Kapitel 3.1.2 der Dissertation mit den Commercial Media Bias beschäftigt. Die ideologischen und ökonomischen Motive können fortführend auch als eine eigenständige Art der Media Bias angesehen werden. Im anschließenden Abschnitt werden daher Voting Bias (Kap. 2.1.4.2) aufgrund ihrer Relevanz in den einzelnen Forschungsbeiträgen separat erläutert. Jene können sowohl ökonomisch als auch ideologisch motiviert sein und auf Seiten der Anbieter und Nachfrager auftreten. Vor diesem Hintergrund werden auch die kulturellen (Voting) Bias (Kap. 2.1.4.2.1) als eigenständige Art der Media Bias diskutiert.

2.1.4.1 Commercial Media Bias

Während in der Literatur hauptsächlich der Fokus auf die politischen Media Bias (DellaVigna, Kaplan (1997); Druckman, Parkin 2005; Gentzkow, Shapiro 2006; Xiang, Sarvary 2007) und deren wohlfahrtsökonomischen Auswirkungen gelegt wird, sind die gewinnorientieren, werbebasierten Media Bias (= Commercial Media Bias) ein dazu im Vergleich weniger untersuchtes Forschungsfeld der Media Bias, welches aktuell jedoch immer stärker in den Fokus rückt (u. a. Blasco, Sobbrio 2011a; Dewenter, Heimeshoff 2014; Ellman, Germano 2009; Gabszewicz et al. 2004; Germano, Meier 2013; Kaiser, Song 2009). Hierbei handelt es sich um eine weitere Art der Media Bias, die ökonomisch motiviert ist und durch Anpassung an die Präferenzen der Werbekunden entsteht. Medienunternehmen können sich vor diesem Hintergrund eine Selbstzensur auflegen (Ellman, Germano 2009; Germano, Meier 2013). Jene Bias sollten aufgrund ihrer Bedeutung daher nicht außer Acht gelassen werden, denn die Präferenzen und Entscheidungen der Konsumenten werden auch wesentlich durch Empfehlungen und Berichterstattungen von Medienunternehmen beeinflusst (Eliashberg, Shugan 1997; Hennig-Thurau et al. 2006; Holbrook 1999; Holbrook, Addis 2007; Liu 2006). Im Gegensatz zur Werbung erachten die Konsumenten diese Quellen gewissermaßen als neutraler und glaubwürdiger, weil sie in der Regel annehmen, dass redaktionelle Inhalte in Zeitungen und Zeitschriften unabhängig und frei von dem Einfluss der Werbetreibenden sind (Putrevu 2005; Vishwanathan et al. 2007). Werden Inhalte zugunsten der Werbetreibenden verfasst, führt dies schlussendlich zu einer Reduzierung der Konsumentenwohlfahrt. Konsumenten werden über die persuasive Kommunikation der Medienunternehmen getäuscht. Darüber hinaus leidet die Qualität der Berichterstattung.

Commercial Media Bias fokussieren folglich die Beziehung von Anzeigenkunden und Medienerzeugnissen sowie die Frage nach deren Einfluss auf redaktionelle Inhalte. Aus medienrechtlicher Sicht ist zu betonen, dass in Deutschland bspw. das Trennungsgebot von Werbung und redaktionellen Inhalten gilt. Redaktionelle Inhalte werden als objektive und neutrale Berichterstattung charakterisiert, welche durch ein Medienunternehmen gestaltet werden (Renner 2017).

Commercial Media Bias werden teilweise mithilfe des aus der Industrieökonomik bekannten Modell des Struktur-Verhalten-Ergebnis-Paradigmas (engl. Structure-Conduct-Performance-Paradigm) erklärt. Das Modell ermöglicht die kausal-theoretische Erklärung von Marktergebnissen, welche von Strukturbedingungen und Verhaltensweisen abhängen. Die äußeren Rahmenbedingungen beeinflussen dabei die Marktstruktur, jene wiederum das Marktverhalten und das Marktverhalten folglich das Marktergebnis. Rückkopplungseffekte sind dabei durchaus denkbar (Bain 1951, 1956; Mason 1939).

Commercial Media Bias lassen sich aber erheblich besser durch die moderne Theorie zweiseitiger Märkte erklären (z. B. Ellman, Germano 2009) (Kap. 3.1.2). Dementsprechend kann die ökonomische Motivation von Medienunternehmen zur Verzerrung als profitable Strategie begründet werden, welche in Folge dessen zugunsten der Werbekunden berichtet und jene bspw. positiv oder lobend hervorheben.

Commercial Media Bias sind allen voran auf Medienmärkten bedeutend, da sich das Geschäftsmodell der Medienindustrie aufgrund der mehrseitigen Märkte von jenen anderer Industrien unterscheidet. So stellen Medienunternehmen den Konsumenten vor dem Hintergrund der Theorie zweiseitiger Märkte gewisse Medienerzeugnisse auch bedenkenlos unentgeltlich zur Verfügung, da sie sich ausschließlich über Werbeanzeigen finanzieren. Das klassische Finanzierungsmodell von Zeitungen und Zeitschriften sieht allerdings ein Mischmodell vor, bei welchem die Finanzierung sowohl aus Verkaufserlösen als auch Werbeeinnahmen erfolgt (Röper 2012).

Das Verhältnis der relativen indirekten Netzwerkeffekte zwischen den distinkten Nachfragegruppen ist maßgeblich daran beteiligt, welche Preise auf dem Markt realisiert werden können (Dewenter, Heimeshoff 2014). Werden von einer Marktseite nur geringe positive Netzwerkeffekte generiert, kann der Plattformbetreiber einen hohen Preis verlangen (Dewenter 2007). Da Werbung im Fernsehen auch als störend empfunden werden kann und damit zuweilen sogar negative Netzwerkeffekte erzeugt (Wilbur 2008), wird der Betreiber dort hohe Werbepreise ansetzen. Die Preise auf Seiten des Rezipientenmarktes fallen dann tendenziell eher gering aus (Anderson, Gabszewicz 2006). Damit haben sich bspw. Gratiszeitschriften, Free-TV oder unentgeltlich angebotene Dienstleistungen und Inhalte im Internet als profitable Geschäftsmodelle etabliert. Ob Rezipienten grundsätzlich negativ, neutral oder sogar positiv auf zusätzliche medial vermittelte Werbung reagieren, kann nicht pauschalisiert werden. Hierzu muss eine fallweise Betrachtung vorgenommen werden (u. a. Gabszewicz et al. 2004; Kaiser, Song 2009). Während Bannerwerbung im Internet eher neutral wirkt, werden Pop-Ups im Internet als störend empfunden, woraus negative

Netzwerkeffekte resultieren. Klein- oder Stellenanzeigen könnten hingegen positive Netzwerkeffekte generieren. Entscheidend ist also der Betrag der indirekten Netzwerkeffekte beider Nachfragegruppen. Mit Zunahme der Rezipienten ist der Nutzen der Werbekunden sehr wahrscheinlich größer, als der Nutzen der Rezipienten durch eine zusätzliche Werbeeinheit (Caillaud, Bruno 2003; Rochet, Tirole 2003; Weyl 2010).

Folglich kann es für den Plattformbetreiber profitabel sein, zugunsten des Teilmarktes zu verzerren, von welchem die geringeren Netzwerkeffekte ausgehen und welcher somit maßgeblich am Gewinn des Plattformbetreibers beteiligt ist. In diesem Falle würde die Verzerrung zugunsten des Werbekunden erfolgen, da dieser geringere positive Netzwerkeffekte erzeugt und der Plattformbetreiber (z. B. Zeitung) von dieser Nachfragegruppe somit höhere Preise verlangen kann. So werden etwa 42 % des Gesamtumsatzes auf dem deutschen Zeitungsmarkt allein durch Werbeeinnahmen (Digital- und Printwerbung) generiert (PwC 2015), in den USA werden sogar rund 80 % des Gesamtumsatzes aus Werbeeinnahmen generiert (Germano, Meier 2013). In den Jahren 2009 bis 2016 erwirtschaftete die soziale Netzwerkplattform Facebook bspw. mit Werbung einen Umsatz in Höhe von rund 72,51 Milliarden US-Dollar. Dies sind annähernd 94 % des Gesamtumsatzes (Facebook 2017). Damit wird die Bedeutsamkeit der Werbekunden auch in Zahlen unterstrichen.

Wie bereits im Kapitel 2.1.3 der Marktstruktur und Präferenzkonformität angeführt, ist selbstverständlich auch an dieser Stelle die Marktstruktur für die Existenz von Commercial Media Bias nicht unbedeutend. Ellman und Germano (2009) analysieren bspw. den Einfluss der Marktstruktur auf Commercial Media Bias auf dem zweiseitigen Markt für Zeitungen. Aus ihrer Analyse schlussfolgern sie, dass der Einfluss von Werbekunden im Monopol und somit die Tendenz zugunsten der Werbekunden zu berichten stärker ist als auf Wettbewerbsmärkten. Obwohl der Anteil der Werbekunden und damit auch die Werbung im Wettbewerb steigt, führt Werbung tendenziell zu unverzerrter Berichterstattung. Bedeutend sind im Wettbewerb allerdings jene Werbekunden, welche ein besonders hohes Werbevolumen aufbringen und somit über Verhandlungsmacht und Druckmittel verfügen. Derartige wichtige und große Werbekunden können mit dem Entzug ihrer Anzeigen drohen, wenn die Zeitung tendenziöse redaktionelle Themen des Werbekunden fokussiert. Dies kann zur Folge haben, dass Zeitungen absichtlich jene redaktionellen Inhalte vernachlässigen. Daher weisen Ellman und Germano (2009) auf die Bedeutung einer Regulierung hin, wenn die Werbekunden ein besonders hohes Werbevolumen aufbringen und Druck auf Medieninhalte ausüben könnten.

Blasco und Sobbrio (2012) untersuchen in ihrer Studie ebenso den Zusammenhang von der Marktstruktur und werbebasierten Media Bias, wenn der Werbemarkt durch im Wettbewerb stehende Anbieter charakterisiert wird. Neben der Betrachtung empirischer Studien zu Commercial Media Bias formulieren sie ein Modell, um die wichtigsten Elemente der theoretischen Literatur zusammenzufassen. Ihr Modell empfiehlt drei wichtige politische Aspekte für die Medienregulierung: (1.) Regulierungsbehörden sollten sich auf Nachrichteninhalte fokussieren, mit welchen Werbetreibende ähnliche Präferenzen teilen (werden); (2.) Werbekunden kennzeichnen sich durch sehr ähnliche und untereinander korrelierende Produktqualitäten, wodurch die Zunahme des Wettbewerbs zu einer geringeren Genauigkeit der Nachrichteninhalte führen kann und damit zu Media Bias; (3.) Ein hinreichend hohes Maß an Wettbewerb auf dem Markt für Nachrichteninhalte treibt den Anreiz für Commercial Media Bias.

Germano und Meier (2013) konzentrieren sich in ihrer Untersuchung zu Commercial Media Bias auf konkurrierende Medienunternehmen, welche durch horizontale Produktdifferenzierung gekennzeichnet sind. Unter Einbeziehung des Hotelling-Modells (Hotelling 1929) formulieren sie ein Organisationsmodell für Nachrichtenmärkte. Sie gehen außerdem auf den Einfluss der Eigentümer der Medienunternehmen ein. Die nicht ideologisch basierten Medienunternehmen, welche sich aus Werbemitteln finanzieren und das Ziel der Gewinnmaximierung verfolgen, entscheiden über das Ausmaß und die Intensität diverser Berichterstattungen. Den Konsumenten wird eine Präferenz für unverzerrte und akkurate Informationen unterstellt. Sie zeigen, dass für alle Medienunternehmen Anreize bestehen, sensible Themen der Werbekunden oberflächlich und lückenhaft zu erfassen. Diese Commercial Media Bias steigen zudem mit Zunahme der Konzentration der Eigentümer von Medienunternehmen. Durch Zunahme des Wettbewerbs bei konstant gehaltener Eigentümerzahl kann sich der Media Bias zusätzlich erhöhen. Schlussendlich argumentieren sie, dass "self-censorship can potentially cover a wide range of topics and generate empirically large externalities" (Germano, Meier 2013: 1). Blasco et al. (2014) und Spiteri (2015) zeigen in ihren gegenwärtigen Studien, dass Commercial Media Bias vor allem dann relevant sind, wenn Werbetreibende die gleichen Präferenzen bezüglich der Berichterstattung teilen. Blasco et al. (2014) stellen dazu ein Modell auf, in welchem Werbekunden durch Einflussnahme auf redaktionelle Inhalte ihre Zielgruppe hauptsächlich durch positive Produktqualitäten oder negative Berichterstattung der Produkte ihrer Konkurrenten überzeugen möchten. Es werden dabei Special-Interest-Zeitschriften fokussiert, in welchen entsprechend häufig Produkte rezensiert werden. Entscheidend ist hierbei die Korrelation der werbenden Produkte. Sind die Produkte der Werbekunden und deren Qualitäten untereinander hochkorreliert, teilen die Werbetreibenden ähnliche Präferenzen. Negative Berichterstattungen über Produkte anderer Werbetreibenden könnten gewissermaßen aufgrund externer Effekte auch negativ auf die eigenen Produkte wirken. Daher sind Werbetreibende bestrebt, dass negative Inhalte möglichst minimiert oder verschwiegen werden (z. B. Tabakindustrie). Commercial Media Bias sind laut Blasco et al. (2014) dagegen im Falle unähnlicher bzw. nicht miteinander korrelierter Produkte und zunehmender Konkurrenz unproblematisch. Eine Zunahme des Wettbewerbs führt allerdings nicht zu weniger Commercial Media Bias, wenn sich die Präferenzen der Werbetreibenden ähneln.

Kerkhof und Münster (2015) thematisieren überdies die Beziehung einer quantitativen Beschränkung von werbefinanzierten Medien im Zusammenhang mit werbeinduzierten Media Bias und der Erhöhung qualitativ wertvoller Rundfunkinhalte. Rundfunkanbieter stehen aufgrund der Vermittlerfunktion zwischen Werbe- und Rezipientengruppe sowie deren Verbindung durch indirekte Netzwerkeffekte einem Trade-Off gegenüber („highly valued content by viewers" vs. „advertiser friendly content" (Kerkhof, Münster 2015: 124)). Es stellt sich die Frage, in welchem Ausmaß jene ihre Inhalte an Präferenzen der Rezipienten anpassen oder Werbekunden durch werbefreundliche Inhalte gewinnen und damit die Inhalte an die Präferenzen der Werbekunden anpassen. Eine Werbeobergrenze führt unter diesen Bedingungen zu einer Wohlfahrtserhöhung, auch wenn Rezipienten Werbung gegenüber nicht abgeneigt sind.

Ferner gehen Gal-Or et al. (2012) der Frage des Multihomings nach. Wird in mehreren unterschiedlichen Medienerzeugnissen parallel geworden (= Multihoming), dann wird tendenziell weniger zugunsten der Werbekunden verzerrt berichtet. Inseriert ein Unternehmen allerdings in nur einem Medienerzeugnis (= Singlehoming), sind die Anreize für Commercial Media Bias umso höher (Gal-Or et al. 2012).

Empirische Studien

Den bisher vorgestellten modell-theoretischen Analysen fehlt es allerdings an empirischer Substanz, weswegen sich viele Wissenschaftler in den letzten Jahren vermehrt und intensiv empirisch mit Commercial Media Bias befassen (Dewenter, Heimeshoff 2014; Gambaro, Puglisi 2015; Reuter 2009; Reuter, Zitzewitz 2006; Rinallo, Basuroy 2009). Denn letztendlich ist es auch eine empirische Frage, inwieweit Medienunternehmen Anreize haben, verzerrt zugunsten ihrer Werbekunden zu berichten. Während in der modelltheoretischen Literatur vermehrt eine positive Korrelation zwischen Werbeausgaben und positiver

Berichterstattung zum Vorteil dieser Werbekunden gefunden wird, ist die empirische Evidenz nicht immer eindeutig und konsistent.

Zum Beispiel beschäftigen sich Reuter und Zitzewitz (2006) mit dem Einfluss der Werbekunden und ihre eingesetzten Werbemittel auf Investmentfondsempfehlungen in Finanzzeitschriften. Sie finden eine positive Korrelation zwischen Investmentfondsempfehlungen und geschalteter Werbeanzeigen. Die Finanzzeitschriften empfehlen folglich Investmentfonds ihrer Anzeigenkunden überproportional häufiger, wenn diese ein hohes Werbevolumen aufbringen. Rinallo und Basuroy (2009) analysieren einen Datensatz von 291 italienischen Modeunternehmen und deren Werbebudget in Zeitungen und Zeitschriften von 123 Verlagen aus Italien, Frankreich, Deutschland, Großbritannien und den USA. Die Autoren stellen auch hier einen positiven Einfluss der Werbekunden und ihres Werbevolumens auf die redaktionellen Inhalte der Zeitungen und Zeitschriften fest. Dieses Phänomen des „Corporate Advertising" ist sowohl in europäischen als auch in Zeitungen und Zeitschriften der USA zu finden. Rinallo und Basuroy (2009) betonen schließlich, dass diese empirische Evidenz Bedenken hinsichtlich der Unabhängigkeit von redaktionellen Inhalten und Berichterstattungen in Zeitungen und Zeitschriften erhebt (Rinallo, Basuroy 2009: 33). Reuter (2009) konzentriert sich in seiner Untersuchung auf die Bewertung und das Ranken von Qualitätsweinen unter dem Einfluss der Werbekunden. Untersuchungsgegenstand bilden das werbefinanzierte Magazin Wine Spectator und das nicht-werbefinanzierte Magazin Wine Advocate. Reuter (2009) betrachtet in seiner empirischen Paneluntersuchung drei zentrale Schwerpunkte. Der erste thematisiert, ob das Magazin Wine Spectator seine Weinbewertungen zugunsten seiner Werbekunden positiv anpasst. Zweitens wird analysiert, ob durch gezielte Verkostung ein besseres Ranking erreicht wird und drittens werden Preisverleihungen an die besten Weine betrachtet. Reuter (2009) findet schließlich, dass das werbefinanzierte Magazin die Weine der werbetreibenden Unternehmen minimal besser als das werbefreie Magazin bewertet. Die Korrelation ist allerdings sehr schwach. Dewenter und Heimeshoff (2014) zeigen mit ihrer empirischen Studie, dass auch im Bereich von Automobilzeitschriften eine Berichterstattung zugunsten der Werbekunden infolge ihres Werbevolumens vorliegt. Zu diesem Zweck untersuchen sie die deutschen Zeitschriften Auto Bild und Auto Motor Sport. Im Vergleich zur Studie von Reuter (2009), welcher den Einfluss des Werbevolumens auf mitunter subjektive Weinbewertungen analysiert, profitieren Dewenter und Heimeshoff (2014) von der objektiven Messung der Produktqualität und schaffen damit hohe Transparenz. So können, um die Testergebnisse objektiv zu bewerten, die Qualitätsmerkmale eines Autos durch technische

Indikatoren wie Motorleistung, Verbrauch, Größe, Kilometerstand, Anzahl der Türen, Automobilhersteller etc. herangezogen werden. Dewenter und Heimeshoff (2014) zeigen damit positiv und statistisch signifikante Auswirkungen der Werbemenge auf die Testergebnisse.

Darüber hinaus folgen ähnliche Studien, welche allesamt die empirische Evidenz der Commercial Media Bias unterstützen. Gambaro und Puglisi (2015) zeigen Commercial Media Bias anhand von Tageszeitungen und italienischer Unternehmen, welche dort ihre Werbung schalten. Dabei wird signifikant häufiger über die italienischen Werbekunden in dieser Zeitung berichtet. Guo und Lai (2014) fokussieren sich auf die Verhandlungsmacht der Werbekunden, De Smet und Vanormelingen (2012) auf die belgische Presse und Wilbur (2008) zeigt vor dem Hintergrund der Theorie zweiseitiger Märkte, dass sich der TV-Markt stärker an den Präferenzen der Werbekunden als jenen der Zuschauer orientiert. Price (2003) zeigt wiederum, dass dieser Werbeeinfluss bei US-amerikanischen Fernsehsendern variiert.

Aus einer historischen Perspektive betrachtet zeigt die empirische Literatur hingegen ebenso, dass der Einfluss der Zunahme des Werbevolumens auf die Berichterstattung auch eine positive Rolle spielen kann. Gentzkow et al. (2006) untersuchen diese Frage, indem sie sich auf die US-Zeitungsindustrie zwischen dem Ende des 19. Jahrhunderts und dem Beginn des 20. Jahrhunderts konzentrieren. Technologische Veränderungen, wie z. B. abnehmende Produktionskosten, schaffen signifikante Skaleneffekte und erhöhen damit die Wettbewerbsfähigkeit der Zeitungsindustrie. Infolgedessen erhöhen diese technologischen Veränderungen wiederum die Werbeeinnahmen, welche zur Schaffung einer politisch unabhängigen Presse in den USA beitragen. Petrova (2011) betrachtet die US-Presse in den 1880er Jahren und zeigt, dass eine höhere Profitabilität durch Werbung in lokalen Zeitungsmärkten für das Vorhandensein von unabhängigeren Zeitungen förderlich ist. Poitras und Sutter (2009) untersuchen empirisch den Rückgang des Muckraking-Journalismus[4] von US-Zeitschriften zu Beginn des 20. Jahrhunderts. Die Autoren zeigen allerdings, dass es keine empirische Evidenz für die Hypothese gibt, dass dieser Rückgang im Zusammenhang mit dem Boykott der Werbetreibenden als Reaktion der skandalträchtigen Berichterstattung über selbige steht.

4 Begründer des investigativen Journalismus.

2.1.4.2 *Voting Bias und Einflussvariablen*

Gesamtheitlich betrachtet schaffen in gewisser Weise nicht nur Medienunternehmen als Anbieter (Redakteure, Journalisten etc.) Medieninhalte, sondern in bestimmten Formaten auch deren Rezipienten. So ist innerhalb einer Vielfalt an Unterhaltungsmärkten eine spezielle Untergruppe besonders in Bezug auf die „experienced economy“ interessant (Andersson, Andersson 2006). Entscheidend dabei ist die Kombination des Konsums der Unterhaltung und des direkten Involvements der Zuschauer. Zum einen werden klassische Ranglisten diverser Medien durch das Voting der Medienunternehmen bzw. Journalisten generiert. Zum anderen haben aber auch die Rezipierten die Möglichkeit Medieninhalte zu schaffen, indem sie direkt in den Abstimmungsprozess involviert werden. Sie haben entsprechend die Verfügung über Ranglisten zu bestimmen. Ein geeignetes Beispiel im Bereich der Unterhaltung stellen Casting-Shows dar, die im Fernsehen übertragen werden und anhand derer neue (Musik-, Tanz- etc.) Stars in einem öffentlichen Wettbewerb gesucht werden. Die Zuschauer haben neben Expertenmeinungen die Möglichkeit der direkten Einflussnahme, indem sie über ihre Favoriten (über Telefonanrufe, das Senden von Nachrichten, Internet-Voting etc.) und somit den Gewinner der Castingshow abstimmen. In bestimmten Medienformaten schaffen einerseits Expertenjurys und andererseits Zuschauer Medieninhalte in Form von Ranglisten. Dieser Abstimmungs- bzw. Voting-Prozess kann wiederum Verzerrungen unterliegen, welche infolgedessen als Voting Bias bezeichnet und im Folgenden detaillierter betrachtet werden.

Voting Bias werden in der Literatur nicht einheitlich definiert, aber mehrheitlich und umfassend vor dem Hintergrund politischer Aspekte und Wahlen sowohl theoretisch als auch empirisch diskutiert und analysiert (u. a. Baron 2006; Bernhardt et al. 2008; Corneo 2006; Gerber et al. 2009; Jessee 2012; Kull et al. 2003; Lee et al. 2004; Shor, Rogowski 2016). Voting Bias hinsichtlich politischer Kontexte sollen an dieser Stelle allerdings ausgeschlossen werden, da die Dissertation das Hauptaugenmerk auf Medieninhalte von Unterhaltungsmärkten legt.

Grundsätzlich kann ein Voting Bias im Zuge eines jeden Abstimmungsprozesses entstehen, welche jenen aufgrund von diversen exogenen Variablen verzerren. Voting Bias existieren also, wenn die Abstimmung aufgrund von exogenen Faktoren verzerrt wird. Unter exogenen Faktoren werden in der vorliegenden Dissertation sämtliche nicht-abstimmungsbezogene Variablen im Sinne des definierten bzw. vorgegebenen Ziels beschrieben, welche von außen einwirken[5].

5 Mithilfe der exogenen (unabhängigen) Variablen kann die Ausprägung einer oder auch mehrere abhängiger Variablen erklärt werden.

Exogene Faktoren können allerdings individuell betrachtet verschieden sein. So wird der beste musikalische Künstler bspw. nicht aufgrund seines musikalischen Talents gekürt, sondern wegen seiner einzigartigen Performance oder seines Aussehens. Aus Sicht des Bewertenden sind jene Variablen der Performance und des Aussehens allerdings nicht exogen. Dieser folgt lediglich seinen individuellen Präferenzen und verzerrt diese daher nicht. Diskussionen zu Voting Bias erfordern daher immer ein Referenzobjekt. In der vorliegenden Dissertation entspricht dies nicht den individuellen Präferenzen, da es schwer feststellbar und messbar ist, ob entgegen der eigenen Präferenzen und Bedürfnissen gehandelt bzw. abgestimmt wird. Das Referenzobjekt bezieht sich daher auf eine extern oder durch Veranstalter vorgegebene Zielsetzung. Aus dem übergeordneten gesellschaftlichen Ziel der Demokratie ergibt sich bspw. die Sicherung des Pluralismus und Qualitätsjournalismus durch eine ausgewogene, unparteiische, sorgfältige und wahrheitsgemäße Berichterstattung. Bezugnehmend auf Unterhaltungssendungen sind dies folglich Ziele, welche von den Veranstaltern vorgegeben werden, wie bspw. das Finden des talentiertesten Musikers, Tänzers oder Künstlers. Anhand dieses gesetzten Ziels bzw. dem Referenzobjekt kann schließlich untersucht werden, ob Verzerrungen auftreten. Treten Verzerrungen auf, heißt dies im Umkehrschluss aber nicht, dass die individuellen Präferenzen verzerrt sind, sondern dass schlichtweg das vorgegebene Ziel nicht erreicht wird.

Abstimmungen erfüllen grundsätzlich den Zweck einer demokratischen Entscheidungsfindung unter Festsetzung von vorher festgelegten Regeln. Die Abstimmung repräsentiert dabei eine gemeinsame Mehrheitsfeststellung über bestimmte Sachverhalte oder Personengruppen. Voting Bias werden durch eine besonders hohe oder eine besonders geringe Anzahl von Punkten, Stimmen und/ oder Ranglisten gegenüber einem Referenzobjekt bspw. im Vergleich zum arithmetischen Mittel sichtbar. Im Allgemeinen wird damit auch eine eigene Art von Media Bias beschrieben, welche sich nicht eindeutig in eine der zuvor erläuterten Arten der Bias (Kap. 2.1.4) einordnen lassen. Aus diesem Grunde können Voting Bias immer im Zuge einer Abstimmung oder einer Wahl auftreten und u. a. politisch, kulturell, religiös sowie auch interessenbedingt motiviert sein. Neben Voting Bias können vorsätzliche Verzerrungen die Abstimmungsergebnisse beeinflussen. Ein solches Verhalten wird als taktische oder strategische Abstimmung zusammengefasst (Heath, Evans 1994).

Im Sinne dieser Dissertation werden Voting Bias schließlich durch exogene bzw. nicht-abstimmungsbezogene Variablen bezogen auf ein vorher definiertes Ziel determiniert und entstehen im Zuge eines Abstimmungsprozesses.

Abstimmungen und Beurteilungen von Leistungen durch Dritte mittels Voting-Systemen erfolgen in den verschiedensten Lebensbereichen, wie bspw. auf dem Künstler-, Sport- und Unterhaltungsmarkt. Insbesondere bei internationalen Sport- und Künstlerwettbewerben sind die Besorgnisse verzerrter Abstimmungen groß (Ginsburgh, Noury 2008). Bei jenen internationalen Wettbewerben können Abstimmungen zum Beispiel zugunsten der Nachbarländer erfolgen oder aber zugunsten jener Länder, welche Absprachen bezüglich eines Stimmentauschs bzw. Logrolling treffen. Logrolling bedeutet, dass Tauschpartner aufgrund einer gegenseitigen Verabredung entgegen der eigenen Erstpräferenzen jeweils für den anderen stimmen, um eine entscheidende Mehrheit zu erreichen und den Tauschpartner zu unterstützen. Im Gegenzug stimmt auch der andere Tauschpartner für ebenjenen, der für ihn abstimmte, obwohl es nicht seiner präferierten Option entsprechen muss (Stoiber 2003: 95).

Im Bereich des Sports hat Zitzewitz (2006) bspw. nationalistische Voting Bias in den olympischen Winterspielen gezeigt. Campbell und Galbraith (1996) finden Voting Bias insbesondere im Eiskunstlauf (u. a. Bruine de Bruin 2005, 2006). Darüber hinaus untersucht Popović (2000) zwei Arten von Voting Bias anhand der rhythmischen Sportgymnastik der olympischen Spiele in Sydney im Jahr 2000. Zum einen die Bewertung zugunsten der Teilnehmer aus dem Land der Jury und zum anderen eine systematisch schlechtere Bewertung jener Länder, welche in enger Konkurrenz stehen. Während ersteres empirisch bestätigt wird, zeigt letzteres keine empirische Evidenz.

Vor dem Hintergrund des Logrolling wird im Rahmen der XIX. Olympischen Winterspiele in Salt Lake City im Jahre 2002 zugunsten eines russischen Eiskunstlaufpaares entschieden, obwohl ein konkurrierendes kanadisches Duo, im Gegensatz zum russischen Paar, sportlich brilliert. Als Grund wird die künstlerisch bessere Präsentation genannt. Später stellt sich allerdings heraus, dass die französische Preisrichterin aufgrund russischer Einflussnahme und Logrolling nicht objektiv entschieden hat (dpa 2002; Ginsburgh, Noury 2008).

Anhand dieser Beispiele wird deutlich, dass hier (wahrscheinlich) nicht entgegen der eigenen Präferenzen abgestimmt wird. Allerdings wird das festgesetzte und vorher definierte Ziel durch die verzerrte Abstimmung nicht erreicht.

Methoden zur Erkennung von verzerrten Abstimmungen und zur Minimierung ebensolcher sind aus diesem Grund in diversen Bereichen relevant. Beispielhaft stehen hierfür Organisationen, bei welchen komplexe Entscheidungen auf der Grundlage aggregierter Expertenmeinungen getroffen werden. Die Qualität sportlicher oder kultureller Veranstaltungen wird von zahlreichen Experten unterschiedlichen Hintergrundwissens beurteilt oder wissenschaftliche Beiträge werden durch Peer-Review-Prozesse begutachtet[6] (Spierdijk, Vellekoop 2009). Darüber hinaus regeln u. a. Gesetze, Ordnungen, institutionelle Rahmen und Verfassungen den Prozess der Abstimmung.

Hauptsächlich das Phänomen des Logrollings und deren Wohlfahrtseffekte wird aus Sicht der Public-Choice-Theorie in der politikwissenschaftlichen und der politökonomischen Literatur diskutiert (Mueller 2003). Aufgrund der fehlenden Berücksichtigung externer Effekte sowie institutioneller Rahmenbedingungen führt Logrolling zu Instabilität und wohlfahrtssenkenden Ergebnissen (Stratmann 1997). Empirische Studien sind bis dato wenig existent, da der Stimmentausch aufgrund der erschwerten Datenbeschaffung und -interpretation schwer zu analysieren ist (Ginsburgh, Noury 2008). Ausnahmen bilden z. B. Stratmann (1992, 1995) und Elvik (1995). Stratmann (1992, 1995) analysiert den Stimmentausch im US-amerikanischen Kongress. Seine empirischen Ergebnisse unterstützen die Hypothese des Abstimmungshandels. Elvik (1995) findet desgleichen Evidenz zum Logrolling, mit der die Verteilung der Investitionsgelder für Autobahnen in Norwegen erklärt werden kann. Die Ergebnisse der Analysen sollten allerdings kritisch betrachtet werden, da selbige unter Umständen auch ideologisch getrieben sein können, wofür hier nicht kontrolliert wird.

Allen voran in internationalen Bereichen ist es schwierig zwischen reinem präferenzbasierten Voting und strategischem Voting zu unterscheiden. So wird strategisches Voting häufig vor dem Hintergrund regionaler Zusammenhänge thematisiert (Ginsburgh, Noury 2008). Nordeuropäische Länder zeigen bspw. im Vergleich zu südeuropäischen Ländern ein besonders hohes ökologisches Problembewusstsein und Handeln (Kuckartz 2010). Die Wahrscheinlichkeit ist entsprechend hoch, dass sich diese Länder bezüglich ökologischer Aspekte gegenseitig unterstützen, ohne allerdings strategisch zu handeln oder Logrolling zu betreiben.

Bisher kann zusammengefasst werden, dass ein Abstimmungsprozess der Sammlung individueller Präferenzen zu einer Mehrheitsfeststellung dient, wenn objektive Bewertungsstandards nicht ausreichend vorhanden sind. Da die Beurteiler u. a. durch individuelle Präferenzen, Konsumkapitel und Qualitätsverständnis unterschiedlich charakterisiert sind, ist die Bewertung stetig subjektiv und durch exogene Faktoren beeinflussbar.

---

6 In einer Studie von Link (1998) wird gezeigt, dass amerikanische Gutachter die eingereichten Beiträge von amerikanischen Autoren systematisch besser bewerten. Ähnliche empirische Evidenz liefern Ross et al. (2006). So werden Abstracts aus den USA, aus englischsprachigen Ländern außerhalb der USA und aus renommierten akademischen Institutionen bevorzugt.

Insbesondere in den medial vermittelten Unterhaltungsmärkten gewinnt der Abstimmungsprozess zunehmend an Bedeutung. Geeignete Beispiele stellen Casting-Shows wie „The Voice" („The Voice of Germany" als deutsche Version), „Pop Idol" („Deutschland sucht den Superstar" als Ableger von „Pop Idol"), Musikwettbewerbe wie der „Eurovision Song Contest (ESC)" und der „Bundesvision Song Contest (BSC)[7]" oder Reality-Shows wie „I'm a Celebrity...Get Me Out of Here!" („Ich bin ein Star - Holt mich hier raus") und „Big Brother" dar. Jene Formate werden im Fernsehen übertragen und die Rezipienten haben die Möglichkeit der direkten Einflussnahme, indem sie über entsprechende (Casting-)Teilnehmer abstimmen (über Telefonanrufe, das Senden von Nachrichten, Internet-Voting etc.) und den Gewinner (mit-)bestimmen. Entsprechend des Formats entscheiden die Zuschauer, eine Fachjury oder die Kandidaten selbst für die beste musikalische Aufführung, die sympathischste Persönlichkeit etc. (Keane, Moran 2008: 160). Andere, nicht-talentbasierte Bewertungsdimensionen können somit das Abstimmungsverhalten erheblich dominieren und im Sinne des definierten Ziels die Abstimmung entsprechend verzerren (Kap. 2.1.4.2.3).

Die kulturelle Voreingenommenheit bzw. Cultural Bias gerät dabei verstärkt in den Fokus der Diskussion (Ginsburgh, Noury 2008). Kulturelle Voreingenommenheit fasst sämtliche Bias zusammen, welche aufgrund von Ethnizität, Religion oder der Sprache entstehen. Bezüglich der Abstimmung kann die abstimmende Person folglich aufgrund kultureller Aspekte beeinflusst werden (Bissell, Parrott 2013: 229). So weisen Forschungen im Bereich der Verhaltensökonomik nach, dass Entscheidungen von Akteuren durch deren zugehörige Religion beeinflusst wird (Iannaccone 1998; Kuran 1994). Ginsburgh und Noury (2008) verweisen zudem auf die Relevanz ähnlicher Kulturen und Sprachen. Die kulturellen Bias werden im nachstehenden Kapitel 2.1.4.2.1 nochmals gesondert fokussiert.

Lazarsfeld et al. (1948) gehen in ihrer Forschungsarbeit auf die räumliche Nähe ein und schlussfolgern, dass „voting is essentially a group experience. People who work or live or play together are likely to vote for the same candidates" (Lazarsfeld et al. 1948: 137). Aus diesem Grund können Abstimmungen auch geografisch bedingt verzerrt werden. So werden Objekte, Personen oder Sachverhalten schlichtweg aufgrund ihrer geografischen Nähe besser oder schlechter bewertet. Als Paradebeispiel zählt der Eurovision Song Contest, da in diesem Musikwettbewerb internationale Künstler gegeneinander konkurrieren, die jeweils repräsentativ für ein bestimmtes Mitgliedsland der European Broadcasting Union auftreten (Clerides, Stengos 2006; Fenn et al. 2006; Ginsburgh, Noury 2008;

7 Für detaillierte Informationen zum BSC s. Kap. 3.1.1.1.

Haan et al. 2005; Spierdijk, Vellekoop 2009; Yair 1995, 1996). Die Voting Bias im Eurovison Song Contest werden im Kapitel 2.1.4.2.2 isoliert betrachtet.

Darüber hinaus sind Reihenfolgeeffekte des zu bewertenden Sachverhalts von entscheidender Bedeutung. Die Art des Bias bezieht sich auf ein psychologisches Gedächtnisphänomen und beschreibt die Fähigkeit, sich an früher eingehende (Primäreffekt) oder später eingehende (Rezenzeffekt) Informationen besser zu erinnern. Aufgrund der Erinnerungsfähigkeit werden entsprechende Sachverhalte oder Leistungen positiver beurteilt (Atkinson, Shiffrin 1968; Bredenkamp, Wippich 1977). Derartige Reihenfolgeeffekte sind bspw. in der Musik-Castingshow „American Idol“ (Gershman 2012), dem „Eurovision Song Contest“ und dem „Queen Elisabeth Music Wettbewerb“ (Glejser, Heyndels 2001) wissenschaftlich offenbart (Haan et al. 2005: 67). Auf jene Reihenfolgeeffekte wird im Kapitel 2.1.4.2.3 desgleichen noch detaillierter eingegangen.

2.1.4.2.1 Kulturelle Voting Bias

Wie bereits im vorherigen Kapitel 2.1.4.2 erwähnt, können auch kulturelle Unterschiede einen Grund für die Existenz und die Entstehung von Voting Bias darstellen. In der Literatur werden die kulturellen Unterschiede und Ähnlichkeiten zunehmend auch als eine der Hauptursachen für eine verzerrte Abstimmung erklärt (Fenn et al. 2006; Ginsburgh, Noury 2008; Spierdijk, Vellekoop 2009). Deshalb wird im Folgenden der Fokus auf ebensolche gelegt.

Wie sich Kulturen gegenseitig beeinflussen ist nicht nur eine zentrale Frage der Geisteswissenschaften wie Anthropologie oder Ethnologie, sondern auch zunehmend eine in den Fokus der Politik, Wirtschaft und internationaler Beziehungen (Castellano et al. 2009). Kulturell bedingte Bias oder Cultural Bias basieren auf Vorlieben oder Abneigungen von Mitgliedern kultureller Gruppen gegenüber anderen Kulturen. Infolgedessen können Bias auf die Beziehung dieser Kulturen untereinander hinweisen (García, Tanase 2013). Gründe hierfür liegen in besonderen Merkmalen, Identitäten und Präferenzen der Gruppenmitglieder, basierend auf Faktoren wie bspw. Ethnie, Religion, Bildung, Erziehung bis hin zu geografischen, politischen oder ökonomischen Gegebenheiten. Folglich bilden sich je nach diesen Eigenschaften und Manifestationen verschiedene kulturelle Gruppen und Verhaltensweisen (Mylonas, Furnham 2014). Aufgrund dieser Unterschiede und Vielzahl an möglichen Kombinationen ist eine Definition bzw. Begriffsunterscheidung nur sehr schwer möglich (Sekaran 1983). Ein erster Definitionsversuch in diesem Zusammenhang geht auf Tylor (1871) zurück, der Kultur als “the complex whole which includes knowledge, belief, art, morals, custom and any other capabilities and habit acquired by man as a member of society" (Tylor 1871: 1) beschreibt. Hofstede (2003) erweiterte diese Definition um jedwede menschlichen Kollektive oder Kategorien, wie bspw. Vereine, Gesellschaften, Berufe oder Altersgruppen.

Kulturen müssen also nicht notwendiger Weise geografisch innerhalb einer Nation verbunden sein. Im Gegenteil, oftmals bestehen mehrere Kulturen oder kulturelle Gruppen innerhalb einer Nation oder über Ländergrenzen hinweg. Darüber hinaus existieren verschiedene Untergruppen, die zwar in sich selbst homogen, aber untereinander diverse Unterschiede aufzeigen können wie bspw. in der Denkweise, dem Verhalten oder der Kommunikation (Mylonas 2009). Da diese kulturellen Werte oft stark verinnerlicht sind, werden die Menschen davon bedeutsam in ihrem Handeln beeinflusst (McCort, Malhotra 1993). Folglich können kulturelle Bias im gesamten Abstimmungsprozess entstehen.

Inwieweit eine kulturelle Verzerrung besteht hängt von den Auswirkungen der unterschiedlichen kulturellen Merkmale auf die Beurteilungsergebnisse ab (van de Vijver 2011). Diese Merkmale der kulturellen Bias werden von Wissenschaftlern neben dem Wahlverhalten auch in anderen Kontexten erforscht, wie bspw. dem Handel (Felbermayr; Toubal 2010; Guiso et al. 2009). Die dabei am häufigsten untersuchten Merkmale sind Sprache, Ethnizität und Religion (Clerides, Stengos 2006; Spierdijk, Vellekoop 2009). Trotz sinkender Bedeutung und einer säkularisierten Welt haben mehrere verhaltensökonomische Studien gezeigt, dass vor allem die Religion durch ihren geschichtlichen Hintergrund einen wesentlichen Einfluss auf Wirtschaftssubjekte hat (Iannaccone 1998). Die Ethnie der Menschen bezieht sich auf ihre Kultur und kann sie in ihrem Handeln und Entscheiden beeinflussen. Bspw. können Menschen aus einer starken Affinität heraus, die auf ihre Ethnie zurückgeführt werden kann, andere bevorzugen und dadurch nicht neutral agieren (Spierdijk, Vellekoop 2009). Auch bei Sprachen ist dieses Verhalten denkbar. Trotz Verständnisproblemen kann hierbei schon der Klang einer Fremdsprache ausschlaggebend sein (Ginsburgh, Weber 2014).

Um kulturelle Bias aufzudecken und zu analysieren wird Hofstedes Idee der kulturellen Dimensionen von Wissenschaftlern weiterentwickelt. Hofstedes statistischer Vergleich von nationenübergreifenden Kulturen zeigt Dimensionen auf, die anthropologische Problemgebiete darstellen. Diese Gebiete werden gesellschaftlich unterschiedlich behandelt, woraus eine Unterscheidung verschiedener Kulturen resultiert (Hofstede 1980, 1991).

Die vier Hauptdimensionen, die zur Identifikation von kulturellen Verzerrungen verwendet werden, sind (Hofstede 1980, 1991):

- Power Distance (Machtdistanz),
- Uncertainty Avoidance (Unsicherheitsvermeidung),

- Individualism (Individualismus vs. Kollektivismus) und
- Masculinity (Maskulinität vs. Feminität).

Bisher gibt es statistische Daten für 76 Länder, die in Bezug auf diese vier Dimensionen kulturell quantifiziert wurden. Hofstede fügt in darauffolgenden Jahren noch weitere Dimensionen hinzu und zwar die Long-Term vs. Short-Term Orientation (langfristige vs. kurzfristige Orientierung) und Indulgence vs. Restraint (Nachgiebigkeit vs. Beherrschung)[8]. Die Werte jedes Landes können als erklärende Kultur-Variablen verwendet werden, da sie bezüglich der Dimensionen kulturelle Distanzen zwischen Nationen quantifizieren (Spierdijk, Vellekoop 2009).

García und Tanase (2013) erweitern die wissenschaftlichen Forschungen zu kulturellen Bias um einen bis dahin nicht betrachteten Punkt, nämlich die Beziehungen und Wahrnehmungen zwischen verschiedenen Kulturen. Sie argumentieren, dass mangelhafte Kommunikation oder Pfadabhängigkeiten, wie Stereotypen oder geschichtliche Ereignisse, die Wahrnehmung kultureller Unterschiede einschränken könnten. Daraus folgt, dass wirtschaftliche oder politische Entscheidungen die Meinung kultureller Gruppen untereinander ebenso beeinflussen können wie Staaten oder diverse kulturelle Untergruppen. Unter der Annahme, dass Menschen nicht alle Dimensionen und Unterschiede erfassen oder identifizieren können, ist es ebenso möglich, dass kulturelle Gruppen mit denselben Werten sich asymmetrisch wahrnehmen und bewerten. Das Gegenteil davon wird als „cultural proximity“ bezeichnet und bedeutet, dass Menschen ein Zusammengehörigkeitsgefühl besitzen (Felbermayr, Toubal 2009).

Darauf aufbauend untersuchen Bruning und Saqib (2013) kulturelle Unterschiede und Ähnlichkeiten, um nationale Bias zu berücksichtigen. Sie zeigen anhand von kanadischen Konsumenten, die kanadische Produkte vor nicht-kanadischen Produkten bevorzugen, dass Bias auch bezüglich kulturell ungleicher Länder bestehen (Bruning, Saqib 2013) und fassen zusammen: „The results of this study confirm that national bias is influenced by the extent of cultural similarity and differences across a country's regions. Canadian consumers prefer Canadian to non-Canadian service providers, although providers from English-speaking countries are close substitutes" (Bruning, Saqib 2013: 41). Watson und Wright (2000) bestätigen diese Studie, indem sie feststellten, dass kulturell ähnliche Länder wie Deutschland und die USA sich positiv bewerten. Infolgedessen tragen die Beziehungen und die Wahrnehmungen verschiedener Kulturen

8 Hier hat sich noch keine einheitliche Übersetzung etabliert, möglich wäre bspw. auch Genuss vs. Einschränkung.

untereinander zu voreingenommenen Urteilen bei und sind darüber hinaus bei jeder kulturellen Gegenüberstellung für die Voting Bias verantwortlich.

Es kann zusammengefasst werden, dass kulturelle Verzerrungen immer dann auftreten, wenn Menschen subjektiv nach eigenen kulturellen Standards bewerten oder beurteilen. Darüber hinaus haben sie auf Basis ihres kulturellen Hintergrundes Vorlieben, Abneigungen und spezifische Geschmäcker entwickelt. Daraus resultieren verschiedene Untergruppen (Hofstede 2003). Schlussfolgernd scheint es möglich, dass kulturelle Bias eine denkbare Einflussvariable für Voting Bias in der Unterhaltungsindustrie sind. In Casting-Shows und Wettbewerben treten eine Vielzahl unterschiedlicher Künstler verschiedener Länder an, um so spannende und vielseitige Shows zu gestalten. Vor allem im Eurovision Song Contest, dessen Grundidee genau im Zusammentreffen vieler Länder und unterschiedlicher Kulturen liegt, leisten die kulturellen Bias einen großen Beitrag zur Entstehung von verzerrten Abstimmungsergebnissen, also Voting Bias (Fenn et al. 2006; Ginsburgh, Noury 2008; Spierdijk, Vellekoop 2009). Da Kulturen nicht notwendigerweise geografisch innerhalb einer Nation verbunden sein müssen, resultiert die interessante Frage, ob sich das Abstimmungsverhalten daher auch innerhalb einer Nation und eines Kulturkreises unterscheidet.

2.1.4.2.2 Voting Bias im Eurovision Song Contest (ESC)

Wissenschaftliche Literatur zu Voting Bias am Beispiel des Abstimmungsverhaltes im Eurovision Song Contest (Kap. 2.1.4.2.2) ist bis dato sehr umfangreich und detailliert existent. Empirische und theoretische Publikationen zu ebenjenem Thema der Voting Bias haben sowohl im Bereich der Ökonomik, der Soziologie als auch in der Informatik und Physik eine Tradition. Die meisten ökonomischen Studien befassen sich mit der Frage des Einflusses von exogenen Variablen auf das Abstimmungsresultat. Entscheidend sei nicht die Qualität der Leistung oder „talent“-basierte Faktoren, sondern eben andere Faktoren wie bspw. die kulturelle Nähe, geografische, politische oder wirtschaftliche Beziehungen etc. In diesem Abschnitt werden einige wichtige Beiträge zum Abstimmungsverhalten im ESC zusammenfassend vorgestellt.

Während sich Kressley (1978) erstmals grundsätzlich mit der Problematik der Voting Bias am Beispiel des ESC befasst, leistet Yair (1995) Pionierarbeit in Form einer explorativen Studie. Für die Periode 1975–1992 findet er Länder, welche sich untereinander präferieren und fasst diese vor dem Hintergrund geografischer Aspekte als Länderblöcke in eine westliche, mediterrane und nördliche Ländergruppe zusammen. Weil seine Studie auf einer durchschnittlichen Anzahl von Punkten basiert, welche jedes abstimmende Land über den

Beobachtungszeitraum hinweg vergibt, vervollständigen Yair und Maman (1996) die Studie, indem sie jährliche Abstimmungsmuster zwischen den Blöcken untersuchen.

Gatherer (2004) charakterisiert den Eurovision Song Contest als ein rein kulturelles Ereignis und identifiziert statistisch signifikante Abstimmungspartnerschaften im Zeitraum zwischen 1974 und 2002.

Fenn et al. (2006) nutzen für ihre Untersuchung des Zeitraums von 1992–2003 das Verfahren der Clusteranalyse und identifizieren unterschiedliche Cluster-Gruppen aufgrund von Ähnlichkeitsstrukturen. Entgegen ihrer Intuition finden sie auch Länder, welche keine Korrelation bezüglich ihrer Abstimmung aufzeigen, z. B. zwischen Zypern und der Türkei. Aus diesem Grund gehen die Autoren erstmals davon aus, dass es neben den geografischen Aspekten weitere erklärende Variablen wie bspw. die gemeinsame Kultur oder Historie geben muss, welche das Abstimmungsverhalten beeinflussen. Sie schlussfolgern entsprechend, dass die Existenz von Cluster-Gruppen nicht ausschließlich durch ihre geographische Nähe erklärt werden kann.

Gatherer (2006) vergleicht die Papiere von Yair (1995), Yair und Maman (1996), Gatherer (2004) und Fenn et al. (2006) und verbessert ihr verwendetes Verfahren der Monte-Carlo-Simulation dahingehend, dass das Voting-Verhalten einem Entwicklungsprozess gleicht. Er findet starke geografische Abhängigkeiten. Die Schätzergebnisse zeigen länderspezifische Abstimmungspartnerschaften. Zentral gelegene Länder zeigen aufgrund ihrer geografischen Lage eine höhere Wahrscheinlichkeit, zukünftige Gewinner zu werden.

Neben den geografischen Hintergründen werden auch andere Aspekte wie die Bedeutung der Reihenfolge (Flôres, Ginsburgh 1996; Bruine de Bruin 2005) berücksichtigt.

Weil Fenn et al. (2006) die Rolle der musikalischen Qualität vernachlässigen, untersuchen Ginsburgh und Noury (2008) sowie Ginsburgh (2005) das Abstimmungsverhalten erstmals insbesondere unter Berücksichtigung der „Qualität". Ihre Grundidee basiert auf "what may look as vote trading is in fact sincere voting based on "quality", and linguistic and cultural proximities" (Ginsburgh, Noury 2008: 42). In der Zeit von 1975–2003 prüfen Ginsburgh und Noury (2008) die Hypothese des Stimmentauschs im Wettbewerb. Sie zeigen, dass die Vergabe der Punkte allen voran von der kulturellen und der linguistischen Nähe sowie der Qualität des Liedes abhängig ist. Die Punktevergabe kann schlussfolgernd nicht durch Logrolling, also einem Stimmentausch erklärt werden. Desgleichen kommen sie zu dem Ergebnis, dass die Stimmvergabe empirisch gesehen auch weniger durch politische Beziehungen erklärt werden kann. Ihre erklärenden

Variablen definieren sie u. a. als sprachliche Gemeinsamkeiten (basierend auf den lexicostatistical distances von Dyen et al. 1992), Beitragscharakteristika wie das Geschlecht des Liedsängers, die Formation als Gruppe oder Duett, die Reihenfolge der Auftritte, Liedsprache, Gastgeberland und kulturelle Distanzen auf der Grundlage von Hofstedes definierten kulturellen Dimensionen (Hofstede 1980, 1991) (Kap. 2.1.4.2.1).

Ebenso haben Spierdijk und Vellekoop (2009) (s. a. Clerides, Stengos 2006) die Studie von Fenn et al. (2006) aufgrund der Schlussfolgerung des Autors, dass die Existenz der Ländercluster nicht vollständig durch die geographische Nähe erklärt werden kann, erweitert. Sie untersuchten den gleichen Zeitraum wie Ginsburgh und Noury (2008) und lehnen sich bezüglich der erklärenden Variablen an jene Forschungsarbeit an. Darüber hinaus stellen sie ein länderspezifisches Modell auf, mit welchem sie die Voting Bias für jedes einzelne Land separat identifizieren können. Ihre Ergebnisse sind eindeutig. "There is strong evidence for voting bias in the Eurovision Song Contest, based on geographical, cultural, linguistic, religious, and ethnical factors" (Spierdijk, Vellekoop 2009: 424).

Zudem haben sich weitere Studien auf die unterschiedlichsten Einflussfaktoren im ESC konzentriert. Verrier (2012) zeigt anhand des Mere-Exposure Effekts, dass der bloße Wiedererkennungseffekt bedeutsam ist. So werden jene Teilnehmer signifikant und unter Kontrolle anderer diskutierter Einflussfaktoren besser bewertet, wenn sie im Halbfinale bereits von vielen Zuschauern gesehen wurden. Nachrichtenfaktoren aus der Nachrichtenwerttheorie werden von Schweiger und Brosius (2003) ebenso als erklärende Variable fokussiert und deren Einfluss gezeigt. Mit Nachrichtenfaktoren werden u. a. die länderspezifischen Beziehungen und die länderspezifischen Eigenschaften wie Politik, Wirtschaft und Kultur fokussiert. Fleischer und Felsenstein (2002) sehen den Eurovision Song Contest als Hebel für wirtschaftliches Wachstum, Christensen und Christensen (2008) thematisieren die Rolle ethnischer Minderheiten. Zudem werden Fragen zu Stereotypen gestellt (Georgiou 2008) und die Abstimmungsmuster des ESC als erklärende Variable für Länderpräferenzen zur Erklärung europäischen Handels einbezogen (Kokko, Tingvall 2012). García und Tanase (2013) bekräftigen, dass auch die Eurokrise das Abstimmungsverhalten beeinflusst und die europäische Spaltung fördern könnte.

2.1.4.2.3 Voting Bias auf Unterhaltungsmärkten: Zuschauer- vs. Expertenvoting

Talentshows fokussieren nicht mehr nur noch die reine Suche nach außergewöhnlichen Talenten. Viel mehr bieten die heutigen medial vermittelten Castingshows wie „Pop Idol" bzw. „Deutschland sucht den Superstar (DSDS)" oder „The Voice" ein integriertes Unterhaltungsangebot, das sich aus mehreren Komponenten zusammensetzt. In den Castingshows werden zwei Bewertungsebenen miteinander verknüpft. Zum einen übernimmt eine Expertenjury, zum anderen übernehmen die Zuschauer der Sendung die Bewertung der Leistungen. Die Darbietungen der Teilnehmer werden bspw. in dem Format „DSDS" zu Beginn der Sendung durch Experten im Bereich der Musik bewertet. Ab einer bestimmten Casting-Teilnehmerzahl und Vorauswahl durch die Experten-Jury haben ausschließlich die Zuschauer die Möglichkeit der Abstimmung. Im Unterschied zu den Castingshow-Vorläufern werden die Auswahlprozesse transparenter und Zuschauer haben durch das Abstimmen die Möglichkeit direkt in den Auswahlprozess einbezogen zu werden und damit Medieninhalte zu generieren bzw. zu gestalten. Zudem werden explizit auch Aspekte wie das soziale Umfeld, einschneidende Erlebnisse und persönliche Entwicklungen der Castingteilnehmer dokumentiert. Aufgrund dieser Formatgestaltung ist es entsprechend nicht unwahrscheinlich, dass andere nicht-talentbasierte-Kriterien (z. B. Popularität, Boulevardeignung, Erscheinungsbild) bei der Bewertung der musikalischen Leistung eine Rolle einnehmen (FSF 2009). Insbesondere auch dann, wenn Bezug auf das Konsumkapital und die Informationsmängel genommen wird. Das Ausmaß an Informationsmängeln bezüglich musikalischer Leistungen kann zwischen Experten und dem Publikum erheblich abweichen. Da der Begriff „Experte" besondere Fach- und Sachkenntnis und überdurchschnittlich sowie umfangreiches Spezialwissen impliziert, ist davon auszugehen, dass ein vorhandener Mangel an Informationen bezüglich musikalischer Aspekte unter Fachjurys deutlich geringer als der Informationsmangel seitens des Publikums vorhanden ist (Franck, Nüesch 2007: 222). Wird der Zuschauerbewertung eine hohe Tragweite eingeräumt, dann wird das Ergebnis von „wahren Talenten" zu „popularity driven celebrities" verlagert (Kap. 2.2.4), da die Zuschauer ihr inferiores Wissen bezüglich musikalischer Gesichtspunkte mit nicht-talentbasierten-Bewertungsdimensionen kompensieren (Franck, Nüesch 2007: 217). Dies begründet auch, warum derartige Unterhaltungsshows einer Anzahl von Beschwerden hinsichtlich des Abstimmungsprozesses ausgesetzt sind und die Regelungen kontinuierlich angepasst und verbessert werden müssen. So betont Fiske, dass „an evaluation of a performer does not mean anything until we know how reliable the judge was who evaluated that performance" (Fiske 1994: 76).

Die Diskussion bezüglich der Bewertungen ist insbesondere den Besonderheiten des Unterhaltungsgutes Musik geschuldet. Das Gut kann überwiegend als ökonomisches Erfahrungsgut charakterisiert werden. Im Gegensatz zu homogenen Gütern und Suchgütern kann der Nutzen aus dem Konsum des Gutes, hier entsprechend der subjektive Unterhaltungswert bzw. die Qualität der Musik, erst nach dem Konsum beurteilt werden (Haucap 2006; Heinrich 2010). Darüber hinaus hängt die Wertschätzung des Gutes vom Konsumkapital und der Charakteristika der Konsumenten ab (Andersson, Andersson 2006). Entscheidend ist, dass der Wert aus dem Konsum des Gutes vom individuellen Nutzen bestimmt wird, entsprechend von der subjektiven Wertschätzung der Konsumenten. Infolgedessen unterscheiden sich die individuellen Nutzwerte von Person zu Person, was es überaus schwierig macht, über die Qualität der Erfahrungsgüter zu urteilen (Andersson, Andersson 2006). Eine Abstimmung ermöglicht eine Mehrheitsfeststellung. Aus diesem Grund kann davon ausgegangen werden, dass das Abstimmungsergebnis einer Unterhaltungsshow auf Basis der individuellen Präferenzen und Nutzwerte allgemeingültige gesellschaftliche Nutzwerte widerspiegelt. Deshalb scheint die Involvierung von möglichst vielen Abstimmungsgruppen, wie bspw. dem Publikum und einer Jury, als gerechtfertigt, da so entsprechend viele Informationen über die Präferenzen gesammelt werden können.

Dennoch stellt sich grundsätzlich die Frage, ob Abstimmungsverfahren über Erfahrungsgüter wie die Aufführung eines Liedes aufgrund möglicher Voting Bias ineffizient sind. Dabei wird allen voran die Frage fokussiert, durch welche Beurteiler die Bewertung von künstlerischen Darbietungen und Leistungen erfolgen sollte. Betrachtet wird dabei die reine Abstimmung durch Experten, bspw. in Form einer Experten-Jury, und die Abstimmung durch die Rezipienten bzw. Zuschauer der Unterhaltungssendung. Sollte sie von Spezialisten und Experten in diesem Feld erfolgen, da nur diese das notwendige Konsumkapitel besitzen und die Qualität entsprechend wertschätzen können oder ist das allgemeine Publikum trotz evtl. verzerrter Präferenzen, mangelnder Objektivität und Konsumkapital sowie inferiorem Wissen besser dafür geeignet. Zudem stellt sich an dieser Stelle die Frage, wie derartige Unterhaltungsformate à la „Pop Idol" und „The Voice" durch die Medien ausgestaltet werden sollen bzw. welches Abstimmungssystem (Expertenjury vs. Zuschauer) insgesamt zu weniger Voting Bias führt und ob jene Verzerrungen schlichtweg überhaupt problematisch sind.

Diese Diskussion ist auch vor dem Hintergrund bedeutend, ob bei Abstimmungen bzgl. der Bereitstellung künstlerischer Güter ein Marktversagensproblem vorliegt (Haan et al. 2005; Bator 1958). Senden die Preise sowohl an Konsumenten als auch an Produzenten nicht die richtigen Signale, kann der betrachtete Markt nicht zu einer allokativen Effizienz führen. Im schlechtesten Fall bricht der Markt vollständig zusammen, es kommt zum Marktversagen (z. B. Pindyck, Rubinfeld 2009). Informationsasymmetrien und -mängel sind aufgrund der bereits erwähnten Erfahrungsgutcharakteristik des Gutes Musik vor dem Hintergrund dieser Problematik erwähnenswert. Marktversagen kann nämlich dann eintreten, wenn aufgrund von unzureichenden Informationen hinsichtlich der Qualität, der Eigenschaften oder des Wertes des Gutes keine nutzenmaximierende (Kauf-) Entscheidung getroffen werden kann (Pindyck, Rubinfeld 2009: 444). Da sich ein Abstimmungsprozess in Musikwettbewerben von einem gewöhnlichen Markt unterscheidet, welcher typischerweise durch Angebot und Nachfrage von Waren und Dienstleistungen charakterisiert wird, wird hier keine Preisbildung generiert. Vielmehr repräsentieren die Konsumenten das Ausmaß der Nachfrage anhand ihrer abgegebenen Bewertungen oder Stimmen. So könnte das aggregierte Abstimmungsergebnis (in Punkten oder Prozentsätzen) durch eine Jury oder dem Publikum als Zahlungsbereitschaft (= willingness to pay) interpretiert werden (Hanemann 1991). An dieser Stelle stellt sich entsprechend die Frage, ob das Abstimmungsverhalten der Nachfrager über die einzelnen Zahlungsbereitschaften effizient ist, um die richtigen Signale über die Qualität und den Wert des Gutes zu senden (Haan et al. 2005). Vor dem Hintergrund der Informationsmängel, einer Kompensation ebensolcher durch nicht-talentbasierte Bewertungsdimensionen und der fehlenden eindeutigen objektiven Bewertungskriterien kann es zu einer Ineffizienz der Abstimmung führen. Der tatsächliche Marktwert der Leistung wird damit nicht signalisiert. Haan et al. (2005) argumentieren, dass "any evidence of a systematic influence of a factor that is exogenous to the quality of the songs therefore implies inefficiency" (Haan et al. 2005: 64). Folglich könnte das klassische durch Informationsasymmetrien ausgelöste Lemons-Problem nach Akerlof (1979) auftreten, bei welchem qualitativ hochwertige Güter von qualitativ minderwertigeren Gütern vom Markt verdrängt werden. Konsumenten der Unterhaltungsshow würden daher aufgrund ihrer Informationsmängel qualitativ hochwertige Leistungen von Künstlern unterbewerten, minderwertige Leistungen überbewerten, sodass sich eine durchschnittliche Qualität ergibt. Die Folge wäre, dass schließlich qualitativ hochwertigen Leistungen von Künstlern nicht mehr angeboten werden, es entwickelt sich eine durchschnittliche Qualität über alle Leistungen hinweg. In der Literatur wird aufgrund theoriegeleiteter Annahmen davon ausgegangen, dass Experten weniger durch exogene Faktoren beeinflussbar seien als das öffentliche Publikum. Zudem kann die Problematik der Informationsmängel und des nicht ausreichend vorhandenen Konsumkapitels seitens der Experten erheblich minimiert werden (Haan et al. 2005).

Neben der ökonomischen Argumentation werden künstlerische Güter in der Literatur teilweise auch als meritorische Güter diskutiert (Musgrave 1959). Bei der Meritorik werden allen voran politische, moralische und kulturelle Werte fokussiert (Kruse 1996). Ist die allgemeine Öffentlichkeit und damit der Zuschauer ein ungeeigneter Juror von künstlerischer Qualität und sendet somit die falschen Preissignale, dann sei jener nicht die ideale Institution, um qualitativ hochwertige Kunst zu fördern und über jene zu urteilen (Haan et al. 2005). Konsumenten würden nämlich aufgrund verzerrter Präferenzen, welche durch Irrationalität, unvollständiger Informationen, Informationsasymmetrien und exogene Faktoren entstehen, nicht rational handeln. Auf Basis einer vollständigen Information wäre ihr Handeln jedoch anders. Kurzum bedeutet dies, dass Zuschauer, wenn sie mit allen entsprechenden musikalischen Informationen versorgt wären, anders abstimmen würden als bei der aktuellen Situation unvollkommener Informationsbereitstellung. Der Staat sollte dann im Sinne der klassischen Meritorik dieses vorhandene Angebotsdefizit ausgleichen, indem er bestimmte Güter bereitstellt, welche bei vollständiger Information nachgefragt werden würden, obwohl die Nachfrage aktuell nicht vorhanden ist (Dewenter, Rösch 2015). Der Staat entscheidet entsprechend über das Ausmaß des Konsumierens, wenn er den Konsum für politisch, kulturell oder moralisch wünschenswert erachtet. Daraus resultiert, dass Musik-Experten im Sinne der Meritorik eher dazu befähigt sind, über eine musikalische Leistung zu urteilen als das öffentliche Publikum. So argumentiert Holbrook (1999) bspw. für die Bewertung künstlerischer Leistungen durch Experten und damit für Eingriffe in die Konsumentenpräferenzen, da "producers of popular culture tend to aim their offerings at the lowest common denominator thereby degrading cultural products by catering to the relatively uncultivated tastes of ordinary consumers" (Holbrook, 1999: 144).

Auf der anderen Seite wird argumentiert, dass aufgrund wirtschaftlicher Anreize die Künstler bestrebt sind, die Bedürfnisse und Interessen der Öffentlichkeit zu befriedigen. Die Bewertung der künstlerischen Leistungen kann daher nur vom Markt selbst erfolgen, welcher durch Präferenzen der breiten Masse repräsentiert wird (Haan et al. 2005). Einer der bedeutendsten Befürworter dieser Ansicht ist Cowen (1998). Brady (1990) zitiert in diesem Zusammenhang in seiner verfassten Biographie über Welles[9] seine Argumentation für die Vorrangstellung der Bewertung durch die Zuschauer selbst. Welles sagte in diesem Zuge: „We must not forget the audience. The audience votes by buying tickets. An audience is more intelligent than the individuals who create their entertainment. I can think of nothing that an audience won't understand" (zitiert in Brady 1990: 348).

Amegashie (2009) geht in seiner modell-theoretischen Analyse der Frage nach, ob die direkte Involvierung der Zuschauer im Abstimmungsprozess und die damit verbundenen Voting Bias überhaupt problematisch seien[10]. Er

9 Amerikanischer Filmregisseur, Schauspieler und Autor.

10 Bezüglich der generellen Ausgestaltung des Casting-Formats haben sich Fu und Lu (2012) intensiv modell-theoretisch auseinandergesetzt. Sie untersuchen die optimale

thematisiert dazu die medial vermittelte Castingshow „Pop Idol". Schlussendlich modelliert und argumentiert er, dass mehrdimensionale Abstimmungsgründe sogar das eindimensionale Ziel, d. h. die musikalische Qualität fördern können. Bezugnehmend auf die Theorie meritorischer Güter wird im Sinne des Paternalismus-Arguments unterstellt, dass Akteure des Staates besser im Sinne des gesellschaftlichen Wohls handeln und entscheiden würden. Bei Castingshows à la „Pop Idol" kann somit allerdings die Präferenz der paternalistisch agierende Experten-Jury durch den Geschmack der Zuschauer ersetzt werden. Die Konsumentenpräferenzen stehen damit wieder im Vordergrund, was die Effizienz erheblich steigert. Überdies werden die Leistungsanreize sämtlicher Teilnehmer durch die Einbeziehung mehrere Bewertungsdimensionen erhöht. Während die Zuschauer auch nicht-talentbasierte Kriterien wie das Aussehen, die Medienpräsenz, soziale Fähigkeiten etc. präferieren, wird den Experten unterstellt, dass jene sich ausschließlich auf musikalische Kriterien fokussieren. Diese Berücksichtigung der Mehrdimensionalität durch die Zuschauer erhöht jedoch wiederum die generelle Wettbewerbsintensität, wodurch auch

---

Struktur eines mehrstufigen Wettbewerbs, welcher sequenziell einzelne Teilnehmer aus dem Wettbewerb ausscheiden lässt. Während Castingshow-Formate wie „DSDS" oder „The Voice" genau diesem „multi-stage sequential-elimination" Contest folgen, wird der ESC als „single-stage" Contest kategorisiert. Die Medienunternehmen haben nach Fu und Lu (2012) zur Ausgestaltung des Formats zwei mögliche veränderbare Parameter: 1. Die Contest-Sequenz, d. h. die Anzahl der aufeinander stattfindenden Wettbewerbe und die Anzahl der verbleibenden Teilnehmer nach jedem Wettbewerb und 2. die Verteilung des Preises (bzw. Preisgeldes). Sie bekräftigen dabei das Format des „multi-stage" Wettbewerbs, welches aktuell auch in den meisten Castingshows zu finden ist und begründen mit: „When the contest technology is sufficiently noisy, we find that multi-stage contests elicit more effort than single-stage contests" (Fu, Lu 2012: 1). Das Preisgeld sollte von dem Veranstalter am Ende des gesamten Wettbewerbs vergeben werden und nicht entsprechend separat nach jedem einzelnen Wettbewerb. Ebenso sollte es ungeachtet von der Wettbewerbssequenz gebündelt als Finalpreis verliehen werden. Zusätzliche Stufen erhöhen immer den Gesamtaufwand und damit die Darbietungen der Künstler. „Therefore, the optimal contest eliminates one contestant at each stage until the final when a single winner obtains the entire prize purse" (Fu, Lu 2012: 1). Ginsburgh und Weyers (2014) vertreten dahingehend sogar die Ansicht, dass aufgrund der erschwerten Messbarkeit von Qualität und Talent im Bereich der Film-, Literatur- und Musikindustrie nicht nur finale Preise an den besten Musiker, das beste literarische Werk oder den besten Film verliehen werden sollten. Sie schlagen stattdessen eine Gruppe von Nominierten vor, bspw. 5 Kandidaten, welche alle gleichermaßen belohnt werden. Ihr Vorschlag wird damit begründet, dass sich die Leistung der Gewinner oftmals kaum von jenen der Nominierten unterscheidet.

außerordentliche Gesangstalente durch zusätzliche Leistungsanreize motiviert werden (Amegashie 2009).

Empirische Studien

In der empirischen Literatur wird aufbauend auf den theoretischen Annahmen schließlich der Frage nachgegangen, ob das Abstimmungsverhalten durch eine Expertenjury tatsächlich weniger durch Voting Bias getrieben wird als jenes durch die Zuschauer. Damit wird empirisch geprüft, ob das Abstimmungssystem durch Experten in ihrem Gebiet aufgrund weniger Verzerrungen effizienter ist.

Die zufällig ausgewählte Reihenfolge, in welche die Künstler gegeneinander antreten, ist dabei eine exogene Variable, welche bei der Bewertung der musikalischen Leistung gewissermaßen keine Rolle einnehmen sollte. Der durch die Reihenfolge angenommen verursachte Voting Bias sollte auf Seiten einer professionellen Expertenjury geringer ausfallen bis gar nicht vorhanden sein, da sich jene der Theorie nach weniger von exogenen Faktoren beeinflussen lassen. Experten berufen sich lediglich auf jene Faktoren, welche der künstlerischen Leistung zuzuschreiben sind (Haan et al. 2005). Einige empirische Studien haben sich genau auf diese Problematik fokussiert. So untersuchen Flôres und Ginsburgh (1996) sowie Glejser und Heyndels (2001) das Ranking der Finalisten im Königin-Elisabeth-Wettbewerb (Concours Reine Elisabeth) unter Berücksichtigung der Reihenfolge, in der die Künstler gegeneinander antreten. Der Königin-Elisabeth-Wettbewerb ist einer der weltweit bedeutsamsten Musik- und Kompositionswettbewerbe. Er wird seit 1937 über mehrere Wochen in Brüssel in den Kategorien der Violine und dem Klavier sowie später auch im Gesang und Cello ausgetragen. In diesen Kategorien treten separat bis zu 85 internationale Musiker gegeneinander an. Während in der ersten Woche sämtliche teilnehmende Künstler das gleiche musikalische Stück vortragen, werden zum Halbfinale nur noch 24 Künstler zugelassen. In das Finale schaffen es schließlich 12 der im Halbfinale antretenden Musiker. Der Sieger erhält eine der höchsten Auszeichnungen im Bereich der Musik, welcher durch eine Expertenjury bestimmt wird (Queen Elisabeth Competition 2017). Die Jury setzt sich aus führenden Experten in den jeweiligen Kategorien zusammen. Neben einem hohen Preisgeld ist vor allem der Gewinn des Prestiges entscheidend, da ihm das hohe Ansehen die Wege einer weltweiten Karriere öffnet und somit den zukünftigen Erfolg maßgeblich beeinflusst. Aus diesem Grund kann es durchaus relevant sein zu untersuchen, inwiefern die Abstimmung der Expertenjury durch exogene Faktoren wie die Reihenfolge der gegeneinander antretenden Künstler beeinflusst wird. Der Wettbewerb ist so organisiert, dass die Reihenfolge der

Künstler per Zufallsgenerator ermittelt wird und jene entsprechend der vorgegebenen Reihenfolge nacheinander auftreten. Glejser und Heyndels (2001) analysieren bspw. die Kategorien Klavier und Violine für den gesamten Zeittraum von 1956–1999. Flôres und Ginsburgh (1996) sowie Glejser und Heyndels (2001) zeigen anhand ihrer empirischen Studie, dass die Rangposition signifikant mit dem Zeitpunkt des Auftritts zusammenhängt. Je später der Auftritt erfolgt, desto höher ist die Wahrscheinlichkeit einer besseren Platzierung. Dies gilt zum einen insgesamt für die Tage innerhalb der Woche, zum andren aber auch für den Zeitraum innerhalb eines Tages (Glejser, Heyndels 2001). Glejser und Heyndels (2001) finden außerdem, dass männliche Künstler signifikant besser als Frauen abschneiden. Flôres und Ginsburgh (1996) weisen in ihrer Erklärung auf die Organisation und die Gestaltung des Wettbewerbsformates hin. Eine Änderung könnte die Voting Bias vermeiden. Glejser und Heyndels (2001) interpretieren diesen Zusammenhang als empirische Evidenz für die Ineffizienz eines Abstimmungsprozesses durch eine Expertenjury.

Ginsburgh und van Ours (2003) finden zudem empirische Evidenz und damit Unterstützung für die Hypothese, dass der Königin Elisabeth Wettbewerb zu einer fortwährenden musikalischen Karriere verhilft. Sie fokussieren dazu den ökonomischen Erfolg nach der Teilnahme am Wettbewerb. Dies bedeutet auch, dass Ineffizienzen im Bewertungsprozess der Jury nachhaltig auf die Karrieremöglichkeiten von Musikern wirken. Ginsburgh und van Ours (2003) schließen ihre Untersuchung daher mit folgenden Worten ab: "However, the fact that judges' rankings are affected by order and timing of appearance in a competition needs to be stressed, and sheds some doubt on their ability to cast fully objective judgments" (Ginsburgh, van Ours 2003: 295).

Inspiriert von Glejser und Heyndels (2001) untersuchen Haan et al. (2005) anhand des Eurovision Song Contests direkt, ob Expertenjurys im Vergleich zu den Zuschauern der Veranstaltung in ihrer Beurteilung der künstlerischen Leistung weniger durch die Reihenfolge der Auftritte beeinflusst werden. Sie prüfen den Zeitraum 1956–1997 und zeigen, dass das Voting der Expertenjurys etwas weniger durch die Reihenfolge beeinflusst wird als jenes durch die Zuschauer. Allerdings sind Experten nicht vollkommen frei von jedwedem Einfluss. Trotzdem schlussfolgern sie, dass die Abstimmung durch eine Expertenjury bei der Beurteilung der qualitativen Leistung zumindest effizienter als die Beurteilung durch die Zuschauer ist. Ähnliche Reihenfolgeeffekte finden allerdings bspw. auch Page und Page (2010) in der Castingshow „Pop Idol", bei welcher ebenso Zuschauer abstimmen. Bruine de Bruin weisen sowohl bei den Weltmeisterschaften im Eiskunstlauf als auch im Eurovision Song Contest (Bruine de Bruin 2005,

Bruine de Bruin 2006) Reihenfolgeeffekte dar, selbst wenn eine Expertenjury die Abstimmung übernimmt.

Ginsburgh und Weyers (1999) konzentrieren sich auf die wahrgenommene „Qualität" von Filmen und wie sie von Experten (Kritiker, Schauspieler, Regisseure etc.) und im direkten Vergleich von den Zuschauern, also dem öffentlichen Publikum bewertet werden. Die empirische Untersuchung konzentriert sich allen voran darauf, ob die Qualitätsbewertung nachhaltig ist. Sie zeigen, dass die Präferenzen durch Experten und den Zuschauern differenzieren und durch Experten nominierte oder ausgezeichnete Filme nicht mit ökonomischen Erfolgsfaktoren korrelieren. Die Ergebnisse zeigen allerdings auch, dass sich die Präferenzen der Experten und Rezipienten zumindest kurz nach Bereitstellung des Filmes überschneiden (die Auszeichnungen der Filme korrelieren mit den Einspielergebnissen). Diese Überschneidung ist allerdings nicht andauernd und nimmt im Zeitverlauf rapide ab (Ginsburgh und Weyers 1999).

In einer sehr ähnlichen Studie untersucht Ginsburgh (2003) darüber hinaus neben der Filmbranche auch den Bereich der Buch- und Musikindustrie. Er zeigt klare Unterschiede zwischen den verschiedenen Bereichen. Während von Experten geschätzte und ausgezeichnete Filme positiv mit dem ökonomischen Erfolg korrelieren, gilt dies nicht bei preisgekrönten Büchern. Der Einfluss von Preisverleihungen und Kritiken auf den ökonomischen Erfolg eines Musikers (Queen Elizabeth Musikwettbewerb) ist hingegen wieder eindeutig. Dass die Preisverleihungen allerdings Indikatoren für Qualität sind und damit eine außerordentliche Qualität oder ein außerordentliches Talent repräsentieren, kann nicht gezeigt werden. Aus diesem Grunde schlussfolgert der Autor, dass „experts are not perfect in predicting quality" (Ginsburgh 2003: 109). Desgleichen analysieren Dekker und de Jong (2016) ausführlicher die Rolle von Literaturpreisen als Qualitätssignal in der Buchbranche, welche durch Experten verliehen werden. Anhand eines Datensatzes zu sämtlichen Literaturpreisen prüfen sie die Übereinstimmung von Fachjurybewertungen, dem aktiven und passiven Konsum und der langfristigen Anerkennung und Würdigung. Dazu werden Auszeichnungen und Nominierungen, Leserbewertungen, Umsätze und die Aufnahme in Anthologien betrachtet. Im Zentrum steht der Buchmarkt der Vereinigten Staaten, Frankreichs und der Niederlande. Dekker und de Jong (2016) finden kaum Überschneidungen in den jeweils geprüften Kategorien. So werden jene Bücher, welche durch Fachjurys geschätzt und anerkannt werden sowohl innerhalb der Expertenjury als auch von Seiten der Konsumenten sehr unterschiedlich bewertet. Einzig und allein in den USA finden sie einen schwachen Hinweis auf einen Konsens zwischen Expertenbewertungen, aktivem und passivem Konsum und der langfristigen Anerkennung.

Gleichermaßen zeigen Morgan und Rotthoff (2014), dass die Bewertung durch eine Expertenjury von exogenen Faktoren beeinflusst wird. Anhand der Sportart des Turnens im Bereich der amerikanischen „elite Gymnastics" bewerten Jurys die sportliche Leistung umso besser, je schwieriger die Aufgabe ist, obwohl die Schwierigkeit und die Ausführung separat bewertet werden. Darüber hinaus finden sie einen signifikant positiven Referenz-Effekt. Das bedeutet, dass Teilnehmer aus leistungsstarken Ländern systematisch besser bewertet werden.

Den Referenzeffekt zeigen bspw. auch Duerksen (1972) und Behne und Wöllner (2011) in ihren empirischen Studien zu musikalischen Aufführungen, welche durch Expertenjurys bewertet werden. Musikalische Leistungen werden systematisch besser bewertet, wenn sie vorher mit dem Label „professionals" versehen wurden.

Ein weiterer Faktor, welcher das Abstimmungsverhalten beeinflussen kann, bezieht sich auf das Visuelle und somit das ästhetische Erscheinungsbild. Attraktivität und Schönheit werden dabei systematisch als positive Faktoren in die Bewertung aufgenommen (u. a. Biddle, Hamermesh 1998; Hamermesh, Biddle 1993). Tsay (2013) untersucht bspw. in seiner experimentellen Musikstudie das Abstimmungsverhalten von Experten hinsichtlich musikalischer Aufführungen. Da von Fachexperten erwartet und darauf vertraut wird, dass sie die musikalische Leistung neutral durch ihr Fachwissen beurteilen, geht Tsay (2013) davon aus, dass sich Experten nicht durch visuelle Informationen in ihrer Wahrnehmung und Verarbeitung von Klängen beeinflussen lassen. Die Ergebnisse zeigen allerdings, dass die Bewertungen in erster Linie auch von visuellen Informationen abhängen. Vergleichend dazu bewerten Nichtfachkundige desgleichen die musikalischen Leistungen. Die Experimente deuten darauf hin, dass sich das Urteil der Nichtfachkundigen mit jenen der Fachleuten ähnelt. Sowohl Laien als auch Experten urteilen über die Musikleistung schnell und automatisch auf der Basis visueller Informationen (Tsay 2013).

Lee (2006) konzentriert sich in seiner Analyse schließlich auf die Abstimmungsverhalten der Zuschauer. Er untersucht, ob die Zuschauer der Castingshow „American Idol" Präferenzen bezüglich der Hautfarbe und der ethnischen Herkunft aufzeigen und aufgrund dessen Voting Bias verursachen. Er findet empirische Evidenz, dass die ethnische Zusammenstellung der teilnehmenden Kandidaten die Einschalt- und Votingquoten von hell- und dunkelhäutigen Zuschauern beeinflusst, insbesondere bei der Gruppe der Dunkelhäutigen. Nimmt der Anteil an dunkelhäutigen Teilnehmern zu, so erhöht sich auch die Teilnahme am Voting der dunkelhäutigen Zuschauer, während die Teilnahme zum Abstimmen durch hellhäutige Zuschauer abnimmt. Damit erhöht sich auch die

Wahrscheinlichkeit, dass ein dunkelhäutiger Kandidat in die nächsten Runden gewählt wird (Lee 2006).

Ähnliche Voting Bias seitens der Zuschauer finden auch Heizler und Kimhi (2012). Die Präferenzen für oder die Identifizierung mit bestimmten teilnehmenden Kandidaten unabhängig von ihren Fähigkeiten kann auch durch soziale Netzwerke erklärt werden. So untersuchen Heizler und Kimhi (2012) in ihrer empirischen und theoretischen Studie die Beziehung zwischen sozialen Netzwerken und dem Abstimmungsverhalten der Zuschauer in der Reality-TV-Shows "A Star Is Born", dem israelischen Gegenstück zu „American Idol". Sie erstellen dazu zwei Proxy-Variablen, welche die sozialen Netzwerke repräsentieren. Zum einen eine Variable für die Einwohneranzahl des Wohnortes der teilnehmenden Kandidaten und zum anderen die Anzahl der Mitglieder einer Minderheitsgruppe in Israel, sollte der Teilnehmer einer Minderheitsgruppe angehören. Sie stellen fest, dass das Ausmaß der sozialen Netzwerke auf die Wahrscheinlichkeit des Gewinns einen Einfluss ausübt, dieser aber nicht linear ist. Die Gruppengröße der Minderheiten zeigt einen umgekehrten U-förmigen Effekt auf die Wahrscheinlichkeit des Gewinns des Wettbewerbs. Die Standortgröße des Teilnehmers zeigt dagegen einen U-förmigen Verlauf. Dies bedeutet, dass Kandidaten aus „mittelgroßen" Minderheiten höhere Wahrscheinlichkeit eines Sieges erfahren als Kandidaten aus kleineren oder größeren Minderheiten. Darüber hinaus haben Kandidaten aus einem Wohnort mit einer besonders hohen und einer besonders geringeren Einwohneranzahl bessere Chancen, den Wettbewerb zu gewinnen. Heizler und Kimhi (2012) zeigen folglich empirisch fundierte Voting Bias seitens der Zuschauer.

Zusammenfassend kann gesagt werden, dass sowohl Experten als auch Zuschauer einen Voting Bias aufzeigen können. Auf eine reine Expertenabstimmung zu vertrauen scheint angesichts der empirischen Befunde damit nicht empfehlenswert. So weisen die empirischen Studien nach, dass die Empfehlungen und Bewertungen der Experten in einigen Bereichen nicht mit den ökonomischen Erfolgen, also den Verkaufszahlen korrelieren. Die Präferenzen der Zuschauer werden durch den Expertengeschmack damit nur teilweise getroffen. Zwar zeigen Experten tendenziell etwas weniger Verzerrungen als Zuschauer, die durch die Zuschauer berücksichtigten mehrdimensionalen Abstimmungsgründe können allerdings auch das eindimensionale Ziel fördern und somit zusätzliche Wettbewerbs- und Leistungsanreize ermöglichen. Voting Bias können per se also nicht grundsätzlich als problematisch eingestuft werden. Zudem ist das in der Literatur angeführte Argument der Meritorik aus ökonomischer Sicht wegen des paternalistischen Charakters und der gezeigten empirischen Studien hinsichtlich der Expertenmeinungen kritisch zu betrachten. Fraglich ist gewissermaßen, wer die Beurteilung verzerrter Präferenzen überhaupt bestimmt und wie unverzerrte Präferenzen im Idealfall aussehen sollten. Dass die Beurteiler teilweise selbst verzerrter Präferenzen und Informationsunvollkommenheit unterliegen, kann in den empirischen Studien anhand der Bewertung durch eine Expertenjury gezeigt werden. Ungewiss ist darüber hinaus, ob jene Experten nicht auch Eigeninteressen verfolgen usw. (Dewenter 2007). Die Bewertung künstlerischer Leistungen ist stets durch eine stark subjektive Komponente geprägt, da die objektive Messbarkeit der Qualität von künstlerischen Leistungen schwer ist. Bezüglich der künstlerischen Qualität sind sich selbst Fachexperten innerhalb ihres Gebiets uneinig. Die ultimative Entscheidung, welche musikalische Leistung präferiert wird oder welche Unterhaltungsprodukte konsumiert werden, können aus ökonomischer Sicht nicht nur die Experten treffen. Letztendlich sind aber die Präferenzen der Zuschauer entscheidend, da jene den ökonomischen Erfolg generieren. Da Abstimmungen eine Mehrheitsfeststellung ermöglichen, kann schlussendlich auch so argumentiert werden, dass musikalische Qualität in Form des „besten Künstlers" schlichtweg dann gegeben ist, wenn sie von der Masse der Zuschauer präferiert wird. Die Befürwortung der Abstimmung durch die Zuschauer kann also im Sinne einer Massenpräferenzgerechtigkeit hervorgehoben werden.

Wie dem Kapitel 2 zu entnehmen, folgt nach Bearbeitung der Theorie zu Media und Voting Bias der 2. theoretische Grundlagenteil zu den Economics of Superstars. Jener wird in den nachfolgenden Kapiteln zusammenfassend dargestellt.

2.2 Grundlagen der Economics of Superstars

Die Pop-Sängerin Taylor Swift verdiente im Jahr 2016 $170 Mio., der US-amerikanische Krimiautor James Patterson $95 Mio und Sportler Christiano Ronaldo $88 Mio (Forbes 2016). Die Gagen dieser „Top 100 Celebrities" übertreffen die durchschnittlichen Gagen eines Sängers, Autors oder Sportlers um ein Vielfaches. Diese Konzentrationsverteilung der Einkommen in den oberen Prozent-Perzentilen (McCall, Percheski 2010: 333; Western et al. 2008: 905) ist auf den sogenannten Superstar-Effekt zurückzuführen. Superstars werden häufig auch in den Bereichen der Wissenschaft, des Managements, der Architektur, des Journalismus oder der Politik (Frank, Cook 1995) thematisiert. Vorherrschend sind jene erfolgskonzentrierten Märkte allerdings in den Märkten der Unterhaltung- sowie der Medien-, Kultur und Kreativindustrie (Ainslie et al., 2005; Cowen 2000; Elberse 2007; Frank, Cook 1995; Gaitanides 2001; Menger 1999), weswegen sich die theoretischen Arbeiten in der Literatur zur Thematik überwiegend auf das „Künstlertum" beziehen (Adler 1985; Rosen 1981).

Das ökonomische Phänomen der Superstars (engl. Economics of Superstars) hat sich in der öffentlichen und wissenschaftlichen Diskussion zunehmend als Wirtschaftsfaktor etabliert. Dieses Phänomen beschreibt, dass eine relativ kleine Gruppe von Anbietern (z. B. Musiker, Künstler, Schauspieler oder Sportler) den besagten Markt dominieren und durch Abschöpfung eines beachtlichen Teils der Konsumentenrente ein außerordentlich hohes Einkommen erzielen. Frank und Cook (1995) beschreiben diese Art der Märkte als „Winner-take-all"-Märkte, "because the value of what gets produced in them often depends on the efforts of only a small number of top performers, who are paid accordingly" (Frank, Cook 1995: 2). Das Phänomen der Superstars beschreibt somit eine ausgeprägte Nachfragekonzentration auf nur wenige Anbieter. Dies führt wiederum zu einem außerordentlich hohen Einkommen sowie einer schiefen Einkommensverteilung zwischen Superstars und Nicht-Superstars in ihrer Funktion als Anbieter (Rosen 1981).

Die Economics of Superstars gewinnen mit der im Jahre 1981 verfassten Arbeit von Sherwin Rosen „The Economics of Superstars", aufbauend auf Marshall (1947), zunehmend an Bedeutung. Rosen prägt nicht nur den Terminus Superstar, er setzt sich zudem mit diesem Konzentrationskuriosum auseinander, untersucht u. a. die Beziehung zwischen Talent und Erfolg/Einkommen und führt ein theoretisches Erklärungsmodell für die Existenz von Superstars und deren ökonomischen Besonderheiten auf. Weitere Theorien folgen, welche bestehend aus einer Reihe von Grundregeln und Annahmen versuchen, das beobachtete Phänomen der steigenden Einkommensasymmetrien zu erklären (u. a. Adler 1985; Borghans, Groot 1998; Frank, Cook 1995; Franck, Nüesch 2007; MacDonald 1988) und jene empirisch zu prüfen (u. a. Chung, Cox, 1994; Hamlen 1991).

Da Ruhm und Erfolg wichtige Bestandteile nahezu aller Arten von Unterhaltung sind, wird der Ökonomik der Superstars ein geeigneter Ausgangspunkt für die Analyse der Entertainmentmärke zugeschrieben. In diesem Kapitel werden daher die theoretischen Grundlagen der klassischen Superstartheorien bis hin zum aktuellen Forschungsstand dargelegt. Dazu werden Elemente der Theorie herausgearbeitet, welche in den empirischen Studien im Hauptteil der Dissertation (Kap. 3) relevant sein werden.

2.2.1 Rosen-Ansatz: Imperfekte Substituierbarkeit von Talent

Der amerikanische Wirtschaftswissenschaftler Rosen (1981) legt mit seiner auf Marshall (1947) aufbauenden Forschungsarbeit den Grundstein für die

Ökonomik der Superstars. Er definiert den Fachterminus der Superstars als eine „relatively small numbers of people (that) earn enormous amounts of money and dominate the activities in which they engage" (Rosen 1981: 845). Relativ geringe Talentunterschiede führen dabei zu überproportionalen Einkommensunterschieden, da die Nachfrage nach qualitativ Höherwertigem überproportional steigt (Marshall 1947). Die Nachfrage konzentriert sich infolgedessen nur auf wenige Anbieter mit den größten Talenten (z. B. Künstler, Ärzte, Sportler etc.).

Seine Erklärung für dieses Phänomen der wenigen Spitzenverdiener (= Superstars) beruht auf zwei Annahmen. Zum einen fokussiert er die imperfekte Substituierbarkeit unterschiedlicher Talentniveaus, was bedeutet, dass „außerordentliches Talent" nicht durch „weniger Talent" ersetzt werden kann. So beschreibt Rosen: „Lesser talent is often a poor substitute for greater talent" (Rosen 1981: 846). Bspw. kann das mehrmalige Hören mittelmäßiger Sänger nicht schlichtweg die Leistung eines herausragenden Sängers ersetzen. Des Weiteren wird die Zahlungsbereitschaft der Patienten mehr als 10 % steigen, wenn sie die Leistung eines Arztes in Anspruch nehmen, dem 10 % weniger gravierende Behandlungsfehler unterlaufen als anderen Ärzten in diesem Bereich. Geringfügig mehr Talent oder entsprechend ein minimaler Qualitätsvorsprung reicht demnach aus, um sämtliche Marktnachfrage auf einen einzigen Anbieter zu konzentrieren, da Nachfrager Qualitätsanstiege überproportional wertschätzen. Rosen (1981) geht davon aus, dass Talent oder die Qualität der Leistung ohne Kostenaufwand vollständig erkenn- und beobachtbar ist. Das Talent in Relation zum Einkommen der Superstars hat infolgedessen einen konvexen Verlauf. Die Nachfrager steigern ihren Nutzen, indem sie den talentiertesten Anbieter rezipieren (Rosen 1981: 846ff.).

Zum anderen sind der technologische Fortschritt und die technische Reproduzierbarkeit von entscheidender Bedeutung (Rosen 1981: 846ff.). Erst durch das Einsetzen dieser Technologien können Anbieter ihre Produkte oder Dienstleistungen an eine möglichst breite Masse zugänglich machen. Darüber hinaus ist ein gemeinsamer Konsum („joint consumption") möglich, da keine Rivalität im Konsum vorliegt (Rosen 1981: 847). Eine Fernsehsendung kann bspw. problemlos und gleichzeitig ohne Qualitätsverluste von mehreren Zuschauern weltweit konsumiert werden. Zudem muss der Superstar mehr oder weniger denselben Aufwand betreiben, egal ob er vor 10 oder 1000 Zuschauern auftritt oder ob 10 bzw. 1000 Leser seine Lektüre verfolgen. Im Gegensatz zu öffentlichen Gütern ist die Nicht-Ausschließbarkeit vom Konsum durch Geltendmachung von Eigentumsrechten (intellectual property rights und copyrights) gegeben. Trittbrettfahrerverhalten ist folglich unproblematisch, da Konsumenten von der Nutzung wegen bspw.

Nichtzahlens ausgeschlossen werden können. Zudem werden durch Massenmedien geprägte Märkte durch einen sehr hohen Fixkostenblock (Produktionskosten der ersten Einheit, First-Copy-Costs), jedoch durch nur geringe variable Kosten für die Vervielfältigung und Distribution getrieben. Die Produktionskosten des Gutes steigen daher wegen der Skaleneffekte nur unterproportional zur nachgefragten Menge (Rosen 1981: 847). An dieser Stelle ist anzumerken, dass Rosen (1981) nicht konkret die Massenmedien als treibende Kraft erwähnt, vielmehr stellt er den technologischen Fortschritt in den Mittelpunkt seiner Analyse.

Modell

Rosen modelliert diese Annahmen, indem er die Angebotsfunktion der Künstler- und die Nachfragefunktion der Konsumenten theoretisch aufbereitet.

Die rational handelnden Nachfrager maximieren dabei ihren Nutzen U, welcher durch folgende Nutzenfunktion beschrieben wird:

$$U = U(x, g(n, z))$$

Der Parameter x steht dabei für den Konsum anderer Güter, während $y = g(n, z) = nz$ den Konsum der künstlerischen Leistung symbolisiert. Der „Service" des Künstlers (y) setzt sich dabei aus dem Produkt zweier Komponenten zusammen. Zum einen aus der nachgefragten Menge n, zum anderen aus der Qualität der künstlerischen Leistung z. Er unterstellt damit eine „Quantität-Qualität-Substitution", wobei beide Komponenten vollkommen substituierbar sind. Sowohl eine Qualitätssteigerung als auch eine erhöhte Nachfragemenge führen zu einem Anstieg von g. Rosen unterstellt damit einen linearen Zusammenhang zwischen der Qualität z und der nachgefragten Menge n. Mit Zunahme der Qualität z steigt ceteris paribus auch der Nutzen aus dem Konsum, sodass $\frac{\partial g}{\partial z} > 0$ gilt. Desgleichen steigt der Nutzen mit Zunahme der konsumierten Menge n ($\frac{\partial g}{\partial n} > 0$). Zudem wird unter der Bedingung rational handelnder Nachfrager angenommen, dass Leistungen höherer Qualität, welche objektiv und vollständig wahrnehmbar sind, stärker nachgefragt werden, sodass gilt: $\frac{\partial^2 g}{\partial n \partial z} > 0$ (Rosen 1981: 847).

Die Nachfrager sind zusätzlich Budgetrestriktionen ausgesetzt. Die Kosten des Konsums einer Einheit setzen sich aus dem qualitätsabhängigen Preis p(z) und einem Fixkostenanteil s (= Arbeitseinkommen) zusammen, welcher sich aus dem Produkt des Lohns w und der Arbeitszeit t zusammensetzt, es gilt: s = tw.

Folglich lässt sich die Budgetgerade der Form $I = x+(p+s)n$ aufstellen (Rosen 1981: 848). Die Nachfrager geben ihr vollständiges Einkommen I entsprechend für den Konsum der Güter x und y aus. Vor dem Hintergrund der Opportunitätskostentheorie wird an dieser Stelle das Lohneinkommen als Kostenfaktor berücksichtigt, da durch den Konsum der künstlerischen Leistung auf Arbeit zur selben Zeit verzichtet wird.

Wird anschließend die lineare Beziehung zwischen n und z mit $y = nz$ in die Budgetrestriktion mit $n = \frac{y}{z}$ eingesetzt und der zu zahlende Preis für eine Qualitätseinheit mittels $v = \frac{p(z)+s}{z}$ definiert, kann die Budgetgerade wie folgt vereinfacht werden: $I = x + vy$. Durch Optimierung der Funktion $L = U(x,y) + \lambda(I - x - vy) = U(x,y) + \lambda(I - x - (p+s)n)$ mittels Lagrange-Verfahrens ergibt sich die Höhe der Zahlungsbereitschaft mit $p(z) = vz - s$. Die Zahlungsbereitschaft bei gegebenen Nutzen hängt also zum einen von der Qualität der Leistung z und zum anderen von dem Arbeitseinkommen s ab. Je höher die Qualität, desto höher die Zahlungsbereitschaft.

Der Künstler als Anbieter des Service möchte hingegen seinen Gewinn R[11] maximieren mit $R(q) = p(q,m)m - C(m)$, wobei q als die Qualität und m als die angebotene Menge definiert wird. Da der Künstler die Zahlungsbereitschaft der Nachfrager mit $p(z) = vz - s$ als gegeben nimmt, steht er laut Rosen (1981) im Wettbewerb, unterscheidet sich aber durch seine Qualität bzw. Talent und der angebotenen Menge. Anfängliche Kostennachteile („Internal diseconomies" (Rosen 1981: 850)) werden aufgrund der technologischen Entwicklung und Reproduzierbarkeit (sinkende durchschnittliche variablen Kosten für die Produktion jeder zusätzlichen Einheit) gegenstandslos, sodass $C(m) = 0$ gilt. Nach Ermittlung des komplexen Marktgleichgewichts zeigt Rosen (1981), dass besser talentierte Künstler einen größeren Teil des Marktes bedienen[12]. Zudem zeigt er anhand des Umhüllungssatzes (Envelope Theorems), dass der Gewinn R des Anbieters als Künstler sowohl mit seinem Talent (= Qualität) als auch der abgesetzten Menge steigt.

Die Kombination von Talent als unvollständige Substitute, Skaleneffekten, Nicht-Rivalität im Konsum sowie der sinkenden durchschnittlichen variablen Kosten für die Produktion jeder zusätzlichen Einheit sind laut Rosen (1981)

11 Revenue wird an dieser Stelle mit Gewinn übersetzt.

12 Für eine detaillierte Betrachtung und Auflösung des Gleichungssystems s. Rosen (1981): 850ff.

daher offensichtliche Voraussetzungen für die Aneignung von Monopolrenten und damit für die Entstehung von Superstars.

2.2.2 MacDonald-Ansatz: Erfahrungsgüter

MacDonald (1988) dynamisiert und erweitert in seinem Aufsatz „The Economics of Rising Stars" die theoretische Modellversion von Rosen (1981), indem er einen Informationssammlungsprozess über das Talent des Interpreten hinzufügt. Er stellt dazu ein stochastisches Zweiperioden-Modell auf. Die theoretische Grundidee basiert auf dem Gedanken, dass junge und unerfahrene Künstler („Newcomer") in Periode 1 auf dem Markt gegen etablierte Künstler konkurrieren, sich aber durch ihre Ticketpreise unterscheiden. Der Newcomer ist hohen Investitionskosten und Risiken ausgesetzt. Er wird zudem beachtlich geringere Ticketpreise als der erfahrene Künstler setzen, um die Konsumentennachfrage über den Preis auf sich zu ziehen. Nach dem ersten Auftritt erhalten die Newcomer eine Beurteilung ihrer künstlerischen Leistung. Fällt die Rezension positiv aus, bleiben die Künstler auch auf dem Markt und gehen in die 2. Periode über. Ihr Erfolg und somit auch ihr Einkommen wächst damit entscheidend an. Die anfänglichen Defizite können damit ausgeglichen werden. Künstler, die hingegen in Periode 1 negative Beurteilungen bekommen haben, scheiden aus dem Markt aus und gehen stattdessen einer anderen Beschäftigung nach. Es pendelt sich ein Marktgleichgewicht ein, in dem sich nur die erfolgreichen Superstars auf dem Markt halten können (MacDonald 1988).

Das Neue im Modell besteht schließlich darin, dass die Konsumenten risikoavers sind und bekannte Qualitäten gegenüber unbekannten Qualitäten vorziehen.

Künstler, die entweder in der ersten Periode bereits konsumiert wurden oder zumindest positive Rezessionen erhalten haben, repräsentieren damit bekannte Qualitäten, während Newcomer Qualitätsunsicherheiten hervorrufen. Die Antriebskräfte des dynamischen Modells sind dabei die Informationsmängel seitens der Konsumenten. Wegen der Erfahrungsgutcharakteristik des Künstlergutes können die Konsumenten die Qualität der Performance erst nach dem Konsum beurteilen. Diese fortwährende Erfahrung und Rezeption des Künstlergutes führt schließlich zu einer Anhäufung „künstlerspezifischen Wissens". Genau wie im Rosen-Ansatz verfügen Superstars über ein überlegenes Talent, wobei die Talentunterschiede allerdings nicht direkt bei Marktzutritt erkennbar sind. Es liegen somit unvollständige Qualitätsinformationen vor (MacDonald 1988: 165–166).

Da jedoch die bisherigen Leistungen aufgrund der Erfahrungsgutscharakteristik künstlerischer Güter, der Rezensionen und der Risikoaversion der Konsumenten an Bedeutung gewinnen, entstehen Eintrittsbarrieren für Newcomer. Aufgrund dessen determiniert der vergangene Erfolg demzufolge den zukünftigen Erfolg. Der Künstler wächst durch zunehmend positive Beurteilungen im Zeitverlauf zu einem Superstar heran. Auch bei gleichem Talent werden die Newcomer weniger Erfolg erzielen als die etablierten Stars. Sie benötigen außerordentliches Talent (über das Talent des etablierten Stars hinaus), um die Aufmerksamkeit der risikoscheuen Konsumenten zu erregen und im Markt bestehen bleiben zu können.

Treten die jungen unerfahrenen Künstler in den Markt, setzen sie sich somit einem hohen Risiko mit hohen Investitionskosten aus. Sie nehmen aufgrund der hohen Eintrittsbarrieren im Vergleich zu einer alternativen Tätigkeit auf dem Arbeitsmarkt deutlich geringere Einkommen in Kauf. MacDonald betitelt die jungen Künstler daher als "starving artist" (MacDonald 1988: 156).

Das außerordentliche Einkommen eines Superstars ist allerdings auch ein Anreizsystem, weswegen Newcomer trotz temporärer Verluste in den Markt eintreten. Da etablierte Künstler (g) aufgrund der Informations- und Qualitätsunsicherheitsreduktion einer höheren Zahlungsbereitschaft der Nachfrager gegenüber stehen, können jene auch höhere Preise für die Eintrittskarten (t_g) verlangen. Ein junger Künstler (t) kann aber immerhin einen höheren Ticketpreis verlangen als ein negativ rezensierter Künstler (b), sodass für die Ticketpreise t gilt: $t_g > t > t_g$.

Aufgrund des aufgebauten Erfahrungsschatzes beurteilen die Konsumenten die Qualität eines Auftritts anhand erwarteter Wahrscheinlichkeiten. Ist ein Künstler bereits etabliert, ist die Wahrscheinlichkeit eines guten Auftritts entsprechend höher (p_g) als bei einem unbekannten Künstler (p) oder eines negativ bewerteten Künstlers (p_b), sodass gilt: $p_g > p > p_g$. Der Nachfrager baut „künstlerspezifisches Wissen" auf, womit Parallelen zu Adler (1985, 2006) bestehen (MacDonald 1988: 157; Schulze 2003: 432–433).

Mit den Ausnahmen von Schulze (2003) und Adler (2006) wird MacDonalds (1988) Erweiterung von Rosen in der Literatur nicht sehr häufig diskutiert. Dies scheint in gewissem Maße ungerechtfertigt zu sein, da MacDonalds Argumentation aus heutiger Perspektive einige interessante Implikationen und Sachverhalte bietet, insbesondere hinsichtlich der Marktzutrittsbarrieren für Newcomer. Der bereits am Markt etablierte Künstler genießt wegen geringerer Qualitätsunsicherheiten einen Vorteil gegenüber gleichtalentierten Newcomern, da jene Erfahrungen über die qualitativen Leistungen fehlen. Ein etablierter Künstler hat demnach die Möglichkeit, seine Qualität zu reduzieren und trotzdem den Vorteil eines Superstars zu genießen. Die Pfadabhängigkeit der Konsumentenkritik kann für den etablierten Künstler ausreichend sein, um erfolgreicher als Newcomer mit gleichem oder sogar leicht überlegenerem Talent zu sein. Aufgrund der Unsicherheit der Nachfrager werden etablierte Künstler bevorzugt, wodurch ein systematischer Bias für Etablierte und gegen Newcomer hervorgerufen wird.

Zusammenfassend betont MacDonald (1988) entsprechend den vergangenen Erfolg der Künstler, welcher aufgrund von anfänglichen Qualitätsunsicherheiten seitens der Nachfrager den zukünftigen Erfolg determiniert. Obwohl Talent bedeutsam ist, wird vor allem dem vergangenen Erfolg eine wichtige Rolle zugewiesen.

2.2.3 Adler-Ansatz: Positive Netzwerkeffekte und Konsumkapital

Ebenfalls beschäftigt sich der Ökonom Moshe Adler im Jahr 1985 in seinem Artikel „Stardom and Talent" mit dem Phänomen der Superstars und erweitert damit das Modell von Rosen (1981) durch zusätzliche Komponenten. Während Rosen (1981) und MacDonald (1988) hauptsächlich das Talent der Künstler als Erklärungsvariable der asymmetrischen Einkommensverteilung anführen, zeigt Adler (1985), dass das Phänomen auch unter gleichtalentierten Künstlern auftreten kann. Faktoren wie die „Popularität", die mediale Präsenz und der daraus folgende „Celebrity Status" sind dabei aufkommende Aspekte (Boorstin 1961; Franck, Nüesch 2007). In seiner theoretischen Modellierung stehen dabei die Konsumkapitel-Theorie von Stigler und Becker (1977) sowie positive Netzwerkexternalitäten im Vordergrund.

Adler (1985) leitet seinen Aufsatz damit ein, dass Konsum Wissen benötige („the phenomenon of stars exists where consumption requires knowledge" (Adler 1985: 208)) und das Phänomen der Superstars entsprechend durch die Akkumulation von „star"-spezifischem Wissen (Konsumkapital) begründet werden kann. Nach Stigler und Becker (1977) hängt der Nutzen aus dem Konsum eines Gutes nicht nur von dessen Qualität, sondern auch von dem Wissen des Konsumenten über das entsprechende Gut ab. Der Konsumnutzen steigt demzufolge mit dem individuellen Wissen über das entsprechende Gut: „the more you know the more you enjoy" (Adler 1985: 208–209). So steigt die Wertschätzung einer bestimmten Musikrichtung, wenn sich ein Musikliebhaber in der Vergangenheit bereits intensiv mit dieser Musikrichtung auseinandergesetzt hat. Er hat sich entsprechend Konsumkapital in diesem Gebiet aufgebaut und ist nun in der Lage, Qualitätsunterschiede zu erkennen und diese auch bewerten zu können. Denn anders als Rosen (1981) geht Adler (1985) nicht davon aus, dass die

Qualität bzw. die Talentniveaus vollständig und objektiv wahrnehmbar seien. Der Grenznutzen aus dem Konsum des Gutes steigt somit im Zeitverlauf aufgrund eines Lernprozesses kontinuierlich.

Der Erwerb von Konsumkapital (Wissen) und der damit einhergehende zusätzliche Konsumnutzen kann laut Adler (1985) über drei Wege erlangt werden:

- durch den direkten Konsum bzw. den direkten Kontakt mit dem Gut selbst (z. B. Hören der Musik, Interpretation der Gemälde usw.) (Stigler, Becker 1977),
- durch die aktive Diskussion und den Austausch mit Gleichgesinnten („discussing consumption“) und
- durch mediale Informationsbeschaffung, z. B. Lesen von Berichterstattungen, Magazinen, Online-Portalen (Adler 2006, 1985).

Adler ergänzt damit den von Stigler und Becker (1977) aufgeführten Lernprozess durch den Aspekt der Diskussion mit anderen, die sich ebenfalls Spezialwissen auf dem Gebiet angeeignet haben (Adler 1985: 208). Fraglich ist nun, wieso sich die Nachfrage ausgerechnet auf den gleichen Star konzentriert. Essentiell für einen Informationsaustausch ist, dass sachkundige Gesprächspartner gefunden werden. Wäre jedes Individuum über unterschiedliche Künstler informiert, wäre keine Diskussion untereinander möglich. Um Suchkosten nach sachkundigen Gesprächspartnern zu minimieren wählt das Individuum folglich jenen Star, welcher bereits am bekanntesten ist. Sind alternative Stars nicht hinreichend „besser“ als die bekanntesten Stars, stellen sich Konsumenten vor dem Hintergrund ihrer Ersparnis an Suchkosten besser, wenn sie den bereits bekanntesten präferieren. Hier betont Adler (1985), dass jener Superstar auch nicht unbedingt ein höheres Talentniveau aufweisen muss. Der Nutzen der Konsumenten steigt lediglich mit dem Wissen über das Gut.

Adler nimmt eine Definition von Talent vor. Dazu geht er von einer Nutzenfunktion U mit $U = U(x, y, z)$ identischer Konsumenten aus, wobei X, Y und Z unterschiedliche Anbieter (= Künstler) repräsentieren. Die Variablen x, y, und z definiert er als Zeit, die Konsumenten für ihren Konsum der Künstlerleistung aufwenden (z. B. wie lange wird die Musik gehört oder wie lange das Gemälde betrachtet). Zwei Künstler X und Y haben dabei unter der Bedingung weniger, gleich viel oder mehr Talent, wenn für die Nutzenfunktion gilt: $U(x, 0,0) \lesseqgtr U(0, y, 0)$. Das betrifft sämtliche x und y, sodass x = y. Der Nutzen der Konsumenten kann sich also trotz gleicher Talentniveaus von X und Y sowie identischem Zeitkonsum von X und Y unterscheiden.

Um zu zeigen, dass nicht einzig und allein Talent für die Entstehung des Superstarphänomens entscheidend ist, modelliert Adler (1985: 209) zwei gleichtalentierte Künstler X und Y, die ihre Leistung anbieten. Die Wissensaneignung über den Künstler, welche er mit dem Konsum gleichsetzt, erfolgt einerseits aus dem direkten Kontakt, andererseits aus dem aktiven Austausch mit anderen. Lernen und Konsumieren werden in seinem Modell entsprechend gleichgesetzt. Er stellt dazu die Indifferenzkurven durch die Nutzenfunktion U in Abhängigkeit von x und y auf mit $U(x, y) = u(x, 0) + u(0, y)$. Da X und Y das gleiche Talentniveau besitzen, entfällt der zweite Parameter, sodass gilt $u = u(v)$, wobei $v = x, y$, wenn $x = y$ und $u(x) = u(y)$. Da die Wertschätzung mit dem Wissen über das Gut steigt, steigt auch der Grenznutzen $u' > 0, u'' > 0$.

Laut Adler (1985) entstehen dem Konsumenten nur Zeitkosten, die er für den Konsum investiert. Einerseits ist es die tatsächliche Beschäftigungszeit („actual time"), also die Zeit des direkten Kontakts und der Diskussion. Andererseits ist es die Zeit, die aufgebracht werden muss, um sachkundige und geeignete Gesprächspartner für den ausgewählten Star zu finden (Adler 1985: 209). Die Suchzeit definiert er als $\frac{1}{X}$ und $\frac{1}{Y}$, wobei X und Y die totalen Anzahlen der Konsumenten symbolisieren, welche den korrespondierenden Künstler wählen. Für die Budgetrestriktion inkludiert er die Zeiteinheiten I, denn jeder Konsument widmet sich in seinem Leben mit einer bestimmten Zeiteinheit einer bestimmten Kunst, inklusive der Suchzeit. So setzt sich seine Budgetgerade wie folgt zusammen: $I = x\,(1 + \frac{1}{X}) + y\,(1 + \frac{1}{Y})$.

Abbildung 3: Budgetgerade und Indifferenzkurve der Konsumenten (Quelle: Adler 1985: 210)

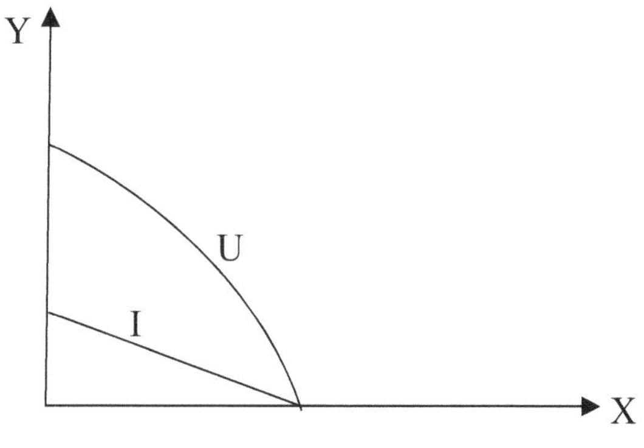

Wie in Abbildung 3 nun deutlich am Haushaltsoptimum zu erkennen ist, wird sich der Konsument jeweils nur auf einen Künstler spezialisieren. Er wird entweder x oder y konsumieren, jedoch nicht beides gleichzeitig. Unter der Annahme, dass X = Y ist, wäre der Konsument indifferent. Wird x allerdings von mehreren Individuen konsumiert (X > Y) oder vice versa, steigert der Konsument seinen Nutzen, indem er ebenso x konsumiert. Die Suchkosten ($\frac{1}{X}$ und $\frac{1}{Y}$) andere Gesprächspartner zu finden, sind dann nämlich geringer, wenn der populärste bzw. bekannteste Künstler gewählt wird. Trotz gleicher Talentniveaus würde hier ein Künstler dem anderen, gleichtalentierten bevorzugt werden. Analog kann hier von positiven Netzwerkexternalitäten der Standardisierungsökonomik gesprochen werden. „When the artist is popular, it is easier to find discussants who are familiar with her or to find media coverage about her. This is why consumers prefer to consume what others also consume" (Adler 2006: 898). Die Kostenersparnisse des Suchens nach geeigneten Gesprächspartnern produzieren Lock-in-Effekte. Der Künstler wächst „schneeballartig" (sog. Schneeballeffekt, Bandwagon-Effekt (Leibenstein 1950)) zu einem Superstar heran, sobald eine kritische Masse erreicht wird. Mit zunehmender Anzahl der Mitglieder im Netzwerk, die den gleichen Künstler präferieren, steigt der Nutzen aller Mitglieder, die ebenfalls dem Netzwerk angehören. Aus diesem Grund kann es sogar durchaus vorkommen, dass weniger talentierte Künstler erfolgreicher sind.

Auf die Frage, welcher der beiden gleichtalentierten Künstler aber schließlich gewählt wird und die Nachfragekonzentration auf sich zieht, antwortet Adler (1985) zunächst mit „Glück" bzw. anderen nicht-talentbasierten Faktoren. Im Jahre 2006 ergänzt er dieses Argument durch die Komponente der Popularität. Der Künstler wird zum "lucky artist" (Adler 2006: 898), indem er aktiv in den Entscheidungsprozess der Konsumenten einwirkt. Publicity und erhöhte Medienpräsenz der Künstler (Medienberichte, Artikel in Zeitschriften, Auftritte in Talkshows usw.) führen zu einer Informationsanreicherung und erleichtern somit den Konsumenten sein star-spezifisches Konsumkapital aufzubauen.

Nach Adler (1985, 2006) begünstigen also neben dem Talent allen voran positive Netzwerkeffekte und der Aufbau von starspezifischem Konsumkapitel die Entstehung von Superstars.

2.2.4 Weitere Ansätze

Franck und Nüesch: Celebrities und Superstars

Franck und Nüesch (2007) schreiben in ihrem Erklärungsansatz insbesondere den modernen Informationstechnologien und den Massenmedien für die Entstehung von „Superstars" eine fundamentale Rolle zu. Sie weisen darauf hin, dass zwischen zwei Arten von Superstars unterschieden werden kann. Zum einen sind es die „self-made" Superstars à la Rosen (1981) und Adler (1985)

(u. a. Borghans, Groot 1998; MacDonald 1988), welche wegen ihres außerordentlichen Talents und Leistung jenen Status des Superstars erreicht haben. Zum anderen sind es die „fabricated superstars" bzw. sogenannte 'manufactured' celebrities (Boorstin 1961; Cowen 2000; Gamson 1994; Marshall 1947; Turner 2004), welche aufgrund von Publicity und Medienpräsenz, auch unabhängig ihres Talents oder besonderer Leistungen von den Massenmedien künstlich kreiert werden. Der Ökonom Boorstin (1961) definiert diese Art von Stars als Celebrity: „a person who is known for his well-knownness" (Boorstin 1961: 57). Manufactured Celebrities stellen in dem Sinne einen „radikalen" Adler-Typ dar, die ihre Bekanntheit und ihren Erfolg lediglich durch aktive Medienpräsenz erreichen. Derartige Celebrities werden bspw. in Realty TV-Formaten oder „Pseudo-Events" (Boorstin 1961; Franck, Nüesch 2007) wie „Deutschland sucht den Superstar" oder „Pop Idol" kreiert, was bereits im Kap. 2.1.4.2.3 thematisiert wird. Den Teilnehmern („ordinary people") dieses Wettbewerbs wird eine Medienplattform zur Verfügung gestellt, über welche mithilfe von Zuschauer- und Experten-Voting in einem gewissen Zeitraum für den besten Teilnehmer abgestimmt wird. Die Gewinner oder Teilnehmer der Show wachsen folglich zu einem Celebrity heran. Während bei ebenjener Art von Castingshows das musikalische Talent durchaus auch für den Celebrity-Status verantwortlich sein kann, ist bei den TV-Formaten wie „Big Brother" oder „Der Bachelor" kein außerordentliches oder überlegenes Talent erforderlich. Dies impliziert, dass praktisch jede beliebige Person zu einem Medienstar bzw. Celebrity heranwachsen kann. Zwar erscheinen Celebrities wegen ihrer Publikumswirksamkeit zunächst bedeutungsvoll, ihnen wird aber keine Verhandlungsmacht eingeräumt. „Since celebrity gossip does neither rely on extraordinary talent nor on specific consumption capital, celebrities are easy to replace and, therefore, have low bargaining power" (Franck, Nüesch 2007: 226–227). Stattdessen eignen sich die Medien einen erheblichen Teil der Renten an. „Self made" -Superstars besitzen hingegen wegen ihres überlegenen und nicht ersetzbaren Talents (Rosen-Typ), ihres starspezifischen Konsumkapitals (Adler-Typ) und ihres durch Eigenleistung erarbeiteten Status hohe Verhandlungsmacht und darüber hinaus erzielen sie auch nachhaltigen Erfolg (Borghans, Groot 1998; Franck, Nüesch 2007). Aus diesem Grund sind Medien strategisch eher daran interessiert Celebrities zu kreieren, die im Falle einer „Marktsättigung" schlichtweg ausgetauscht werden können. Franck und Nüesch (2007) betonen allerdings, dass Superstars nicht in jedem Bereich durch Celebrities ersetzt werden können, wie zum Beispiel im Bereich des Sports oder der klassischen Musik. „As long as audiences are interested in the talent superiority of performers, 'self-made' superstars will not disappear from the media despite their ability to capture large parts of the generated economic value" (Franck, Nüesch 2007: 227). Entscheidend ist also die Nachfrage nach überlegenem Talent, solange jene existiert, wird es auch Superstars geben.

Borghans und Groot – Stars und Monopolmacht

Borghans und Groot (1998) betonen, dass die in der Literatur zu findenden neoklassischen Auseinandersetzungen und Ansätze das Superstar-Phänomen nur teilweise erklären. Zwei grundlegende Annahmen sind für die enormen Einkommen auf dem Superstar-Markt verantwortlich. Zum einen die bereits diskutierten Talentunterschiede, zum anderen aber auch die Geltendmachung von endogenen Eigentumsrechten ("endogenous property right" (Borghans, Groot 1998: 555)). Endogene Eigentumsrechte entstehen dann, wenn bei der Medienproduktion schlichtweg eine bestimmte Person von entscheidendem Interesse ist, z. B. bedient lediglich ein Nachrichtensprecher die gesamte Nation. Der Nachrichtensprecher, welcher auch der talentierteste in diesem Bereich ist, befindet sind dann in der unverwechselbaren „Number-One Position". „But it is not so much the difference in quality between rivals or the degree of superiority of superstars over their rivals which explains superstar incomes, but rather the uniqueness and relevance of the number-one position combined with the extent of the market in which the superstar can exploit the number-one position" (Borghans, Groot 1998: 570). Die Unverwechselbarkeit ist demgemäß wichtiger als die Talentunterschiede, was zu einer temporären Monopolmacht der besten Marktteilnehmer führt.

2.2.5 Kritik und Gegenüberstellung empirischer Studien

Die modell-theoretischen Erklärungsmodelle von Rosen (1981), Adler (1985) und MacDonald (1988) legen durch ihre entwickelten Hypothesen das Grundgerüst für diverse darauffolgende empirische Studien. Die gefundenen theoretischen Zusammenhänge werden schließlich anhand relevanter Daten umfangreich empirisch überprüft. In der empirischen Literatur ist die Evidenz des Rosen und Adler-Ansatzes nicht eindeutig. Die objektive Messung und Quantifizierung des künstlerischen Talents ist eines der Hauptprobleme (Filimon et al. 2011; Krueger 2005). „The first issue in talent determination is its validity. Although some pop fans love the music of Madonna, others may hate it. In the popular music industry, talent is hard to define. Some music appeals to a subset of listeners but not to others" (Franck, Nüesch 2012: 205). Wie bereits im Kapitel 2.1 diskutiert, findet sich insbesondere im Bereich der künstlerischen Darbietungen "an intrinsically subjective component to quality" (Connolly, Krueger 2006: 697). Es stellt sich also die Frage, wie sodann Talent von Künstlern gemessen und quantifiziert werden kann. In der Literatur werden für die Messung von Talent und Qualität unterschiedliche Kriterien herangezogen.

Hamlen (1991, 1994) untersucht dazu den amerikanischen Musikmarkt und misst das künstlerische Talent anhand der Stimmqualität von 115 professionellen Sängern im Zeitraum von 1955–1987, indem er objektive Bewertungskriterien („harmonic content of voice") wie die „Stimmtiefe" und „Stimmfülle" berücksichtigt. Er konzentriert sich in seiner empirischen Studie auf die zwei wesentlichen in der Literatur diskutierten Sichtweisen, allerdings nur bezüglich des Musikmarktes. Die erste Sichtweise thematisiert die Frage der Wertschätzung, Konsumenten können musikalische Stimmqualitäten nicht erkennen, voneinander abgrenzen oder wertschätzen. Die zweite Sichtweise bezieht sich auf Rosens (1981) Ansatz zur Erklärung des Superstarphänomens. Der Musikmarkt sei dahingehend ein geeignetes Beispiel. Geringe Talentunterschiede wirken sich überproportional auf das Erfolgslevel und somit das Einkommen aus. Konsumenten sind laut Hamlen (1991, 1994) durchaus in der Lage, qualitativ hochwertige Popmusik zu erkennen. Diese Qualitätsunterschiede werden aber nicht überproportional durch entsprechende Verkaufszahlen gewürdigt. Mehr Talent ist demnach zwar bedeutend, aber nicht überproportional für den Erfolg von Tonträgern bzw. deren Absatz verantwortlich. Aus diesem Grunde wird der Theorieansatz von Rosen (1981) zumindest auf dem Musikmarkt nicht empirisch bestätigt. Bezüglich des MacDonald-Ansatzes (1988), bei welchem vergangener Erfolg den zukünftigen determiniert, findet Hamlen (1991, 1994) allerdings unterstützende Hinweise. Die aufgrund der Stimmqualität erreichten Single-Hits der Musiker werden dabei als Qualitätsindikatoren für den Markteintritt ihrer Alben gewertet (Schulze 2003: 433–434).

Franck und Nüesch (2012) sehen die stimmliche Talentmessung von Hamlen (1991, 1994) nur im Bereich klassischer Musik als geeignet, Schulze (2003) kritisiert ebenso, dass „the Hamlen approach it is by no means clear that the harmonic content of voice is the relevant measure for artistic quality for singers of non-classical music (rock, folk and so on)" (Schulze 2003: 434). Vielmehr sind im Gebiet der Popmusik andere Variablen für den Erfolg entscheidend, wie bspw. Sexappeal, Bühnenshow, Liedtexte oder Charme, wodurch die Qualitätsbeurteilung und Talentmessung allerdings um einiges erschwert wird (Franck, Nüesch 2012; Schulze 2003).

Chung und Cox (1994) nutzen hingegen zur Überprüfung der Theorien, insbesondere der Theorie von Adler (1985), einen stochastischen Ansatz des Nobelpreisträgers Herbert Simon (1955), der seinerseits von Yule (1924) inspiriert wurde. Verbunden mit dem Schneeballeffekt soll die Yule-Verteilung grundsätzlich zeigen, dass sich der Erfolg auf wenige Künstler konzentriert, die aufgrund vergangener Erfolge und unabhängig ihres Talents fortwährend erfolgreicher werden. Die Daten umfassen den Zeitraum 1985–1989 und enthalten für die künstlerische Erfolgsmessung die Anzahl goldprämierter Musikaufnahmen durch die Recording Industrie Association of America (RIAA). Die Goldenen Schallplatten gelten dabei als Proxy-Variable für die Einnahmen der Künstler. Der Ansatz wird mithilfe des Kaufs einer CD formuliert. Die Wahrscheinlichkeit des Kaufs einer CD erhöht sich mit der Anzahl der bisherigen Verkäufe dieser CD. Allerdings bleibt immer eine geringe Wahrscheinlichkeit bestehen, dass ein Konsument eine neue CD erwirbt, welche zuvor aber noch nicht gekauft wurde. Wenn dies geschieht, können andere Konsumenten wiederum mit dem Kauf der CD folgen, es existiert somit ein anfänglich minimaler Vorteil, welcher im Sinne eines darauffolgenden Schneeballeffekts zum Erfolg führen kann. Chung und Cox (1994) sehen damit Parallelen zu Adlers (1985) Ansatz, aber keine Evidenz zu Rosen (1981). Entscheidend ist entsprechend der anfängliche Vorteil des „Glücklichen" (Chung, Cox 1994: 771). Fraglich ist allerdings, wie der anfängliche Vorteil erworben wird, also womit der Schneeballeffekt angetrieben wird. Ein Beispiel dafür liefern Ginsburgh und van Ours (2003) sowie Glejser und Heyndels (2001) in ihren Beiträgen über den Queen Elizabeth Piano Wettbewerb, welche bereits im Rahmen der Voting Bias (Kap. 2.1.4.2.3) diskutiert werden. An dieser Stelle können sie allerdings zur Erklärung erneut herangezogen werden. Der Reihenfolgeeffekt hat einen signifikanten Einfluss auf den späteren Erfolg der Künstler. Adler (2006) sieht darin die Parallelen zum anfänglichen Erfolg eines Künstlers. Die willkürlich festgelegte Reihenfolge, bzw. korrespondierend dazu das „Glück", entscheidet über den späteren Erfolg des Künstlers. Folglich kann auch ohne besseres Talent ein anfänglicher Erfolg erreicht werden, welcher schneeballartig wächst (Ginsburgh, van Ours 2003).

Schulze (2003) argumentiert hingegen auch für einen Schneeballeffekt, wenn Konsumenten ihre Entscheidung schlichtweg aufgrund des Talents treffen. Überdies relativieren Spierdijk und Voorneveld (2009) den einbezogenen Schneeballeffekt in Chung und Cox' (1994) Analyse. Sie erklären, dass der Effekt zu hoch gewichtet wird und begründen, dass „the Yule distribution captures stardom, but not superstardom" (Spierdijk, Voorneveld 2009: 648).

Die grundsätzlich von Rosen getroffenen Annahmen werden in der Literatur ebenso mehrfach kritisiert. Bowbrick (1983) kritisiert Rosens Theorie allen voran hinsichtlich der Annahme homogener Nachfragegruppen. Anhand des Beispiels -Film- begründet er, warum „joint consumption" aufgrund negativer Externalitäten eines einzelnen Konsumenten das Superstarphänomen schwächen kann. Individuelle Präferenzen können beeinflussend auf andere wirken. Perri (2013) zeigt in seinem Modell, dass auch ohne Annahme imperfekter

Substituierbarkeit, sinkender durchschnittlicher variabler Kosten und Technologieveränderungen Superstargehälter erreicht werden können. Er thematisiert den Markt für Rock-Konzerte und zeigt, dass einzelne Anbieter trotz Wettbewerbssituation erhebliche Marktanteile erzielen. Er orientiert sich dabei an Kruegers (2005) Studie, welche auf die relative Verteilung der Einnahmen durch US-Musikkonzerte in den Jahren 1982 bis 2003 eingeht und den Superstareffekt zeigt, der allerdings laut Krueger (2005) hauptsächlich aufgrund von Preisänderungen entsteht. Krueger (2005) misst die Starqualität bzw. -talent im Gegensatz zu Hamlen (1991, 1994) anhand der gedruckten Millimeteranzahl in „The Rolling Stone Encyclopedia of Rock & Roll", die jedem Künstler gewidmet wurden. Schlussendlich kritisiert er diese Art der Talentmessung und argumentiert, dass diese von den subjektiven Präferenzen die Redakteure abhängig sind und sowohl dem Künstler-Talent als auch ebenjener Popularität zuzuschreiben ist (Kap. 2.1).

Salganik et al. (2006) weisen auf den Effekt sozialer Einflüsse hin und testen somit in einem Laborexperiment den Adler-Effekt auf dem Musikmarkt. 14341 Teilnehmer wurde die Möglichkeit geboten, beliebig viele Popsongs aus einem Datensatz auszuwählen und kostenlos herunterzuladen. Jene Gruppe, welche über das Auswahlverhalten der anderen Probanden Bescheid weiß, passt sich diesem Verhalten an und wählt signifikant mehr gleiche Musikstücke aus als die Kontrollgruppe. Diese soziale Beeinflussung untersuchen auch Salganik und Watts (2008) in einem Laborexperiment. So wird auch das Ranking von Musikstücken anhand der Präferenzen anderer Teilnehmer angepasst (Konformitätsprozess). Giuffre (1999) belegt darüber hinaus anhand eines Datensatzes von Fotographen in New York, dass nicht das Talent, sondern vermehrt soziale Netzwerke und Beziehungen den Erfolg bestimmen.

Neben diesen ausgewählten empirischen Studien im Bereich der Künstlermärkte sind allen voran auch empirische Studien im Bereich des Sportmarktes zu finden, auf welche aber nicht detaillierter eingegangen werden soll. Sportliches Talent ist aufgrund sportlicher Leistungen wesentlich genauer beobachtbar sowie mess- und quantifizierbar sowie aufgrund von Produktivitätsstatistiken einfacher in Form von Daten zu erhalten (Kahn 2000; Romer 2006; Rosen, Sanderson, 2001). So beschäftigen sich zahlreiche Studien zunehmend im Bereich der Sportökonomik mit dem Phänomen des Superstars, der Popularität und deren Einflussfaktoren (Brandes et al. 2008; Bryson et al. 2014; Franck, Nüesch 2008, 2012; Lehmann, Schulze 2008; Lucifora, Simmons 2003; Prinz et al. 2012; Treme, Allen 2011). Auch hier variiert die Eindeutigkeit der Schätzergebnisse.

Schlussendlich zeigen sich keine einheitlichen empirischen Hinweise. Tendenziell weisen die Studien aber auf eine Unterstützung hinsichtlich positiver

Netzwerkexternalitäten nach Adler (1985) und der Erfahrungsguteigenschaft in Form vergangener Erfolge nach MacDonald (1988) hin, während das überlegene Talent nach Rosen (1981) kritisiert und empirisch nicht bestärkt werden kann. Überlegenes Talent mag gewiss ein Erfolgsfaktor sein, allerdings kein ausschlaggebender.

2.3 Zielstellung und zentrale Forschungsfragen

Wie in den bisherigen Kapiteln zusammenfassend aufgezeigt, sind die Economics of Media Bias und die Economics of Superstars wegen ihrer gesellschaftlichen und ökonomischen Relevanz bereits ein ökonomisch weit erforschtes Feld. Untersuchungen in der bisherigen ökonomischen Literatur zu „Economics of Media Bias" sind bis dato allerdings überwiegend im Bereich der Nachrichtenmärkte zu finden. Unterhaltungsmärkte werden trotz ihrer aufsteigenden ökonomischen Relevanz (höhere Umsätze, größere Marktanteile etc.) und ihrer zunehmenden Bedeutung vergleichsweise weniger fokussiert. Vor dem Hintergrund dieser Überlegungen soll schließlich das Forschungsinteresse der Dissertation deutlich werden. Ziel ist es, die Triebkräfte und Effekte der Unterhaltungsmärkte zu analysieren und zu verstehen, um daraus folgend zu einer Minimierung dieser bestehenden Forschungslücke beizutragen. Schlussendlich ist es eine empirische Frage, inwieweit die ökonomischen Phänomene der Media Bias und der Superstars im Unterhaltungsmarkt existent sind. Aufbauend auf dem Forschungsinteresse und anknüpfend an die bisherigen theoretischen Erkenntnisse der vorherigen Kapitel können schließlich die folgenden zentrale Forschungsfragen hergeleitet werden.

Da insbesondere in internationalen Wettbewerben erhebliche Beschwerden eingehen, dass die Abstimmung ideologisch-kulturell geprägt sei und somit durch kulturelle Nähen, Religion, geografische oder politische Beziehungen beeinflusst und dominiert werde, bezieht sich die erste Forschungsfrage auf den Eurovision Song Contest (ESC) als einer der erfolgreichsten pan-europäischen Musikwettbewerbe. Wie bereits in Kapitel 2.1.4.2.2 gezeigt, etablieren zahlreiche Papiere empirische Evidenz für eine verzerrte Abstimmung u. a. hinsichtlich geographischer und kultureller Nähe, politischer Beziehungen sowie ethnischer und sprachlicher Affinität (u. a. Clerides, Stengos, 2006; Dogru 2013; Kokko, Tingvall, 2012; Kressley 1978; Spierdijk, Vellekoop 2009). Durch Einbeziehung des Bundesvision Song Contests (BSC), einem ähnlichen mit größtenteils den gleichen Regeln, aber auf nationaler Ebene in Deutschland organisierter Wettbewerb ist es möglich die Voting Bias noch genauer zu identifizieren und insbesondere auf Voting Bias hinsichtlich einer homogeneren

Gruppe einzugehen. Diese Betrachtung auf nationaler Ebene wird in der bisherigen Literatur vernachlässigt.

Folglich steht anschließende Forschungsfrage im Fokus der Diskussion:

Forschungsfrage 1 zu Voting Bias:

Inwieweit beeinflussen gemeinsame Charakteristika von Abstimmungsgruppen und „nicht-talentbasierte" Bewertungsdimensionen das Voting-Ergebnis einer öffentlichen Abstimmung in einem nationalen und einem internationalen Musikwettbewerb?

- *Der nationale Musikwettbewerb >Bundesvision Song Contests< wird aufgrund homogeneren Abstimmungsgruppen weniger durch Cultural Voting Bias bestimmt als der internationale Musikwettbewerb >Eurovision Song Contests<.*

Neben theoretischen Studien (u. a. Ellman, Germano 2009) werden empirische Fragen im Rahmen der gewinnorientierten Media Bias zunehmend in der Literatur thematisiert und belegt (u. a. Gentzkow, Shapiro 2006; DellaVigna, Kaplan 2007). Die Empirie und Theorie zu Commercial Media Bias ist nicht immer eindeutig. Um sich in die empirischen Studien einzureihen wird die Verzerrung durch Anpassung an Präferenzen der Werbekunden am Beispiel von unterhaltenden Publikumszeitschriften in Deutschland mittels empirischer Analysen überprüft. Die Forschungsfrage lautet daher:

Forschungsfrage 2 zu Commercial Media Bias:

Haben Medienunternehmen einen Anreiz, ihren unabhängigen redaktionellen Teil zugunsten ihrer Werbekunden (positiv) zu verzerren?

- *Die Höhe des Werbevolumens entsprechender Unternehmen in deutschen Frauenzeitschriften beeinflusst die Anzahl ihrer Nennungen im redaktionellen Teil positiv signifikant.*

Unterhaltungsmärkte sind vorherrschend erfolgskonzentrierte Märkte, welche durch das ökonomische Phänomen der sogenannten „Superstars" charakterisiert werden (Ainslie et al., 2005; Cowen 2000; Elberse, 2007; Frank, Cook 1995; Gaitanides 2001; Menger 1999; Rosen 1981). Vor dem Hintergrund der theoretischen Grundlagen der Economics of Superstars scheint es somit keineswegs ausgeschlossen, dass jene einen erheblichen Teil des Abstimmungsverhaltens erklären. Die Bekanntheit bzw. Popularität bleibt bspw. bei der empirischen Analyse zum ESC allerdings gänzlich unberücksichtigt. Es stellt sich entsprechend folgende Forschungsfrage:

Forschungsfrage 3 zu Economics of Superstars:

Beeinflusst die ex ante Popularität des Künstlers das Abstimmungsergebnis eines Musikwettbewerbs?

- *Die MacDonald-Popularität (vergangene und aktuelle Charterfolge) beeinflusst signifikant und positiv das Abstimmungsergebnis im Musikwettbewerb (Bundesvision Song Contest).*
- *Die Adler-Popularität (traditionelle und neue Medienberichterstattung) beeinflusst signifikant und positiv das Abstimmungsergebnis im Musikwettbewerb (Bundesvision Song Contest).*

Zudem sollen die Erfolgsfaktoren wie bspw. das Mitwirken von Superstars oder Genre-Effekte von amerikanischen Kinofilmen in einem Nebenprojekt der Dissertation analysiert werden.

Forschungsfrage 4 zu Economics of Superstars

Welche Faktoren sind für den Erfolg von Kinofilmen, im speziellen für den Erfolg von computeranimierten Kinofilmen, verantwortlich?

- *Das Mitwirken von Superstars wirkt sich signifikant und positiv auf die Einspielergebnisse von amerikanischen Kinofilmen aus.*

Als Zusammenführung beider Theorieschwerpunkte ergibt sich eine weitere Forschungsfrage, welche auch auf Grundlage der zunehmenden Digitalisierung und Globalisierung begründet wird. Sie beschreibt das Phänomen, dass sich Konsummuster und Präferenzen ortsübergreifend zunehmend annähern und lokale Besonderheiten verdrängen. Es käme zu einer „McDonaldisierung“[13] der Welt. Die Kombination des globalen Mediums Internet mit Kulturinhalten verstärken diesen Prozess, sodass überall dieselben Bücher gelesen werden, dieselben Filme geschaut und dieselben Superstars präferiert werden usw. Diese Art der kulturellen Verzerrung (Verletzung der kulturellen Vielfalt als kultureller Bias) beschreibt die nachstehende Forschungsfrage:

13 Angelehnt an die Fastfoodkette McDonalds.

Forschungsfrage 5 als Zusammenführung der Voting Bias und Economics of Superstars:

Die Präferenzen der Zuschauer gleichen sich vor dem Hintergrund kultureller Bias, der Economics of Superstars und der zunehmenden Digitalisierung und Globalisierung im Zeitablauf immer mehr aneinander an.

- *Die Punktevergabe im Eurovision Song Contest konzentriert sich im Zeitverlauf auf immer weniger Künstler der Top-Platzierungen.*

3 Vorstellung der empirischen Studien

Im zweiten Teilbereich und damit dritten Kapitel werden schließlich die in dem vorigen Abschnitt 2.3 aufgestellten Forschungsfragen empirisch analysiert. Dabei lehnen sich die folgenden zusammenfassenden Kapitel 3.1, 3.2 und 3.3 eng an die hierzu von mir publizierten Forschungsbeiträge Budzinski, Pannicke (2016, 2017a, 2017b), Kaimann, Pannicke (2017) und Pannicke (2016a, 2016b) an.[14]

Kapitel 3.1 beschäftigt sich basierend auf Kapitel 2.1 mit den Forschungsfragen 1 und 2. Im Kapitel 3.2 werden auf Grundlage des Kapitels 2.2 die 3. und die 4. Forschungsfrage analysiert. Das Kapitel 3.3 verbindet schließlich die beiden Theoriestränge der Kapitel 2.1 und 2.2, daraus resultierend wird die 5. Forschungsfrage fokussiert.

3.1 Voting Bias und Commercial Media Bias

3.1.1 Voting Bias im Eurovision und Bundesvision Song Contest

Wie im Kapitel 2.1.4.2 der Voting Bias erläutert, existieren in internationalen Wettbewerben Bedenken, dass nicht der künstlerischen Leistung entsprechend talentbasierte Aspekte die Abstimmung beeinflussen und dominieren, sondern ideologisch bedingte Aspekte wie kulturelle Voreingenommenheit, Religion oder politische Hintergründe sowie geografische Aspekte. Der Eurovision Song Contest (ESC) als eines der erfolgreichsten pan-europäischen Musikwettbewerbe ist ein zentrales Beispiel für diese Problematik. Zahlreiche wissenschaftliche Studien etablieren empirische Evidenz für eine verzerrte Abstimmung u. a. hinsichtlich geographischer und kultureller Nähe, politischer Beziehungen sowie ethnischer und sprachlicher Affinität (Clerides, Stengos 2006; Dogru, 2013; Fenn et al. 2006; Ginsburgh, Noury 2008; Haan et al. 2005; Kokko, Tingvall 2012; Kressley 1978; Spierdijk, Vellekoop 2009; Yair 1995).

Durch Einbeziehung des Bundesvision Song Contests (BSC) ist es über die in der Literatur bereits diskutierten Problemfelder hinaus möglich, die ideologisch/ geografisch bedingten Voting Bias noch genauer zu identifizieren. Der BSC ist de facto eine Kopie des ESC, welcher allerdings auf nationaler Ebene in Deutschland organisiert ist. Bezüglich der geltenden Regeln und des Ablaufs der

14 Für detaillierte Erläuterungen und Informationen bezüglich der vorgestellten Forschungsbeiträge des dritten Kapitels s. entsprechend Budzinski, Pannicke (2016, 2017a, 2017b), Kaimann, Pannicke (2017) und Pannicke (2016a, 2016b).

Musikwettbewerbe unterscheiden sich diese beiden nur minimal. Statt des internationalen Charakters des ESC stehen die Nationalitäten und damit die einzelnen Bundesländer der Bundesrepublik Deutschland im Vordergrund des BSC.

Vor dem Hintergrund, dass bspw. Nachbarländer homogener und ähnlicher sind (z. B. hinsichtlich des Musikgeschmacks) scheint es weniger verwunderlich, dass diese auch füreinander stimmen, da es schlichtweg ihren (kulturbedingten) Präferenzen entspricht. So wird die verzerrte Abstimmung im ESC in der Literatur überwiegend mit kulturellen und damit präferenzbasierten Aspekten begründet (Kap. 2.1.4.2.1 und Kap. 2.1.4.2.2). Ginsburgh und Noury (2008) schlussfolgern daher bspw. in ihrer empirischen Studie zum ESC: „There exist cliques or voting blocs, but these are based on linguistic and cultural similarities, which, once they are introduced to explain the votes cast by each participating country for other countries, eliminate the effect of votes' exchanges based on political issues. We thus conclude that what may look as vote trading is in fact sincere voting based on „quality", and linguistic and cultural proximities" (Ginsburgh, Noury 2008: 41f.). ESC-Experte Peter Urban weist desgleichen bei der Erklärung der Punktevergabe als „unfaire Nachbarschaftshilfe" darauf hin, dass die Punkte schlichtweg „Ausdruck ähnlicher Kulturkreise und Vorlieben" (zitiert in Schmidt 2016) seien. Wird das verzerrte Abstimmungsverhalten demzufolge durch die (z. B. kulturbedingte) Heterogenität einer Gruppe getrieben, müssten in einem Contest mit vergleichsweise homogeneren Zuschauern wesentlich weniger bis gar keine Abstimmungsmuster erkennbar sein. Genau dies untersucht die empirische Studie anhand des nationalen Contests BSC. Die Vermutung liegt entsprechend nahe, dass dort wesentlich weniger Voting Bias auftreten als im ESC.

Mithilfe gesammelter Daten zur Punktevergabe im ESC und BSC sowie Daten zu Faktoren, welche das Abstimmungsverhalten beeinflussen könnten (Kap. 2.1.4.2.2), liefert die empirische Studie eine quantitativ-empirische Analyse zum Abstimmungsverhalten der Rezipienten. Mittels Regressionsanalysen werden Beziehungen zwischen der abhängigen Variable des Punkte-Bias und mehreren unabhängigen Variablen modelliert. Eine empirische Analyse des Voting Verhaltens der Rezipienten ermöglicht es schließlich die Forschungsfrage 1 aus Kapitel 2.3 zu beantworten:

Inwieweit beeinflussen gemeinsame Charakteristika von Abstimmungsgruppen und „nicht-talentbasierte" Bewertungsdimensionen das Voting-Ergebnis einer öffentlichen Abstimmung in einem nationalen und internationalen Musikwettbewerb?

Die Studie fokussiert zudem die Forschungsfragen, ob unabhängige Variablen wie kulturelle Nähe, geografische Lage oder Religion auch das Voting-Verhalten in einem nationalen Contest mit weitaus homogeneren Abstimmungsgruppen beeinflussen und ob das Abstimmungsmuster dem des ESC ähnelt (Budzinski, Pannicke 2016).

3.1.1.1 Hintergrund und Regeln der Musikwettbewerbe ESC und BSC

Eurovision Song Contest

Der Eurovision Song Contest („Liederwettbewerb der Eurovision", kurz: ESC) als einer der beliebtesten Unterhaltungssendungen weltweit ist ein internationaler Musikwettbewerb, welcher seit Mai 1956 jährlich stattfindet. Die Unterhaltungsshow erreicht international über 200 Millionen Zuschauer (Norddeutscher Rundfunk 2016) und ist von den Guinness World Records als eine der am längsten und regelmäßig stattfindenden sowie im Fernsehen ausgestrahlten Musikwettbewerbsshow ausgezeichnet (Lynch 2015). Im Jahre 2016 wird die transnationale Veranstaltung zudem mit der Karlsmedaille für europäische Medien (Médaille Charlemagne pour les Médias Européens) belobigt, welche Verdienste um Integration in Europa im Medienbereich würdigt (Médaille Charlemagne 2016). In jenem internationalen Musikwettbewerb von Komponisten und Songschreibern sind sämtliche Länder teilnahmeberechtigt, welche Mitglieder oder Assoziierte der Europäischen Rundfunkunion (engl.: European Broadcasting Union, kurz EBU) sind. Die EBU setzt sich derzeit aus 73 Rundfunkanstalten in 56 unterschiedlichen Ländern zusammen sowie aus 33 assoziierten Mitgliedern in 21 Ländern (EBU-UER 2013). Ziel des Musikwettbewerbs ist es, am Ende jeder Show den besten musikalischen Sieger respektive das Siegerland zu küren, der die höchste Anzahl von Punkten auf sich vereinen konnte. Der erste Wettbewerb hat in Lugano stattgefunden, bei welchem sieben Länder mit je zwei Beiträgen gegeneinander angetreten sind (Gastgeber Schweiz, die Niederlande, Belgien, die Bundesrepublik Deutschland, Frankreich, Luxemburg und Italien). Seitdem hat sich der ESC als eine der berühmtesten und langjährigsten Fernsehshow der Welt etabliert (European Broadcasting Union 2017). Im Laufe der Jahre gewinnt der Contest zunehmend an Bedeutung, Interesse und Beliebtheit, was sich auch an der mittlerweile überaus hohen Teilnehmerzahl verschiedenster Länder widerspiegelt. Wegen der stetig wachsenden Anzahl der EBU-Mitglieder seit ihrer Gründung im Jahr 1950 wird die Anzahl der Startpositionen im Finale nun schließlich auf 26 Teilnehmer begrenzt (European Broadcasting Union 2013). Alles in allem haben 46 EBU-Mitglieder die Chance am Wettbewerb teilzunehmen. Über mehrere Semi-Finale werden schließlich bis zu 26 Länder für das Finale qualifiziert, welche dann gegeneinander antreten. Sechs garantierte Plätze erhalten dabei die „Big Five" (Deutschland, Großbritannien, Frankreich, Spanien und Italien als Hauptsponsoren) und das Gastgeberland, welches durch den Sieger des Wettbewerbs im vorherigen Jahr bestimmt wird. Seit seiner Gründung unterliegt der Wettbewerb zahlreichen Änderungen bezüglich der Regeln, um Fairness und Gleichheit zu gewährleisten und sich an die technische Modernisierung anzupassen. Wie im Kapitel 2.1.4.2 der Voting Bias erläutert, betont Yair (1995: 149) desgleichen die Unmöglichkeit, objektiv über eine musikalische Leistung zu urteilen, da sie sich von einem Sportwettbewerb unterscheidet, in welchem objektive Kriterien wie Zeit oder Distanz verglichen werden können. Darüber hinaus unterscheiden sich die abstimmenden Parteien natürlich auch hinsichtlich ihrer Wahrnehmung, ihres Konsumkapitals (Kap. 2.2.3), ihrer Geschmäcker und ihres allgemeinen Verständnisses über musikalische Beiträge. Ein solcher Wettbewerb erfordert dementsprechend noch mehr Regeln, um faire Ergebnisse zu gewährleisten und die vorgegebene Zielerreichung der Veranstaltung zu erreichen, nämlich die beste musikalische Leistung zu küren.

Das Gewinnerland bzw. der beste Künstler wird folglich über ein duales Wahlsystem ermittelt (Kap. 2.1.4.2.3). Zum einen ist das Publikum berechtigt für die Darbietungen anderer Nationen und somit für ihren Favoriten abzustimmen (mittels Anruf oder SMS). Dabei ist es allerdings nicht erlaubt für das eigene Land zu voten, in welchem man sich zum Zeitpunkt der Sendung befindet. Zum anderen wird eine nationale Expertenjury eines jeden Landes gebildet, welche sich aus Musikexperten zusammensetzt und ebenso für die antretenden Künstler respektive Länder abstimmt. Beide Abstimmungsparteien bestimmen das Endergebnis zu jeweils 50 %. Die beiden Ranglisten werden kombiniert und anschließend live während der Show mittels des „douze-points Systems" veröffentlicht. Dieses System wird 1975 eingeführt und erlaubt eine Verteilung der Punkte durch jede Nation wie folgt: die Leistung mit dem besten Rang beider Abstimmungseinheiten erhält 12 Punkte. Der zweitbeste Rang erhält 10 Punkte und die folgenden 8 Länder erhalten 8 bis zu 1 Punkt. So werden nur die 10 besten Länder mit Punkten belohnt, 9 und 11 Punkte werden dabei nicht vergeben. Das Land mit der höchsten Anzahl von Punkten wird als Sieger geehrt und erhält für die kommende Show im darauffolgenden Jahr einen garantierten Startplatz (Budzinski, Pannicke 2016; Pannicke 2016a).

Bundesvision Song Contest

Der Bundesvision Song Contest (kurz: BSC) ist ein Unterhaltungsformat im deutschen TV, welches nicht nur dem Namen des Eurovision Song Contests ähnelt. Es ist von dem Fernsehmoderator und Entertainer Stefan Raab entwickelt worden und wird seit seiner Erstausstrahlung im Februar 2005 durch das börsennotierte Medienunternehmen der ProSiebenSat.1 Group übertragen. Das

Portmanteau-Wort –‚Bundes'vision Song Contest – akzentuiert dabei den musikalischen Wettbewerb innerhalb der Bundesrepublik Deutschland, der den Regeln des Eurovision Song Contests folgt (Brainpool 2017a; Rommel 2013).

Aufgrund diverser Beschwerden bezüglich des unfairen Wettbewerbs und der Punkteschieberei im Eurovision Song Contest entwickelt Stefan Raab für Deutschland schlichtweg einen eigenen Wettbewerb, bei dem jene Problematik weniger Relevanz finden sollte (Borcholte 2014). „Einen Eurovision Song Contest ohne osteuropäische Glitzerkleidchen, wilde Tanzeinlagen und 12-Punktevergaben an das Nachbarland – das war die gute Grundidee für den Bundesvision Song Contest. 16 deutsche Bundesländer lassen 16 Künstler in einem Wettbewerb gegeneinander antreten, bei dem es wirklich um Musik geht" (Beutel 2011).

Der Musikwettbewerb verfolgt schließlich desgleichen das Ziel, den besten musikalischen Künstler zu küren. Darüber hinaus soll es Unterhaltung bieten und die deutsche Sprache in der Musik als Kulturgut fördern. In jeder Sendung treten jeweils 16 Künstler, repräsentativ für die 16 Bundesländer Deutschlands, gegeneinander an. Die Zuschauer des Musikwettbewerbs entscheiden am Ende der Sendung über den Sieger, indem sie für ihren Favoriten via Telefon oder SMS voten. Dem Künstler, welchem am Ende die kumuliert höchste Punktzahl zugeschrieben wurde, gewinnt den Contest (Brainpool 2017b).

Die geltenden Regeln unterscheiden sich nur minimal von jenen des ESC. Insgesamt sind drei wesentliche Unterschiede zu verzeichnen. Während es beim ESC nicht möglich ist, für das eigene Land abzustimmen, ist es im BSC durchaus auch erlaubt für das eigene Bundesland abzustimmen. Zudem entscheiden im BSC lediglich die Zuschauer über den entsprechenden Sieger, während im ESC Meinungen einer zusätzlichen Expertenjury zu 50 % in die Bewertung der Künstler eingehen. Darüber hinaus sind sämtliche 16 Bundesländer direkt für das Finale qualifiziert, im ESC werden jene erst durch vorher stattfindende und auch im TV ausgestrahlte Semi-Finale ermittelt. Nachstehende Tabelle 1 verdeutlicht die geltenden Regeln des BSC und ESC nochmals vergleichend.

Tabelle 1: Regeln des ESC und des BSC im Vergleich

ESC	***BSC***
Finalplatz für die 5 größten EBU-Geldgeber (Spanien, Frankreich, Deutschland, Italien, GB) + Titelverteidiger + maximal 20 weitere Finalplätze durch vorheriges Weiterkommen im Semi-Finale.	Jedes der 16 Bundesländer ist automatisch für den BSC und damit das Finale qualifiziert.

ESC	*BSC*
Das Finales umfasst maximal 26 Auftritte.	Das Finale umfasst 16 Auftritte.
Alle antretenden Länder sind stimmberechtigt, auch wenn sie nicht für das Finale qualifiziert wurden.	Alle Bundesländer sind stimmberechtigt.
Abstimmung erfolgt per Expertenjury- und Televoting der Zuschauer.	Abstimmung erfolgt nur per Televoting der Zuschauer.
Zufällige Reihenfolge, Auslosung der Startposition (seit 2013 wird die Reihenfolge nach dramaturgischen Aspekten ausgewählt).	Zufällige Reihenfolge, Auslosung der Startposition.
Finalwertungen: 50: 50 Experten-Jury- und Zuschauerstimmen.	Finalwertungen: 100 % aus Zuschauerstimmen.
Keine Abstimmung für eigenes Land erlaubt.	Fernsehzuschauer dürfen für ihr eigenes (Bundes-) Land anrufen.
12-10-8-7-6-5-4-3-2-1 Punkte-System.	12-10-8-7-6-5-4-3-2-1 Punkte-System.
Die Leitungen für das Televoting sind nach dem letzten Beitrag für Anrufer und SMS geöffnet.	Die Leitungen für das Televoting sind nach dem letzten Beitrag für Anrufer und SMS geöffnet.
Die Sprache des Liedes kann jedes Teilnehmerland frei wählen.	Die Sprache des Liedes muss mindestens zu 50 % deutschsprachig sein.

3.1.1.2 Relevanz der unterschiedlichen Regeln

Aufgrund der unterschiedlichen Regelungen liegt die Vermutung nahe, dass jene Musikwettbewerbe erschwert vergleichend interpretiert werden könnten (Budzinski, Pannicke 2016).

Bezüglich der Regelung, dass im BSC auch für das eigene Bundesland abgestimmt werden kann, wird daher eine Dummy-Variable in das Modell aufgenommen, um für den Home-Bias zu kontrollieren. Außerdem sind in einem separaten Modell die Ränge vollständig rekonstruiert und entsprechend die Punkteverteilung angepasst worden, indem die Bewertung des eigenen Bundeslandes herausgerechnet wurde. Das rekonstruierte Punkteverteilungsmodell zeigt keine beachtenswerten Unterschiede zum ursprünglichen Modell (Tab. 1, Anhang; Tab. 2, Anhang).

Wie im theoretischen Grundlagenteil im Kap. 2.1.4.2.3 diskutiert gibt es überdies Indizien, dass Voting Bias umso stärker präsent sind, wenn das öffentliche Publikum abstimmt (Clerides, Stengos 2006; Haan et al. 2005; Spierdijk, Vellekoop 2009). Aus diesem Grund könnten die Voting Bias im BSC aufgrund der alleinigen Abstimmung der Zuschauer überschätzt werden. Die aufgeführten empirischen Studien im Kap. 2.1.4.2.3 weisen allerdings darauf hin, dass auch eine Experten-Jury nicht frei von jedweden exogenen Faktoren bewertet (Haan et al. 2005; Morgan, Rotthoff 2014; Tsay 2013). Zur Kontrolle des Datensatzes wird der ESC auf jene Jahre begrenzt, in denen teilweise nur das Publikum oder aber zumindest das Publikum mehrheitlich für die Bewertung der Künstler verantwortlich war. Dies betrifft den Zeitraum 1998–2008. Es sind allerdings keine bedeutsamen Unterschiede zum ursprünglichen Modell zu verzeichnen, weswegen auch der gesamte Datensatz bis 2014 betrachtet werden kann (Tab. 3, Anhang).

Die von Verrier (2012) publizierte Studie bezieht sich auf den dritten angemerkten Punkt zur Einführung von Semi-Finalen. Jene Studie zeigt die empirische Evidenz des sogenannten mere-exposure Effekts (Kap. 2.1.4.2.2). Dieser geringfügige Wiedererkennungseffekt wirkt sich positiv auf die Finalwertung im ESC aus. So werden die im ESC teilnehmenden Länder systematisch besser bewertet, wenn sie vorher im Halbfinale teilgenommen haben. Für den vorliegenden Datensatz ist die Semi-Finale-Variable allerdings der Schätzung zufolge irrelevant und nicht signifikant, weswegen sie an dieser Stelle unproblematisch ist (Tab. 4, Anhang).

Aus diesen Gründen kann eine vergleichende Interpretation trotz der vorhandenen Regelungsunterschiede vorgenommen werden (Budzinski, Pannicke 2016).

3.1.1.3 Ökonometrische Analyse

3.1.1.3.1 Daten und deskriptive Statistik

Für die empirische Analyse werden die historischen Datensätze der Abstimmungsresultate des ESC seit Einführung des Televotings im Jahre 1998–2014 und des BSC von Beginn der Sendung im Jahr 2005–2014 erhoben. Der Datensatz enthält 14055 Beobachtungen für den ESC, 2560 für den BSC. Eine Beobachtung definiert sich als die Punktzahl x, welche das abstimmende Land/Bundesland A an das im Contest teilnehmende Land/Bundesland B (oder sich selbst im BSC) im Jahre t vergeben hat (Budzinski, Pannicke 2016).

Die deskriptiven Statistiken in den Tabellen 2, 3 und 4 illustrieren jene Länder, welchen über alle Beobachtungsjahre hinweg die meisten (oder wenigstens) durchschnittlichen Punkte gegeben wurden.

Die Spalte -A zu B- zeigt die durchschnittlichen Punkte, die das abstimmende Land A dem Land B im gesamten Beobachtungszeitraum gegeben hat. Die Spalte -Alle zu B- gibt die durchschnittlichen Punkte aller anderen Länder wieder, welche Land B bewertet haben, ohne dabei aber das Voting des Landes A einzukalkulieren. Während bspw. alle Bundesländer Saarland im Mittel über alle 10 Jahre hinweg mit 1,4 Punkten bewertet, hat Saarland sich selbst durchschnittlich mit 11,8 Punkten belohnt. Die Differenz zwischen 11,8 und 1,4 entspricht schließlich der letzten Spalte und stellt dabei die Überbewertung mit 10,4 Punkten („Überbewertung" A zu B = 11,8 - 1,4 = 10.4) dar. Diese kalkulierte Überbewertung ist schlussendlich nichts Anderes als der „Voting Bias", entsprechend die Abweichung vom Durchschnittswert (Kap. 2.1.4.2), welcher als abhängige Variable im nachstehenden Kapitel definiert wird.

Tabelle 2: Bundesländer mit der höchsten Überbewertung (1) (Quelle: Budzinski, Pannicke 2016)

Bundesland A	**Bundesland B**	**Jahre**	**A zu B**	**Alle zu B (außer A)**	**„Überbewertung" A zu B**
Saarland	Saarland	10	11.8	1.4	10.4
Bayern	Bayern	10	11.6	1.86	9.74
Rheinland-Pfalz	Rheinland-Pfalz	10	11.0	1.64	9.36
Mecklenburg-Vorpommern	Mecklenburg-Vorpommern	10	11.6	2.6	9.0
Sachsen-Anhalt	Sachsen-Anhalt	10	11.4	2.42	8.98
Bremen	Bremen	10	12.0	3.35	8.65
Thüringen	Thüringen	10	12.0	3.51	8.49
Sachsen	Sachsen	10	11.2	2.81	8.39
Hessen	Hessen	10	11.2	2.89	8.31
Hamburg	Hamburg	10	11.8	3.55	8.25
Baden-Württemberg	Baden-Württemberg	10	11.6	3.94	7.66
Brandenburg	Brandenburg	10	10.1	2.63	7.47
Schleswig-Holstein	Schleswig-Holstein	10	10.9	3.77	7.13
Nordrhein-Westfalen	Nordrhein-Westfalen	10	10.1	3.61	6.49
Niedersachsen	Niedersachsen	10	10.8	4.48	6.32
Berlin	Berlin	10	11.0	6.02	4.98

Wie in den zusammengefassten Tabellen ersichtlich, bewerten sich die Bundesländer selbst am besten, denn dort sind jeweils die höchsten Überbewertungen pro Bundesland zu finden (Tab. 2). In Tabelle 3 wird die eigene

Bundesland-Bewertung außer Acht gelassen wird. Nun tritt anhand der deskriptiven Statistik die Vermutung nahe, dass sich allen voran die neuen Bundesländer untereinander favorisieren. Korrespondierend dazu bewerten sich auch die alten Bundesländer untereinander durchschnittlich besser (Tab. 3).

Tabelle 3: Bundesländer mit der höchsten Überbewertung (2) (Quelle: Budzinski, Pannicke 2016)

Bundesland A	**Bundesland B**	**Jahre**	**A zu B**	**Alle zu B (außer A)**	**„Überbewertung" A zu B**
Bundesland A bewertet Bundesland B durchschnittlich zu hoch					
Schleswig-Holstein	Hamburg	10	7.5	3.84	3.66
Niedersachsen	Bremen	10	7.1	3.67	3.43
Hamburg	Schleswig-Holstein	10	7.1	4.03	3.07
Brandenburg	Berlin	10	8.6	6.18	2.42
Berlin	Brandenburg	10	4.8	2.98	1.82
Bundesland A bewertet Bundesland B durchschnittlich zu niedrig					
Niedersachsen	Thüringen	10	1.7	4.2	-2.5
Sachsen-Anhalt	Hamburg	10	1.9	4.2	-2.3
Thüringen	Hamburg	10	2.2	4.19	-1.99
Reinland-Pfalz	Thüringen	10	2.2	4.18	-1.98
Hamburg	Berlin	10	4.5	6.45	-1.95

Im ESC scheint auch die „Freundschaft" zwischen Griechenland und Zypern nach deskriptiver Betrachtung des Voting Bias offensichtlich. Während jedes andere Land Zypern nur durchschnittlich mit 1,7 Punkten bewertete, hat Griechenland über den gesamten Zeitraum Zypern stetig mit 12 Punkten prämiert. Der Voting Bias ist daher mit 10,3 Bias-Punkten beachtlich hoch (Tab. 4).

Tabelle 4: Länder mit der höchsten Überbewertung, Top 10 (Quelle: Budzinski, Pannicke 2016)

Land A	Land B	Jahre	A zu B	Alle zu B (außer A)	„Überbewertung" A zu B
Land A bewertet Land B durchschnittlich zu hoch					
Greece	Cyprus	7	12.0	1.7	10.3
Romania	Moldava	8	11.7	1.7	10.0
Macedonia	Albania	6	11.2	1.8	9.4
Andorra	Spain	6	9.6	0.5	9.1
Cyprus	Greece	13	12.0	3.0	9.0
Azerbaijan	Turkey	4	12.0	3.5	8.5
France	Portugal	7	9.0	0.8	8.2
Serbia	Bosnia Herz.	6	10.2	2.1	8.1
Czech Republic	Armenia	3	11.3	3.2	8.1
Georgia	Armenia	4	11.0	3.0	8.0
Land A bewertet Land B durchschnittlich zu niedrig					
Italy	Sweden	4	0.0	5.4	-5.4
Armenia	Azerbaijan	6	0.2	4.2	-4.0
San Marino	Ukraine	5	0.0	4.0	-4.0
Estonia	Serbia	5	0.0	4.0	-4.0
Turkey	Serbia	5	0.0	4.0	-4.0
UK	Serbia	5	0.0	4.0	-4.0
Switzerland	Russia	13	0.2	4.0	-3.8
Czech Republic	Turkey	3	0.3	3.9	-3.6
Germany	Azerbaijan	7	0.7	4.1	-3.4
Ireland	Azerbaijan	7	0.9	4.1	-3.2

Messung musikalischer Qualität

Da musikalische Qualität zum einen aufgrund der Erfahrungsgutscharakteristik musikalischer Leistungen (Kap. 2.1.4.2.3) und zum anderen aufgrund der Charakteristika der Konsumenten (Konsumkapital, Präferenzen) nicht ohne Weiteres objektiv sowie direkt messbar und damit quantifizierbar ist, muss eine geeignete Proxy-Variable gefunden werden. Die Qualität wird demgemäß anhand der durchschnittlichen Punkteanzahl quantifiziert (Tab. 2–4). Im Endeffekt kommt es darauf an, dass die musikalischen Leistungen die Präferenzen der Konsumenten im Sinne eines Massengeschmacks treffen. Entscheidend ist also, wie die breite Masse die Leistung bewertet. Wird ein Beitrag also von sämtlichen teilnehmenden Ländern mit einer hohen Punktzahl bewertet, dann wird jener auch als „qualitativ-hoch" bewertet, vice versa. Qualitativ hochwertige oder minderwertige Beiträge sind daher in Anbetracht einer Massenpräferenzgerechtigkeit von richtungsweisender Bedeutung. Die Abweichung von der durchschnittlichen Punkteanzahl („Qualität") entspricht schließlich dem Voting Bias (Pannicke 2016a).

3.1.1.3.2 Modell

Die Modellformulierung erfolgt nach Spierdijk und Vellekoop (2009: 410). Die abhängige Variable stellt dabei den beschriebenen Voting Bias dar. Er wird wie folgt definiert wird:

$$'Qualität'_{tB,-A} = \frac{1}{n_{t-A}} \sum\nolimits_{k \neq A} s_{tkB}, \qquad (1),$$

$$Bias_{ABt} = s_{tAB} - 'Qualiät'_{tB-A}, \qquad (2),$$

n_{t-A} = *Anzahl der Länder ohne das abstimmende Land*[15] *A im Jahr t.*
s_{tAB} = *Vergebene Punkte von Land A zu Land B im Jahr t.*

Die Regressionsgleichung setzt sich in komprimierter Form wie folgt zusammen (Spierdijk, Vellekoop 2009: 415):

$$Bias_{ABt} = \alpha_A + \beta_A X_{ABt} + u_{ABt} \qquad (3),$$

mit Bias als abhängige Variable und X_{ABt} als die korrespondierenden, unabhängigen und Kontroll-Variablen (α_A = Achsenabschnitt, β_A = Regressionskoeffizient und u_{ABt} = Störterm). Die Abhängigkeiten werden zum einen über alle abstimmenden Länder und Bundesländer hinweg, zum anderen gesondert pro Land und Bundesland in einem länderspezifischen Modell geschätzt (Spierdijk, Vellekoop 2009), da somit detailliertere Interpretationen möglich sind.

3.1.1.3.3 Erklärende Variablen

Die möglichen aus der vielfältigen Literatur ausgewählten unabhängigen Variablen (Kap. 2.1.4.2.2) können de facto in 3 unterschiedliche Gruppen eingeteilt werden, welche den Voting Bias erklären könnten (Schweiger, Brosius 2003: 272):

15 Land steht an dieser Stelle auch stellvertretend für Bundesland im BSC.

1. Darbietung und Eigenschaften des vorgestellten Musikstücks (u. a. Geschlecht des Interpreten, Formationsart, Reihenfolge, Eröffnungssong, Sprache des Liedtextes);
2. Geografische Beziehungen der Länder und Bundesländer untereinander (Nachbarländer, Länge der gemeinsamen Grenze, Distanz zwischen den Hauptstädten);
3. Kulturelle Beziehungen der Länder und Bundesländer untereinander (Ländersprache, Religion, Kulturdimensionen nach Hofstede, Big Five Persönlichkeitsfaktoren).

Nachstehende Tabelle 5 fasst sämtliche in die Schätzung aufgenommenen Variablen zusammen.

Tabelle 5: Übersicht der erklärenden Variablen (ESC und BSC) (Quelle: Budzinski, Pannicke 2016; Pannicke 2016a)

Geografische Beziehungen	
Nachb_{AB}	Wenn Land A und Land B Nachbarländer sind = 1; Sonst = 0
Länge_GG_{AB}	Länge der gemeinsamen Grenze in km von Land A und Land B
$\text{Hauptstadt\_Dis}_{AB}$	Distanz zwischen den Hauptstädten von Land A und Land B in km
nur für den BSC:	
DDR_{B}	Wenn Land B ein ehemaliges DDR-Land war = 1; Sonst = 0
Heimatland_{AB}	Wenn Land A und Land B dieselben Länder sind = 1; Sonst = 0
Darbietungseigenschaften	
Männl_solo_{Bt}	Wenn der Song des Landes B von einem männlichen Solokünstler gesungen wurde im Jahr t = 1; Sonst = 0
Duett_{Bt}	Wenn der Song des Landes B von einem Duett (weibl.-weibl., männl.-männl. oder weibl.-männl.) gesungen wurde im Jahr t = 1; Sonst = 0
Gruppe_{Bt}	Wenn der Song des Land B von einer Gruppe mit mind. 3 Künstlern gesungen wurde im Jahr t = 1; Sonst = 0
Reihenfolge_{Bt}	Startplatzierung des Land B im Jahr t (1 für den ersten Song, 16 bzw. max. 26 für den letzten)
$\text{Eröffnungssong}_{Bt}$	Wenn der Song des Land B der erste Beitrag war im Jahr t = 1; Sonst = 0
$\text{Gastgeberland}_{Bt}$	Wenn Land B das Gastgeberland war im Jahr t = 1; Sonst = 0

Darbietungseigenschaften	
nur für den ESC:	
$Englisch_{Bt}$	Wenn der Beitrag des Landes B (hauptsächlich) in englischer Sprache gesungen wurde im Jahr t = 1; Sonst = 0
$Französisch_{Bt}$	Wenn der Beitrag des Landes B (hauptsächlich) in französischer Sprache gesungen wurde im Jahr t =1; Sonst = 0
Kulturelle Beziehungen	
nur für den ESC:	
PDI_{AB}	Differenz der Indizes von Machtdistanz des Landes A und B
IDV_{AB}	Differenz der Indizes von Individualismus und Kollektivismus des Landes A und B
MAS_{AB}	Differenz der Indizes von Maskulinität versus Femininität des Landes A und B
UAI_{AB}	Differenz der Indizes von Ungewissheitsvermeidung des Landes A und B
nur für den BSC:	
Offenheit für $Erfahrungen_{AB}$	Differenz der Indizes von Offenheit für Erfahrungen des Landes A und B
$Verträglichkeit_{AB}$	Differenz der Indizes von Verträglichkeit des Landes A und B
$Extraversion_{AB}$	Differenz der Indizes von Extraversion des Landes A und B
$Neurotizismus_{AB}$	Differenz der Indizes von Neurotizismus des Landes A und B
$Gewissenhaftigkeit_{AB}$	Differenz der Indizes von Gewissenhaftigkeit des Landes A und B
$Religion_{AB}$	Wenn Land A und Land B dieselbe Religion teilen = 1; Sonst = 0
Nur für den ESC:	
$Sprache_{AB}$	Wenn Land A und Land B dieselbe offizielle Landessprache teilen = 1; Sonst = 0

3.1.1.4 Ergebnisse

Wie in Abbildung 4 und Tabelle 6 zu erkennen, zeigen die vergleichenden Ergebnisse, dass sich die Abstimmungsmuster im ESC und im BSC interessanterweise nicht wesentlich unterscheiden und Voting Bias für beide musikalischen Wettbewerbe relevant sind.

Abbildung 4: Vergleich des relativen Ausmaßes der Voting Bias im internationalen (ESC) und nationalen (BSC) Musikwettbewerb

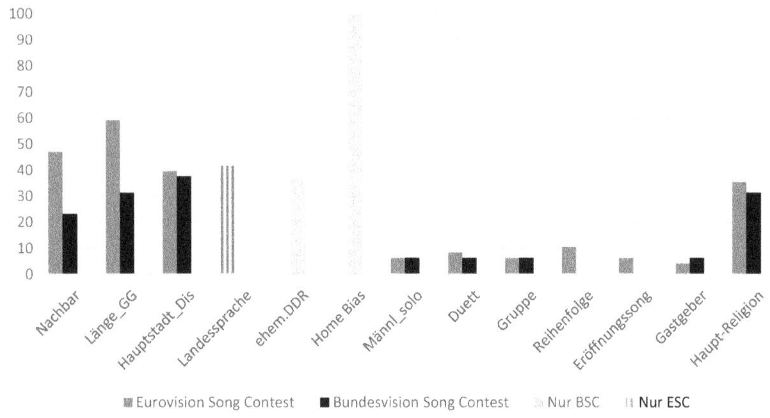

Abbildung 4 veranschaulicht dabei die relativen Signifikanzen pro Variable, gemessen anhand des länderspezifischen Modells. Rund 40 % der teilnehmenden Länder im ESC zeigen eine Signifikanz bezüglich der Distanz zu Hauptstadt. Im BSC sind es fast genauso viele signifikante Fälle, nämlich 37,5 % der Bundesländer zeigen eine Signifikanz bezüglich der Distanz zwischen den Hauptstädten auf. Sowohl im ESC als auch im BSC werden 6,25 % der Länder bzw. Bundesländer bezüglich der Performance durch einen männlichen Solokünstler beeinflusst. Das Vorzeichen der Signifikanzen, also ob die Variable entsprechend positiv oder negativ auf die Bias-Variable wirkt, bleibt in Abbildung 4 allerdings unberücksichtigt. Jene werden daher in Tabelle 6 illustriert.

Tabelle 6: Vergleich des relativen Ausmaßes der Voting Bias im ESC und BSC basierend auf sämtlichen signifikanten Fällen, länderspezifisches Modell (Quelle: Budzinski, Pannicke 2016)

Explanatory Variables	***ESC***	***BSC***
	Ausmaß des Voting Bias in %	***Ausmaß des Voting Bias in %***
Nachbarländer	**47.06** (18.75 neg. Vorz[16]. / 81.25 pos. Vorz.)	**23.08** (66.67 neg. Vorz./ 33.33 pos. Vorz.)
Länge GG	**59.09** (30.77 neg. Vorz./ 69.23 pos. Vorz.)	**31.25** (20 neg. Vorz./ 80 pos. Vorz.)
Hauptstadt_Dis	**39.58** (84.21 neg. Vorz./ 15.79 pos. Vorz.)	**37.50** (100 neg. Vorz.)
Landessprache	**41.67** (100 pos. Vorz.)	-
Ehem. DDR	-	**37.50** (66.67 neg. Vorz./ 33.33 pos. Vorz.)
Home Bias	-	**100** (100 pos. Vorz.)
Männl_solo	**6.25** (33.33 neg. Vorz./ 66.67 pos. Vorz.)	**6.25** (100 neg. Vorz.)
Duett	**8.33** (25 neg. Vorz./ 75 pos. Vorz.)	**6.25** (100 pos. Vorz.)
Gruppe	**6.25** (33.33 neg. Vorz./ 66.67 pos. Vorz.)	**6.25** (100 neg. Vorz.)
Englisch	**35.42** (47.06 neg. Vorz./ 52.94 pos. Vorz.)	-
Französisch	**6.25** (66.67 neg. Vorz./ 33.33 pos. Vorz.)	-
Reihenfolge	**10.42** (40 neg. Vorz./ 60 pos. Vorz.)	**0**
Eröffnungssong	**6.25** (100 pos. Vorz.)	**0**
Gastgeber	**4.17** (50 neg. Vorz./ 50 pos. Vorz.)	**6.25** (100 neg. Vorz.)
Religion	**35.41** (5.88 neg. Vorz./ 94.12 pos. Vorz.)	**31.35** (80 neg. Vorz./ 20 pos. Vorz.)

16 = Vorzeichen.

Die empirische Analyse unterstreicht, dass vor allem geografische Aspekte eine entscheidende Rolle einnehmen (Tabellen 7–14). Zwar werden in einem nationalen Contest weniger Nachbar(bundes)länder als in einem internationalen Contest favorisiert, das Phänomen der patriotischen Abstimmung (Home Bias) im BSC ist allerdings beachtlich. Daher sind die geografischen Aspekte im BSC gesamtheitlich betrachtet nicht weniger bedeutend als im ESC. Zudem ist im länderspezifischem Modell ersichtlich, dass auch nach mehr als 25 Jahren Wiedervereinigung die Kluft zwischen Ost- und Westdeutschland noch immer gegeben ist (Budzinski, Pannicke 2016). Auch eine vergleichsweise homogenere Abstimmungsgruppe entgeht dem geografisch bedingten Voting Bias damit nicht. Darüber hinaus lassen auch die Kontrollvariablen (männl. Solokünstler, Reihenfolge, Gastgeberland) oder weitere unabhängige Variablen (Religion) sehr ähnliche Muster erkennen. Daraus kann geschlussfolgert werden, dass das Abstimmungsverhalten wahrscheinlich auch dann nicht „neutraler" oder „qualitätsbasierter" erfolgt, wenn der Raum der Abstimmungsgruppen noch weiter geschlossen wird. Das in der Literatur diskutierte Phänomen des Abstimmungsverhaltens im ESC, welches allen voran als kulturbedingt erklärt wird, könnte somit aber etwas relativiert werden. Voting Bias treten demnach selbst dann auf, wenn die Abstimmungsgruppe nach außen hin homogener scheint (Budzinski, Pannicke 2016).

Die in Kapitel 2.1.4.2.1 angedeuteten Unterschiede kultureller (Unter-)Gruppen können an dieser Stelle bspw. als Erklärung dienen. Da Kulturen sich nicht notwendigerweise geografisch abgrenzen müssen, kann die Bundesrepublik Deutschland in ihrer Meinungsbildung nach außen hin zwar als homogene Gruppe angesehen werden, in sich jedoch diverse Unterschiede in bspw. Denkweisen, Verhalten oder Kommunikation aufzeigen (Mylonas 2009).

Tabelle 7: OLS-Modell, Eurovision Song Contest (Quelle: Budzinski, Pannicke 2016)

	(1) **Model**	**(2)** **Model**
Neighb	1.730***	0.947***
	(11.34)	(4.84)
Length_CB	0.000878***	0.00136***
	(3.99)	(4.51)
Capital_Dis	-0.000241***	-0.000200***
	(-7.70)	(-4.12)
Lang	1.515***	0.825***
	(10.32)	(4.85)

	(1) Model	(2) Model
Male_solo	0.0194	0.0375
	(0.32)	(0.49)
Duet	0.133	0.0984
	(1.38)	(0.77)
Group	0.00852	-0.0230
	(0.13)	(-0.28)
English	0.0170	0.120
	(0.32)	(1.74)
French	-0.296	-0.361*
	(-1.95)	(-2.11)
Order	-0.000104	0.00565
	(-0.03)	(1.17)
Opening	-0.0146	-0.0279
	(-0.11)	(-0.16)
Host	0.00304	0.0213
	(0.02)	(0.14)
Religion	0.547***	0.288***
	(9.21)	(3.72)
PDI		-0.00533**
		(-2.63)
IDV		-0.00563*
		(-2.39)
MAS		-0.00636***
		(-3.44)
UAI		-0.00517**
		(-2.75)
_cons	0.00117	0.477**
	(0.01)	(2.97)
N	14055	8004

t statistics in parentheses, * $p < 0.05$, ** $p < 0.01$, *** $p < 0.001$

Tabelle 8: Länderspezifisches OLS-Modell, Eurovision Song Contest, 1 (Quelle: Budzinski, Pannicke 2016)

Country$_A$	**Neighb**		**Length_CB**		**Capital_Dis**		**Lang**	
Albania	-18.22*	(-2.08)	0.117**	(2.67)	-0.000487	(-1.84)		
Andorra			0.0993**	(3.15)	0.000224	(0.50)	3.103	(1.39)
Armenia	3.132	(1.95)	-0.00936***	(-4.05)	-0.000851**	(-3.15)		
Austria	-2.848*	(-2.40)	0.00596**	(2.61)	-0.00129***	(-4.18)	0.741	(0.90)
Azerbaijan	6.930***	(5.67)	-0.0141***	(-6.89)	-0.00143***	(-5.71)		
Belarus	0.00568	(0.00)	0.00594***	(5.33)	0.000642*	(2.50)		
Belgium	-1.179	(-0.94)	0.0105***	(3.95)	0.000832***	(3.70)	0.766	(1.00)
Bosnia and Herzegovina	5.696***	(3.52)	0.000525	(0.25)	-0.000978***	(-4.04)		
Bulgaria	6.670***	(4.76)	-0.00828*	(-2.60)	0.000351	(1.01)		
Croatia	1.354	(1.10)	0.00376*	(2.00)	-0.000756**	(-2.90)	2.567*	(2.28)
Cyprus					0.000304	(1.55)	3.900***	(6.06)
Czech Republic	65.59	(0.14)	-0.0909	(-0.14)	0.00144*	(2.52)		
Denmark			-0.00928	(-1.67)	-0.000390	(-1.70)		
Estonia	62.46	(1.52)	-0.177	(-1.41)	-0.000689***	(-3.60)		
Finland	0.859	(0.39)	0.0000146	(0.01)	-0.000286	(-1.16)	1.901	(1.42)
France	-0.589	(-0.25)	0.00316	(0.71)	0.00123***	(4.84)	0.683	(0.68)
Georgia	5.246***	(3.39)	-0.00435	(-1.87)	-0.000693*	(-2.10)		
Germany	1.581	(1.86)	-0.00000337	(-0.00)	0.000284	(1.17)	-0.337	(-0.45)
Greece	-3.497	(-1.61)	0.0210*	(2.19)	-0.000172	(-0.80)	9.897***	(9.74)
Hungary	0.405	(0.39)	0.000809	(0.25)	0.000617	(1.86)		
Iceland					-0.000664***	(-3.87)		
Ireland			0.00345	(1.57)	-0.000991***	(-4.69)	0.980	(1.50)
Israel					0.000127	(0.90)	-0.539	(-1.15)
Italy	-2.064	(-0.81)	0.00363	(0.66)	-0.00172**	(-3.06)	-0.888	(-0.36)
Latvia	1.995	(1.52)	0.00655	(1.91)	-0.000279	(-1.20)		
Lithuania	3.563***	(3.35)	0.00243	(0.94)	-0.0000748	(-0.30)		
Macedonia	8.046***	(5.59)	-0.0364***	(-5.02)	-0.00155***	(-6.04)		
Malta					0.0000832	(0.36)	1.845***	(3.52)
Moldava			0.00476***	(5.18)	0.000259	(0.94)	6.672***	(7.56)
Monaco			1.625*	(2.65)	-0.00000476	(-0.01)		
Montenegro	4.460*	(2.23)	0.0107	(0.95)	-0.000683	(-1.89)	-1.399	(-0.91)
Netherlands			0.00327*	(2.55)	0.000309	(1.41)	4.105***	(3.43)
Norway	-1.574*	(-2.03)	0.00281***	(3.83)	-0.000221	(-1.01)		
Poland	-1.255	(-1.21)	0.00728**	(2.88)	-0.000356	(-1.44)		
Portugal			0.00406***	(5.09)	-0.000360	(-1.26)		

$Country_A$	Neighb		Length_CB		Capital_Dis		Lang	
Romania	21.84**	(3.31)	-0.0438**	(-3.29)	-0.000458	(-1.83)	7.315***	(5.53)
Russia	1.659*	(2.57)	0.000761	(1.31)	0.000247	(0.86)		
San Marino			0.0902	(1.17)	0.000694	(1.34)	-0.0258	(-0.01)
Serbia	7.971***	(5.41)	-0.0178***	(-4.40)	-0.000425	(-1.21)	3.881***	(3.44)
Serbia and Montenegro	8.221***	(5.20)	-0.0210***	(-5.08)	-0.00147*	(-2.43)	2.099	(1.70)
Slovakia	0.795	(0.44)	0.00137	(0.32)	-0.0000101	(-0.02)		
Slovenia	-4.828***	(-4.22)	0.0210***	(6.26)	-0.00192***	(-8.52)		
Spain	-3.408	(-1.44)	0.00569*	(2.24)	-0.0000382	(-0.14)		
Sweden			0.00157**	(3.22)	-0.000136	(-0.65)	3.312***	(3.63)
Switzerland	5.928**	(3.20)	-0.00794*	(-2.57)	-0.00117***	(-3.78)	-0.522	(-0.42)
Turkey	1.862	(1.25)	0.00423	(0.60)	-0.0000498	(-0.24)	-1.171	(-1.18)
Ukraine	-0.942	(-1.09)	0.00464***	(5.49)	-0.0000382	(-0.13)		
United Kingdom			0.00650*	(2.21)	-0.000461*	(-2.20)	2.400***	(3.81)

t statistics in parentheses, * $p < 0.05$, ** $p < 0.01$, *** $p < 0.001$

Tabelle 9: Länderspezifisches OLS-Modell, Eurovision Song Contest, fortführend 2 (Quelle: Budzinski, Pannicke 2016)

$Country_A$	Male_ solo		Duet		Group		English		French	
Albania	0.353	(0.84)	-1.534*	(-2.06)	0.187	(0.39)	-0.777*	(-1.98)	-0.144	(-0.12)
Andorra	-0.510	(-0.84)	1.321	(1.34)	-0.151	(-0.23)	0.291	(0.54)	-4.018	(-1.67)
Armenia	0.0608	(0.11)	0.642	(0.71)	-0.905	(-1.56)	0.242	(0.49)	3.285*	(2.18)
Austria	0.389	(0.93)	0.598	(0.94)	-0.140	(-0.31)	-1.121**	(-3.01)	-0.927	(-0.86)
Azerbaijan	-0.411	(-0.81)	0.604	(0.72)	0.217	(0.37)	0.609	(1.30)	0.199	(0.13)
Belarus	-0.190	(-0.54)	-0.0499	(-0.09)	0.166	(0.43)	0.890**	(2.79)	1.383	(1.33)
Belgium	-0.326	(-0.99)	-0.195	(-0.37)	-0.467	(-1.32)	-0.110	(-0.38)	-5.123***	(-4.44)
Bosnia and Herzegovina	-0.0142	(-0.04)	-0.429	(-0.71)	-0.260	(-0.64)	-0.618	(-1.87)	1.699	(1.73)
Bulgaria	0.188	(0.40)	-0.989	(-1.13)	0.0834	(0.16)	0.933*	(2.24)	0.0375	(0.03)
Croatia	-0.243	(-0.72)	0.277	(0.48)	-0.272	(-0.72)	-0.323	(-1.08)	-1.211	(-1.48)
Cyprus	0.0843	(0.23)	0.756	(1.20)	-0.540	(-1.34)	0.222	(0.70)	0.0505	(0.06)
Czech Republic	-0.311	(-0.35)	2.313	(1.72)	0.0667	(0.07)	-1.264	(-1.78)	-1.845	(-0.61)
Denmark	0.309	(0.89)	0.244	(0.44)	0.233	(0.63)	0.914**	(2.93)	1.148	(1.33)
Estonia	-0.0138	(-0.05)	0.0578	(0.12)	0.419	(1.28)	0.211	(0.78)	0.304	(0.43)
Finland	0.210	(0.58)	-0.541	(-0.90)	0.0355	(0.09)	-0.720*	(-2.21)	0.928	(1.10)
France	0.953**	(2.66)	-0.185	(-0.33)	0.352	(0.91)	-2.065***	(-6.40)	-0.232	(-0.12)
Georgia	-0.296	(-0.62)	-1.190	(-1.46)	-0.824	(-1.54)	0.714	(1.63)	0.771	(0.47)

Country$_A$	**Male_ solo**		**Duet**		**Group**		**English**		**French**	
Germany	0.201	(0.59)	-0.288	(-0.53)	-0.434	(-1.17)	-0.884**	(-2.88)	-1.716	(-1.92)
Greece	0.301	(0.93)	0.499	(0.91)	-0.118	(-0.33)	-0.0708	(-0.24)	0.965	(1.18)
Hungary	-0.200	(-0.45)	0.663	(0.92)	-0.213	(-0.44)	0.635	(1.64)	-0.230	(-0.19)
Iceland	0.0753	(0.23)	0.529	(1.02)	0.223	(0.62)	0.241	(0.80)	0.999	(1.13)
Ireland	-0.140	(-0.39)	-0.170	(-0.30)	0.182	(0.47)	1.323***	(4.11)	-0.0788	(-0.09)
Israel	-0.743*	(-2.27)	0.903	(1.75)	-0.598	(-1.69)	0.714*	(2.43)	0.567	(0.73)
Italy	-0.986	(-1.29)	-1.554	(-1.15)	2.388*	(2.51)	0.453	(0.55)	-2.347	(-0.79)
Latvia	-0.0759	(-0.23)	0.258	(0.49)	0.183	(0.50)	0.206	(0.68)	0.444	(0.54)
Lithuania	-0.0468	(-0.12)	0.0150	(0.03)	0.246	(0.59)	0.925**	(2.70)	0.940	(0.92)
Macedonia	-0.473	(-1.26)	0.386	(0.63)	-0.562	(-1.39)	-0.264	(-0.78)	-0.239	(-0.27)
Malta	-0.385	(-1.06)	0.163	(0.29)	-0.415	(-1.06)	1.360***	(4.13)	-0.204	(-0.24)
Moldava	0.130	(0.35)	1.256*	(2.11)	0.234	(0.58)	0.796*	(2.41)	0.451	(0.43)
Monaco	1.053	(1.02)	-2.888	(-1.57)	1.082	(0.95)	-0.260	(-0.28)	-9.018*	(-2.01)
Montenegro	0.292	(0.57)	-0.142	(-0.19)	0.316	(0.56)	-0.751	(-1.60)	-0.726	(-0.46)
Netherlands	0.373	(1.11)	-0.815	(-1.50)	-0.0470	(-0.13)	-0.306	(-1.02)	-0.0256	(-0.03)
Norway	0.283	(0.84)	0.692	(1.34)	-0.243	(-0.67)	0.475	(1.60)	1.476	(1.77)
Poland	0.0319	(0.09)	1.192*	(2.11)	0.111	(0.28)	-0.229	(-0.72)	0.584	(0.62)
Portugal	0.603	(1.58)	0.784	(1.31)	0.199	(0.48)	-0.399	(-1.16)	0.203	(0.19)
Romania	0.0888	(0.25)	0.235	(0.37)	0.369	(0.92)	-0.199	(-0.62)	0.164	(0.19)
Russia	-0.00252	(-0.01)	0.249	(0.40)	-0.332	(-0.77)	0.0206	(0.06)	0.584	(0.60)
San Marino	-0.247	(-0.35)	-1.838	(-1.58)	0.589	(0.70)	-0.789	(-1.12)	3.195	(1.20)
Serbia	-0.474	(-1.03)	-0.347	(-0.41)	-1.292*	(-2.40)	0.329	(0.79)	1.480	(0.98)
Serbia and Montenegro	-0.382	(-0.57)	-0.677	(-0.60)	-1.037	(-1.45)	0.0731	(0.13)	0.709	(0.42)
Slovakia	0.382	(0.56)	0.690	(0.52)	0.647	(0.75)	0.218	(0.36)	-0.429	(-0.26)
Slovenia	0.748*	(2.43)	1.181*	(2.40)	0.113	(0.33)	-0.776**	(-2.87)	0.167	(0.21)
Spain	0.242	(0.69)	0.507	(0.93)	0.183	(0.48)	-0.657*	(-2.09)	-0.511	(-0.46)
Sweden	0.352	(1.09)	0.814	(1.60)	-0.271	(-0.78)	0.288	(1.01)	0.236	(0.31)
Switzerland	0.00609	(0.02)	-0.788	(-1.20)	-0.320	(-0.75)	-1.670***	(-4.74)	-2.241	(-1.95)
Turkey	-0.288	(-0.79)	-1.088	(-1.80)	0.174	(0.43)	0.283	(0.90)	-0.586	(-0.68)
Ukraine	-0.0668	(-0.17)	-0.218	(-0.35)	0.340	(0.80)	0.103	(0.30)	-0.277	(-0.25)
United Kingdom	-0.453	(-0.14)	-0.829	(-1.61)	0.793*	(2.24)	1.289***	(4.42)	0.536	(0.67)

t statistics in parentheses, * $p < 0.05$, ** $p < 0.01$, *** $p < 0.001$

Tabelle 10: Länderspezifisches OLS-Modell, Eurovision Song Contest, fortführend 3 (Quelle: Budzinski, Pannicke 2016)

Country$_A$	**Order**		**Opening**		**Host**		**Religion**		**_cons**		**N**
Albania	-0.00876	(-0.33)	-1.136	(-1.17)	-0.689	(-0.76)	3.224***	(5.16)	0.691	(1.07)	268
Andorra	0.0302	(0.80)	0.247	(0.19)	-0.358	(-0.29)	1.429*	(1.99)	-1.994	(-1.61)	146
Armenia	0.00450	(0.13)	-1.422	(-1.14)	0.642	(0.55)			2.232*	(2.37)	193
Austria	0.0119	(0.46)	-0.375	(-0.41)	-0.727	(-0.84)	-0.341	(-0.84)	2.154***	(3.36)	264
Azerbaijan	0.0170	(0.52)	0.841	(0.66)	-1.243	(-1.05)	-1.235	(-1.34)	3.632***	(3.65)	170
Belarus	-0.00145	(-0.06)	-0.193	(-0.24)	-0.265	(-0.35)	0.189	(0.53)	-2.262***	(-3.63)	270
Belgium	-0.00713	(-0.35)	-0.214	(-0.29)	0.522	(0.76)	0.707	(1.90)	-1.444*	(-2.36)	388
Bosnia and Herzegovina	-0.0185	(-0.80)	-0.513	(-0.62)	-0.0962	(-0.13)	2.718***	(4.71)	1.569**	(2.85)	305
Bulgaria	-0.0532	(-1.79)	0.763	(0.71)	0.941	(0.95)	0.773	(1.47)	-1.294	(-1.65)	223
Croatia	-0.0210	(-1.00)	0.313	(0.41)	0.181	(0.26)	-0.0910	(-0.28)	1.169*	(1.98)	382
Cyprus	-0.0488*	(-2.20)	1.690*	(2.07)	0.137	(0.18)	1.789***	(4.70)	-1.003	(-1.59)	361
Czech Republic	0.0371	(0.70)	0.0814	(0.04)	2.637	(1.50)	-0.0285	(-0.03)	-2.185	(-1.61)	74
Denmark	0.00599	(0.28)	-0.379	(-0.50)	0.585	(0.79)	2.934***	(7.19)	-0.900	(-1.64)	355
Estonia	0.00353	(0.19)	0.497	(0.76)	-0.607	(-0.95)	1.812***	(5.20)	0.143	(0.27)	409
Finland	-0.00678	(-0.30)	-1.185	(-1.37)	-0.922	(-1.16)	2.021***	(4.58)	0.344	(0.53)	335
France	-0.00287	(-0.13)	-0.593	(-0.74)	0.127	(0.17)	1.243**	(2.86)	-1.732*	(-2.45)	402
Georgia	-0.0684*	(-2.28)	-1.112	(-0.98)	-0.690	(-0.66)	-0.155	(-0.24)	2.178	(1.87)	172
Germany	0.0366	(1.75)	-0.526	(-0.71)	1.662*	(2.28)	-0.222	(-0.61)	-0.392	(-0.73)	402
Greece	-0.000878	(-0.04)	-1.018	(-1.38)	-0.624	(-0.89)	0.825*	(2.32)	-0.134	(-0.24)	357
Hungary	0.0581*	(2.07)	-0.865	(-0.82)	-1.304	(-1.40)	-0.162	(-0.41)	-1.767*	(-2.59)	219
Iceland	-0.0281	(-1.37)	-0.161	(-0.22)	0.181	(0.26)	2.458***	(6.28)	*1.494*	(2.13)	358
Ireland	-0.0218	(-0.97)	-0.266	(-0.34)	-1.327	(-1.77)	0.245	(0.62)	1.360	(1.95)	383
Israel	-0.0232	(-1.15)	1.199	(1.63)	-1.046	(-1.50)	-0.464	(-0.17)	-0.145	(-0.28)	407
Italy	-0.0243	(-0.51)	2.168	(1.14)	-0.0844	(-0.05)	-0.819	(-1.00)	3.093*	(2.45)	98
Latvia	0.00637	(0.31)	0.456	(0.62)	-0.949	(-1.32)	1.303***	(3.53)	-0.594	(-0.99)	363
Lithuania	0.00786	(0.33)	-0.710	(-0.79)	0.243	(0.30)	0.599	(1.74)	-1.277*	(-2.09)	335
Macedonia	-0.0110	(-0.48)	-0.517	(-0.62)	0.286	(0.36)	-0.0762	(-0.18)	2.654***	(4.47)	339
Malta	-0.0201	(-0.90)	1.666*	(2.11)	-0.613	(-0.82)	-0.0102	(-0.03)	-0.686	(-1.15)	406
Moldava	-0.000416	(-0.02)	0.538	(0.63)	0.951	(1.21)	1.197**	(2.84)	-2.069**	(-3.17)	242
Monaco	0.0124	(0.18)	0.724	(0.32)	1.027	(0.47)	1.774	(1.51)	-1.449	(-0.76)	72
Montenegro	-0.0330	(-1.05)	-0.148	(-0.13)	0.119	(0.11)	0.0957	(0.18)	1.164	(1.41)	148
Netherlands	0.00974	(0.46)	-0.212	(-0.27)	0.492	(0.69)	-0.0495	(-0.14)	-0.627	(-1.02)	387
Norway	-0.00133	(-0.06)	0.926	(1.27)	-0.0998	(-0.14)	2.037***	(4.74)	-0.599	(-1.00)	381
Poland	0.0828***	(3.61)	1.683*	(2.07)	1.082	(1.41)	0.0800	(0.25)	-1.023	(-1.71)	312
Portugal	0.0296	(1.24)	0.0142	(0.02)	-0.163	(-0.20)	0.267	(0.56)	0.141	(0.14)	338
Romania	0.0186	(0.82)	-0.327	(-0.40)	0.346	(0.46)	0.351	(0.86)	0.111	(0.19)	358
Russia	0.00558	(0.23)	-0.426	(-0.50)	-1.627*	(-2.00)	0.995*	(2.44)	-1.092	(-1.29)	356

Country$_A$	Order		Opening		Host		Religion		_cons		N
San Marino	-0.0484	(-1.08)	-0.257	(-0.15)	-1.318	(-0.83)	0.204	(0.28)	0.0282	(0.03)	127
Serbia	-0.0204	(-0.69)	-1.229	(-1.16)	-1.227	(-1.17)	0.848	(1.79)	0.491	(0.62)	171
Serbia and Montenegro	-0.0457	(-1.05)	-1.095	(-0.78)	0.316	(0.23)			2.182*	(2.10)	70
Slovakia	0.0167	(0.38)	0.0411	(0.03)	-1.010	(-0.68)	0.234	(0.36)	-0.828	(-0.78)	125
Slovenia	-0.00521	(-0.27)	-0.0152	(-0.02)	0.392	(0.61)	-1.142***	(-3.89)	2.971***	(5.91)	387
Spain	0.0606**	(2.78)	1.092	(1.39)	-1.276	(-1.76)	0.450	(1.03)	-0.694	(-0.80)	402
Sweden	-0.0161	(-0.82)	-0.810	(-1.16)	1.121	(1.59)	1.696***	(4.25)	-0.393	(-0.71)	403
Switzerland	0.0126	(0.52)	0.149	(0.16)	0.403	(0.49)	0.0173	(0.04)	2.510***	(3.42)	340
Turkey	-0.0138	(-0.61)	0.526	(0.67)	0.959	(1.26)	5.479***	(8.08)	-0.315	(-0.53)	353
Ukraine	0.0107	(0.44)	0.294	(0.32)	-0.406	(-0.47)	-0.654	(-1.51)	-0.373	(-0.53)	288
United Kingdom	0.0267	(1.31)	-0.978	(-1.33)	-0.493	(-0.70)	0.306	(0.84)	-0.812	(-1.34)	402

t statistics in parentheses, * $p < 0.05$, ** $p < 0.01$, *** $p < 0.001$

Tabelle 11: OLS-Modell, Bundesvision Song Contest (Quelle: Budzinski, Pannicke 2016)

	(1) Model	(2) Model
Neighb	0.409**	0.463**
	(2.75)	(3.11)
Length_CB	0.000266	0.000237
	(0.60)	(0.53)
Capital_DisAB	-0.00265***	-0.00249***
	(-9.33)	(-8.75)
FormerGDR	-0.131	-0.0919
	(-1.71)	(-1.18)
Home_Bias	7.790***	7.958***
	(44.94)	(39.76)
Male_solo	-0.0355	-0.0398
	(-0.27)	(-0.30)
Duet	-0.0964	-0.0886
	(-0.54)	(-0.50)
Group	-0.0138	-0.00302
	(-0.11)	(-0.02)
Order	-0.00176	-0.00343
	(-0.21)	(-0.40)
Opening	-0.000457	-0.0444
	(-0.00)	(-0.28)

	(1) Model	(2) Model
Host	-0.0458	-0.0867
	(-0.31)	(-0.59)
Religion	-0.0443	-0.00224
	(-0.37)	(-0.02)
Openness		0.207
		(0.67)
Agreeableness		-1.804**
		(-3.20)
Extraversion		1.530*
		(2.43)
Neuroticism		-1.119***
		(-3.44)
Conscientiousness		1.896***
		(4.35)
_cons	0.344	0.131
	(1.56)	(0.54)
N	2560	2560

t statistics in parentheses * p < 0.05, ** p < 0.01, *** p < 0.001

Tabelle 12: Länderspezifisches OLS-Modell, Bundesvision Song Contest, 1 (Quelle: Budzinski, Pannicke 2016)

$Country_A$	Neighb		Length_CB		Capital_Dis		FormerGDR	
Brandenburg	1.360	(0.84)	-0.00453	(-1.00)	-0.00264	(-1.77)	0.0582	(0.09)
Berlin			0.00519	(1.82)	-0.000420	(-0.25)	1.221	(1.87)
Baden-Wuerttemberg	0.0727	(0.13)	0.00109	(1.26)	-0.00197	(-1.39)	-0.418	(-1.33)
Bavaria	-0.0110	(-0.02)	0.00239**	(3.00)	-0.0000217	(-0.01)	0.0508	(0.19)
Bremen			0.00459	(0.82)	-0.00424**	(-3.08)	-1.203**	(-3.10)
Hesse	1.502	(1.33)	-0.00383	(-0.83)	-0.00110	(-0.80)	-0.318	(-0.96)
Hamburg	-3.233*	(-2.34)	0.0444***	(3.43)	-0.00461***	(-4.06)	0.918	(1.50)
Mecklenburg-Western Pomerania	0.413	(0.58)	0.00125	(0.50)	-0.000676	(-0.60)	-0.342	(-0.77)
Lower Saxony	-1.564**	(-2.95)	0.00240*	(2.10)	-0.00807***	(-4.22)	-1.184***	(-3.40)
North Rhine-Westphalia	-0.602	(-0.72)	0.000877	(0.44)	0.00181	(1.17)	-1.204***	(-3.80)

$Country_A$	Neighb		Length_CB		Capital_Dis		FormerGDR	
Rhineland-Palatinate	2.833**	(3.01)	-0.00636*	(-1.99)	-0.00148	(-0.86)	-0.400	(-1.24)
Saxony-Anhalt	-2.800	(-1.87)	0.00608	(1.29)	-0.00498*	(-2.40)	2.814***	(4.59)
Schleswig-Holstein	3.030	(0.69)	-0.0180	(-0.52)	-0.00398***	(-3.80)	-1.570***	(-4.61)
Saarland			0.00814*	(2.27)	-0.00263	(-1.93)	-0.311	(-0.79)
Saxony	-0.509	(-0.73)	-0.00335	(-0.85)	-0.00958***	(-4.37)	2.357***	(3.57)
Thuringia	-0.150	(-0.16)	0.00120	(0.41)	-0.000203	(-0.06)	1.335*	(2.58)

t statistics in parentheses, * $p < 0.05$, ** $p < 0.01$, *** $p < 0.001$

Tabelle 13: Länderspezifisches OLS-Modell, Bundesvision Song Contest, fortführend 2 (Quelle: Budzinski, Pannicke 2016)

$Country_A$	Home_Bias		Male_solo		Duet		Group	
Brandenburg	6.818***	(8.63)	-0.867	(-1.72)	-0.441	(-0.65)	0.0600	(0.13)
Berlin	5.232***	(5.79)	-0.235	(-0.43)	-0.171	(-0.23)	-0.289	(-0.57)
Baden-Wuerttemberg	7.739***	(11.16)	0.315	(0.69)	-0.469	(-0.76)	-0.473	(-1.11)
Bavaria	10.67***	(13.68)	0.433	(1.11)	-0.166	(-0.31)	0.0942	(0.26)
Bremen	7.859***	(9.81)	-1.383*	(-2.34)	-0.555	(-0.71)	-1.168*	(-2.15)
Hesse	9.251***	(11.53)	0.332	(0.70)	-0.253	(-0.39)	0.336	(0.76)
Hamburg	8.465***	(10.10)	0.654	(1.20)	1.551*	(2.13)	0.149	(0.30)
Mecklenburg-Western Pomerania	10.13***	(17.51)	-0.0731	(-0.17)	0.512	(0.89)	0.0330	(0.08)
Lower Saxony	2.475**	(2.67)	0.370	(0.76)	-0.755	(-1.17)	-0.0864	(-0.19)
North Rhine-Westphalia	7.193***	(9.43)	0.384	(0.85)	0.131	(0.22)	0.173	(0.41)
Rhineland-Palatinate	9.918***	(10.67)	0.694	(1.43)	-0.516	(-0.78)	0.163	(0.36)
Saxony-Anhalt	5.958***	(7.61)	-0.202	(-0.37)	1.202	(1.62)	0.193	(0.38)
Schleswig-Holstein	6.841***	(9.89)	0.265	(0.56)	-0.1000	(-0.16)	-0.307	(-0.71)
Saarland	9.953***	(12.54)	-0.318	(-0.53)	0.180	(0.22)	0.379	(0.68)
Saxony	3.730***	(4.19)	-0.442	(-0.81)	0.0801	(0.11)	0.407	(0.81)
Thuringia	8.425***	(8.64)	0.347	(0.68)	0.0214	(0.03)	0.757	(1.60)

t statistics in parentheses, * $p < 0.05$, ** $p < 0.01$, *** $p < 0.001$

Tabelle 14: Länderspezifisches OLS-Modell, Bundesvision Song Contest, fortführend 3 (Quelle: Budzinski, Pannicke 2016)

$Country_A$	Order		Opening		Host		Relgion		_cons		N
Brandenburg	0.0509	(1.56)	0.644	(1.06)	0.802	(1.46)	0.650	(1.14)	-0.253	(-0.30)	160
Berlin	0.0500	(1.41)	0.187	(0.28)	0.362	(0.60)	0.126	(0.19)	-0.930	(-0.99)	160
Baden-Wuerttemberg	-0.0132	(-0.45)	-0.252	(-0.46)	-0.0217	(-0.04)	-0.408	(-0.95)	0.742	(0.83)	160
Bavaria	0.0186	(0.74)	-0.451	(-0.95)	0.103	(0.24)	0.0222	(0.05)	-1.199	(-1.18)	160
Bremen	-0.0288	(-0.77)	-0.741	(-1.03)	-1.303*	(-2.02)	-0.523	(-1.02)	2.624**	(2.94)	160
Hesse	-0.00518	(-0.17)	-0.792	(-1.36)	0.0671	(0.13)	-0.670	(-1.75)	-0.404	(-0.59)	160
Hamburg	0.0300	(0.86)	0.364	(0.55)	-0.964	(-1.58)	-1.713**	(-2.83)	0.538	(0.71)	160
Mecklenburg-Western Pomerania	0.0332	(1.21)	-0.0176	(-0.03)	0.230	(0.49)	0.679	(1.34)	-1.074	(-1.56)	160
Lower Saxony	-0.0286	(-0.93)	-0.756	(-1.28)	0.206	(0.39)	1.557***	(3.51)	2.569**	(2.86)	160
North Rhine-Westphalia	0.0158	(0.54)	0.414	(0.75)	0.765	(1.53)	-0.488	(-1.55)	-0.864	(-1.10)	160
Rhineland-Palatinate	-0.0305	(-0.97)	0.323	(0.54)	-0.237	(-0.44)	-0.127	(-0.31)	-0.380	(-0.43)	160
Saxony-Anhalt	0.0438	(1.22)	0.606	(0.90)	0.217	(0.36)	-1.438*	(-2.46)	0.247	(0.26)	160
Schleswig-Holstein	0.00976	(0.32)	0.214	(0.37)	-0.273	(-0.53)	-1.243**	(-3.19)	1.663*	(2.13)	160
Saarland	-0.0542	(-1.39)	0.303	(0.41)	-0.124	(-0.19)	-0.165	(-0.33)	0.720	(0.79)	160
Saxony	-0.0166	(-0.47)	0.796	(1.20)	-0.00476	(-0.01)	-1.762**	(-3.14)	3.131**	(2.77)	160
Thuringia	-0.0379	(-1.15)	-0.213	(-0.34)	0.729	(1.30)	-0.560	(-1.25)	-0.951	(-0.83)	160

t statistics in parentheses, * $p < 0.05$, ** $p < 0.01$, *** $p < 0.001$

3.1.2 Commercial Media Bias in deutschen Frauenzeitschriften[17]

Wie bereits in Kapitel 2.1 erläutert werden neben theoretischen Studien (z. B. Ellman, Germano 2009) empirische Fragen im Rahmen der gewinnorientierten Media Bias zunehmend in der Literatur thematisiert und untersucht (DellaVigna, Kaplan 2007; Gentzkow, Shapiro 2006). Sowohl die theoretischen Erklärungen als auch die empirischen Studien zeigen dabei nicht immer eine Einigkeit. Im Vergleich zum Einfluss der Präferenzen der Rezipienten beschäftigen sich relativ gesehen wenige Studien mit dem Einfluss der Werbekunden auf die objektive Berichterstattung (Dewenter, Heimeshoff 2014; Reuter 2009; Reuter, Zitzewitz 2006). An dieser Stelle setzt die folgende Analyse an und reiht sich in die

17 Die Analyse basiert auf einem gesammelten Datensatz von Walter im Rahmen ihrer Masterarbeit (s. Walter 2014).

Kontroversen der Literatur zu Commercial Media Bias ein. Aus diesem Grund wird in einer empirischen Studie die Verzerrung durch Anpassung an die Präferenzen der Werbekunden (Kap. 2.1.4.1) am Beispiel von Frauenzeitschriften in Deutschland mittels empirischer Analysen überprüft und die Forschungsfrage aus Kap. 2.3 beantwortet (Pannicke 2016b):

Haben Medienunternehmen einen Anreiz, ihren unabhängigen redaktionellen Teil zugunsten ihrer Werbekunden (positiv) zu verzerren?

3.1.2.1 Datensatz und Datenzusammenstellung

Die empirische Studie untersucht, ob Tendenzen eines werbeinduzierten Media Bias, also die Vermischung von Produktwerbung und Journalismus, am Beispiel von monatlich erscheinenden Frauenzeitschriften in Deutschland zu finden sind (Kap. 2.1.4.1). Dabei wird ermittelt, ob Korrelationen zwischen dem Werbevolumen bestimmter werbender Unternehmen und deren Nennungen im redaktionellen (unabhängigen) Teil der Zeitschrift vorliegen.

Der Datensatz umfasst monatlich erscheinende Frauenzeitschriften in Deutschland im Zeitraum von 2009 bis 2012. Frauenzeitschriften sind nicht nur wegen ihrer hohen Beliebtheit (Top 5 der beliebtesten Zeitschriften in Deutschland (VuMa 2016)), sondern auch wegen ihrer überaus hohen Werbevolumen als Datenstichprobe geeignet. Im Vergleich zu anderen Segmenten von Publikumszeitschriften sind die Bruttowerbeaufwendungen in monatlich erscheinenden Frauenzeitschriften hinter jenen der aktuellen Zeitschriften und Magazinen die zweithöchsten (Media Perspektiven 2017). Während Werbeanzeigen in Zeitungen eher als störend empfunden werden, genießt die Printwerbung in Frauenzeitschriften eine breite Akzeptanz sowie ein hohes Maß an Glaubwürdigkeit, Wertschätzung und Vertrauen (Brigitte 2010, 2012; Kaiser, Song 2009; News Aktuell 2008; VDZ, McKinsey 2012).

Im Datensatz werden die auflagenstärksten und reichweitenstärksten Titel in Deutschland von Januar 2009 bis Dezember 2012 innerhalb der Gattung der Frauenzeitschriften ausgewählt. Die Glamour ist dabei die auflagenstärkste, die Cosmopolitan die reichweitenstärkte Frauenzeitschrift. In nachstehender Tabelle 15 werden die Frauenzeitschriften kurz charakterisiert.

Tabelle 15: Vorstellung der Frauenzeitschriften Cosmopolitan und Glamour (Quelle: Pannicke 2016b)

Cosmopolitan	**Glamour**
Reichweite von 1,8 Mio. Lesern pro Ausgabe (2014)	Reichweite von 1,56 Mio. Lesern pro Ausgabe (2014)
Druckauflage pro Quartal im Zeitraum 2009–2012: 444.023 Exemplare	Druckauflage pro Quartal im Zeitraum 2009–2012: 660.361 Exemplare
Jährliche Verleihung des „Prix de Beautés" als Preis für außerordentliche Produkte	Jährliche Verleihung des Kosmetikpreises „Glammy"
klassische Leserin zwischen 20 und 49, gebildet, berufstätig, überdurchschnittliches Einkommen	klassische Leserin um 30 Jahre, gebildet, berufstätig, überdurchschnittliches Einkommen

Die Cosmopolitan enthält durchschnittlich 197 Seiten, knapp die Hälfte (47 %) der Seiten sind durch Werbeanzeigen gekennzeichnet. Insgesamt werden 3449 Werbeanzeigen gezählt. Die größte Werbebranche ist dabei die Kosmetikindustrie mit 45 % der Werbeanzeigen. Im redaktionellen Teil werden Unternehmen oder bestimmte Marken der Unternehmen/ Marken in Summe 3144 Mal genannt.

Die Frauenzeitschrift Glamour hat im Schnitt 239 Seiten und einen ähnlich hohen Werbeanteil mit 48 % Werbeanzeigen. Insgesamt verzeichnet die Glamour 4131 Werbeanzeigen im gesamten Beobachtungszeitraum. Auch hier ist die größte Werbebranche die Kosmetikindustrie mit 33 % der Werbeanzeigen. Die Anzahl der Nennungen verschiedener Unternehmen/ Marken im redaktionellen Teil beträgt 3319.

Insgesamt haben 749 verschiedene Unternehmen Anzeigen in beiden Magazinen geschaltet (Pannicke 2016b).

Werbevolumen

Um den Werbeaufwand pro Unternehmen (bzw. der Marke) in der entsprechenden Zeitschrift messen zu können, wird eine Proxy-Variable erstellt, welche sich wie folgt zusammensetzt:

Werbeaufwand pro Ausgabe und Jahr in der Cosmopolitan (Pannicke 2016b):

$$AV_{icC} = (P_{iC\leq 41} x\ R_{iC\leq 41} + P_{iC>41} x\ R_{iC>41} + P_{iCOS}\ x\ R_{iCOS} + P_{iCBC}\ x\ R_{iCBC}) - D_{iC}$$

AV_{icC} = Werbevolumen des Unternehmens c in der Ausgabe i der Cosmopolitan C

$P_{iC\leq 41}$ = Anzahl der Werbeseiten bis zur Seite 41

R_{iC} = Werbepreis laut Preisliste
$P_{iC>41}$ = Anzahl der Werbeseiten ab Seite 42
P_{iCOS} = Werbeseiten im Opening Spread,
P_{iCBC} = Werbeseiten im Backcover (4. Umschlagsseite)
D_{iC} = Mengenrabatt

Ähnlich wird auch das Werbevolumen gemessen, welches in die Frauenzeitschrift Glamour pro Unternehmen und Ausgabe investiert wird (Pannicke 2016b):

$$AV_{iCG} = (P_{iG} \; x \; R_{iG} + P_{iGCGF} \; x \; R_{iGCGF} + P_{iGOS} \; x \; R_{iGOS} + P_{iGIBC} \; x \; R_{iGIBC} + P_{iGBC} \; x \; R_{iGBC} + P_{iGSW} \; x \; R_{iGSW}) - D_{iG}$$

AV_{icG} = Werbevolumen des Unternehmens c in der Ausgabe i der Glamour G
P_{iG} = Anzahl der Werbeseiten
R_{iG} = Werbepreis laut Preisliste
P_{iGCGF} = Werbeseiten im -cover gate fold-
P_{iGOS} = Werbeseiten im -opening spread-
P_{iGIBC} = Werbeseiten im -inside back cover-
P_{iGBC} = Werbeseiten im -outside back cover-
P_{iGSW} = Werbung wird im Zuge der "Shopping week" SW geschaltet
R_{iGSW} = Werbepreis laut Preisliste "Shopping week" SW
D_{iG} = Mengenrabatt

Nennungen

Für die Ermittlung des Einflusses des Werbevolumens auf die Anzahl der Nennungen jener Unternehmen bzw. derer Produkte werden die Nennungen im redaktionellen Teil der Zeitschrift per Hand ausgezählt. Die Anzahl der Nennungen verschiedener Unternehmen und deren Marken im redaktionellen Teil der Glamour beträgt 3319, während für die Cosmopolitan 3144 Nennungen gezählt werden (Pannicke 2016b).

3.1.2.2 Deskriptive Statistik

Die folgenden Tabellen 16 und 17 zeigen die Top 10 Unternehmen, welche das höchste Gesamtwerbevolumen verzeichnen sowie jene Top 10 Unternehmen, welche kumuliert am häufigsten im redaktionellen Teil genannt werden. Im Beispiel wird nur die Frauenzeitschrift Cosmopolitan gezeigt. Ähnliche Top-Unternehmen zeigt allerdings auch die Zeitschrift der Glamour (Pannicke 2016b). Es ist zu erkennen, dass 7 der 10 Top Unternehmen, welche am häufigsten erwähnt werden, auch in den Top 10 der größten Werbekunden zu finden sind (Tabelle 16). Werden die Statistiken nun auf Konzernebene betrachtet (Tab. 17), zeigen sich interessante Konstellationen. Der Parfüm- und Kosmetikkonzern Coty Inc. (u. a. Marken wie adidas, Celine Dion, Chloé, Kylie Minogue, Davidoff, Esprit, Jil Sander, Jette Joop) erreicht mit seinen Werbeausgaben Rang 2, obwohl aus Tabelle 16 keiner der genannten Marken zum Coty Inc. Konzern gehört. Darüber hinaus findet sich der Konzern nun unter den Top 3 Konzernen wieder, welche am häufigsten genannt werden. Aus diesem Grund ist es von Bedeutung, auch auf Konzernebene zu analysieren (Pannicke 2016b).

Tabelle 16: Cosmopolitan 2009–2012, Werbevolumen (AdV) und Nennungen per Unternehmen (Mentions) (Quelle: Pannicke 2016b)

Ranking	**Company**	**AdV in Euro**	**Company**	**Mentions**
1	L'Oréal	6323460	L'Oréal	132
2	Nivea	3877407	Dior	132
3	Maybelline	2925220	Chanel	109
4	Lancôme	2892055	Lancôme	98
5	John Frieda	2725225	Artdeco	96
6	Dior	2647170	Nivea	94
7	Vichy	2440475	Clinique	87
8	Artdeco	2160750	Estée Lauder	87
9	Clinique	2043500	Clarins	87
10	Estée Lauder	1809000	Shiseido	82

Tabelle 17: Cosmopolitan 2009–2012, Werbevolumen (AdV) und Nennungen (Mentions) per Konzern (Quelle: Pannicke 2016b)

Ranking	**Concern**	**AdV in Euro**	**Concern**	**Mentions**
1	L'Oréal	20934820	L'Oréal	695
2	Coty	5853455	Estée Lauder	301
3	Beiersdorf	5743022	Coty	231
4	Kao / Kanebo	5130525	LVMH	197
5	Procter & Gamble	4877265	Artdeco Cosmetic Gr.	174
6	Estée Lauder	4033400	Procter & Gamble	168
7	LVMH	3672270	Beiersdorf	138
8	Shiseido Co.	3124210	Clarins	117
9	Artdeco Cosmetic Gr.	2194250	Shiseido Co.	111
10	Unilever	1792585	Chanel	109

3.1.2.3 Schätzmodell und Ergebnisse

Die Beziehung des Werbevolumens und die Anzahl der Nennungen im redaktionellen Teil werden nun anhand von 3 Modellen untersucht (Pannicke 2016b):

1) Generalized Least Squares Random-effects Modell (GLS)
2) Panel Poisson Regressionsmodell
3) Panel Negative Binomial Regressionsmodell

mit $m_{c,t}$ als abhängige Variable:

$$m_{c,t} = \alpha + \beta AdV_{c,t} + X_{c,t} + \varepsilon_{c,t} \text{ mit}$$

$m_{c,t}$	=	Anzahl der Nennungen der Unternehmen/Konzerne im Jahre t für Glamour und Cosmopolitan
$AdV_{c,t}$	=	das korrespondierende Werbevolumen der Unternehmen/Konzerne im Jahre t
$\varepsilon_{c,t}$	=	Fehlerterm
$X_{c,t}$	=	Kontrollvariablen (Markenwert und beliebteste Marke als Dummy-Variablen, Bekanntheit der Marke in %)

Es kann gezeigt werden, dass die Anzahl der Nennungen von Unternehmen im redaktionellen Teil der Frauenzeitschriften stark positiv mit der Höhe des Werbevolumens entsprechender Unternehmen korrelieren. An dieser Stelle ist wichtig anzumerken, dass es sich hierbei lediglich um Korrelationen handelt. Aufgrund der Endogenitäts- und Kausalitätsprobleme, welche in dem vorliegenden Datensatz durchaus relevant sind, wird auf die wechselseitige Beziehung eingegangen und die Interpretation mit Bedacht vorgenommen.

Folgende Tabellen 18–20 zeigen die Resultate der Schätzungen und somit die Regressionskoeffizienten unterschiedlicher Schätzmodelle.

Tabelle 18: Generalized Least Squares Random-effects Modell pro Jahr und Unternehmen (Quelle: Pannicke 2016b)

VARIABLES	**(1)** **Model**	**(2)** **Model**	**(3)** **Model**	**(4)** **Model**
$AdV_{c,t}$	0.0000283***	0.0000272***	0.0000226***	0.0000293***
	(15.61)	(12.18)	(11.54)	(7.70)
Valuable Brand		3.409	4.985*	-0.247
		(1.36)	(2.23)	(-0.05)
Brand popularity			10.97***	-9.616***
			(5.82)	(-3.59)

VARIABLES	(1) Model	(2) Model	(3) Model	(4) Model
Brand awareness %				0.230***
				(4.03)
_cons	2.093***	2.097***	1.995***	4.192**
	(16.60)	(16.62)	(17.11)	(2.78)
N	1416	1416	1416	145

t statistics in parentheses, * $p < 0.05$, ** $p < 0.01$, *** $p < 0.001$

Im Allgemeinen bestätigen die Ergebnisse des Generalized Least Squares Random-effects Modells (1–4) aus Tabelle 18 die in der Literatur zu findenden empirischen Ergebnisse insofern, als dass das Werbevolumen einen positiven Effekt auf die Anzahl der Nennungen im redaktionellen Teil zeigt. Die Schätzung des Modells 1 von Tabelle 18 verwendet lediglich in einem einfachen generalisierten linearen Regressionsmodell das Werbevolumen als unabhängige Variable. In den Modellen 2–4 der Tabelle 18 werden Kontrollvariablen hinzugefügt. Valuable Brand ist eine Dummy-Variable, welche für die 10 wertvollsten Kosmetikprodukt-Marken weltweit den Wert 1 annimmt, Brand popularity wird 1, wenn die besagte Marke zu den beliebtesten Marken zählt und Brand awareness % meint die Markenbekanntheit, angegeben in %. Über alle Modelle hinweg hat das Werbevolumen einen positiven Einfluss auf die Anzahl der Erwähnungen ebenjener Marken im redaktionellen Teil (Pannicke 2016b).

Tabelle 19: Panel poisson Regressionsmodell (1+2) und panel negative binomial Regressionsmodell (3+4) pro Jahr und Unternehmen (Quelle: Pannicke 2016b)

VARIABLES	(1) Model	(2) Model	(3) Model	(4) Model
$AdV_{c,t}$	0.000000769***	0.000000519***	0.000000785***	0.000000552***
	(10.54)	(4.74)	(9.36)	(4.05)
Valuable Brand	1.392***	0.457	1.361***	0.665
	(5.29)	(1.16)	(5.29)	(1.64)
Brand popularity	1.742***	-0.424	1.686***	-0.389
	(8.14)	(-1.17)	(8.31)	(-1.00)

VARIABLES	(1) Model	(2) Model	(3) Model	(4) Model
Brand awareness %		0.0251**		0.0227**
		(3.01)		(2.63)
_cons	0.780***	1.560***	2.173***	2.099***
	(21.99)	(5.70)	(14.10)	(4.58)
ln_alpha	-0.459***	-0.707**		
_cons	(-6.86)	(-3.02)		
ln_r			2.370***	1.821***
_cons			(19.40)	(5.50)
ln_s			0.870***	1.182***
_cons			(9.68)	(3.89)
N	1416	145	1416	145

t statistics in parentheses, * $p < 0.05$, ** $p < 0.01$, *** $p < 0.001$

Tabelle 19 enthält die Schätzergebnisse des Panel poisson Regressionsmodells (Modell 1 + 2) und des Panel Negative Binomial Regressionsmodells (Modell 3 + 4) pro Jahr und Unternehmen. Die Werbeausgaben sind mit der Anzahl der Nennungen signifikant korreliert.

Ebenso zeigen die Schätzmodelle auf Konzernebene (Tabelle 20), bei welchen sämtliche drei Modellspezifikationen 1–3 für die Jahre 2009–2012 getestet werden, dass Korrelationen zwischen dem Werbevolumen und der Anzahl der Nennungen existieren.

Tabelle 20: Generalized least squares random-effects Modell (1), panel poisson Regressionsmodell (2) und panel negative binomial Regressionsmodell (3) pro Jahr und Konzern (Quelle: Pannicke 2016b)

VARIABLES	(1) Model	(2) Model	(3) Model
$AdV_{c,t}$	3.16e-05***	9.57e-08**	8.43e-08
	(4.04e-06)	(4.24e-08)	(5.15e-08)
Valuable Brand	36.86*	0.874	0.410
	(20.90)	(0.725)	(0.717)
Brand popularity	-13.58	0.00767	-0.496
	(20.21)	(0.618)	(0.789)
Brand awareness %	0.724*	0.0447***	0.0532***

VARIABLES	(1) Model	(2) Model	(3) Model
	(0.427)	(0.0168)	(0.0178)
_cons	-8.167	1.048*	1.367**
	(13.14)	(0.592)	(0.696)
ln_alpha		-0.00303	
_cons		(0.288)	
ln_r			1.098***
_cons			(0.417)
ln_s			0.349
_cons			(0.343)
N	69	69	69
Number of konz	21	21	21

t statistics in parentheses, * $p < 0.05$, ** $p < 0.01$, *** $p < 0.001$

Zusammenfassend wird gezeigt, dass es in dieser Stichprobe eine starke positive Wechselbeziehung zwischen dem Werbevolumen und der Anzahl der Nennungen im redaktionellen Teil gibt. Die im Kapitel 2.1.4.1 angeführten empirischen Studien zu Commercial Media Bias finden damit insofern Unterstützung, als dass eine positive Beziehung gezeigt werden kann. Problematisch an dieser Stelle ist allerdings, dass die Präferenzen der Leser nicht gemessen werden. Aus diesem Grund ist es schwer, einen Media Bias zu ermitteln und von einer Verzerrung der redaktionellen Inhalte auszugehen. Steht Werbung als Signal für Qualität, dann werden die Unternehmen mit hochqualitativen Produkten entsprechend auch ein höheres Werbebudget aufbringen. In diesem Falle würde keine Verzerrung im klassischen Sinne der Media Bias gemessen können. Die Endogenität des Werbevolumens ist damit überaus problematisch. So kann das Modell aufgrund fehlender unabhängiger Variablen zu verzerrten Schätzergebnissen führen (omitted variable). Die Qualität der genannten Produkte, welche bestenfalls objektiv gemessen werden müssten, wird bspw. nicht in der Schätzung berücksichtigt (Pannicke 2016b).

Weiterhin stellt sich die Frage, ob im Falle eines Commercial Media Bias jener überhaupt problematisch wäre. Wichtig wäre dementsprechend auch zu untersuchen, ob jene häufiger genannten Produkte aufgrund ihrer Nennungen auch mehr gekauft werden oder ob jene Produkte deswegen bekannter sind. Desgleichen besteht hier die Problematik der Kausalität.

3.2 Economics of Superstars

3.2.1 Voting Bias und Popularität

Wie in Kapitel 2.1.4.2.2 bereits gezeigt, sind zahlreiche theoretische und empirische Studien zur Problematik des systematischen Abstimmungsverhaltens zum ESC existent. Insbesondere werden nicht-musikalisch orientierte Faktoren fokussiert, wie bspw. die kulturellen und politischen Aspekte sowie geografische Beziehungen. Diverse Studien etablieren empirische Evidenz für eine verzerrte Abstimmung hinsichtlich geografischer Nähe sowie kultureller, ethnischer und sprachlicher Affinität (u. a. Fenn et al. 2006; Ginsburgh, Noury 2008; Haan et al. 2005; Schweiger, Brosius 2003; Spierdijk, Vellekoop 2009; Yair 1995). Wird hingehen stärker der Künstler an sich als grundsätzlich das durch den Künstler zu repräsentierende Land fokussiert, werden neue Dimensionen zur Erklärung des Abstimmungsverhaltens geboten. So nimmt bspw. die Popularität vor dem Hintergrund der Economics of Superstars (Kap. 2.2) eine bedeutende Rolle ein. Jene Popularität bleibt in den diskutierten Studien zur ESC-Literatur allerdings gänzlich unberücksichtigt. Unter Bezugnahme des ökonomischen Phänomens der Superstars stellt sich demzufolge die Frage, ob nicht schlichtweg die Bekanntheit der Künstler als jene essentielle Variable charakterisiert werden kann, die das Abstimmungsverhalten erklärt und Voting Bias (Kap. 2.1.4.2) hervorruft (Budzinski, Pannicke 2017b). Die folgende empirische Analyse geht entsprechend der in Kap. 2.3. gestellten Forschungsfrage nach:

Beeinflusst die ex ante Popularität das Abstimmungsergebnis eines Musikwettbewerbs?

3.2.1.1 Untersuchungsgegenstand und Popularität

Die historische Datensammlung bezüglich der Popularität sämtlicher Künstler aus jedweden teilnehmenden Ländern für jedes einzelne Jahr im ESC wäre nur mit einem unverhältnismäßig hohen Aufwand möglich. Zudem ist es äußert schwierig, die Popularität für jede einzelne, internationale Künstlereinheit zu messen. Daher bietet sich der Bundesvision Song Contest (BSC) an dieser Stelle erneut als „Natural-Experiment“ an. Zudem wirbt der BSC explizit mit dem Konzept, in welchem etablierte und populäre Künstler gegen Newcomer in einem fairen Musikwettbewerb antreten.

Bezugnehmend auf die im Kap. 2.2 ausführlich diskutierten Theorien der Superstars kann die Popularität im Sinne von Beliebtheit und Bekanntheit einer Person operationalisiert und damit messbar gemacht werden. Eine Anzahl empirischer Studien zur Messung von Popularität im Bereich der Sportökonomik, u. a. zur Bundesliga (Brandes et al. 2008), zur National Football League NFL (Treme,

Allen 2011) oder zur National Basketball Association NBA (Prinz et al. 2012) sind bereits existent und basieren auf den gängigen Superstartheorien von Rosen (1981) und Adler (1985). Untersucht wird dabei, ob es sich bei jenen Sport-„Superstars" um Superstars im Sinne von Rosen (1981) oder Adler (1985) handelt. Für Rosen (1981) ist entsprechend das überlegene Talent entscheidend (Kap. 2.2.1), während sich Adler (1985) auch auf die Popularität und Medienpräsenz einer talentierten Person konzentriert (Kap. 2.2.3). Trotz der Nachvollziehbarkeit beider Theorien herrscht in der Literatur Unstimmigkeit darüber, welche der beiden Ansätze (Talent oder Popularität) durchgreifender ist. Im Bereich der Musik sind derartige Analysen aufgrund der Erfahrungsgutcharakteristik allerdings weitestgehend fehlend. Folglich beschäftigt sich die nachkommende Studie mit dem Einfluss der Bekanntheit der teilnehmenden Künstler auf das Abstimmungsverhalten im BSC unter Berücksichtigung der Economics of Superstars. Während sich die Forschungsliteratur eher auf den talentbasierten Rosen-Ansatz (1981) (da das Talent bspw. im Sport schlichtweg objektiv anhand von Leistungen gemessen werden kann) und Adler-Ansatz (1985) fokussiert, quantifiziert die anschließende Forschungsanalyse die Popularität im Sinne von MacDonald (1988) und Adler (1985).

Wie bereits in Kapitel 2.2.2 der Dissertation ausführlich erläutert, präferieren Konsumenten in einer dynamischen Erweiterung des Rosen-Modells (1981) eine bekannte Qualität (‚Altstar') gegenüber einer unbekannten Qualität (‚Newcomer'). Künstlergüter sind durch Erfahrungsguteigenschaften charakterisiert, demzufolge steigt die Zahlungsbereitschaft der Nachfrager für eine bekannte Qualität. Der vergangene Erfolg determiniert auf diese Weise den zukünftigen Erfolg. Die MacDonald-Popularität wird somit im Sinne von vergangenen Erfolgen definiert (MacDonald 1988), was schlichtweg durch Verkaufszahlen in Form von Charts- und Alben-Erfolgen gemessen werden kann.

Wie Adler (1985) erläutert (Kap. 2.2.3), entstehen Superstars durch die Akkumulation von star-spezifischem Konsumkapital, gefördert durch Publicity und aktive Medienpräsenz. Die Adler-Popularität wird demgemäß im Sinne von Medienpräsenz definiert. Medienpräsenz kann mittels Berichterstattung in Zeitungen, Zeitschriften, Internetseiten etc. quantifiziert werden (Budzinski, Pannicke 2017b).

3.2.1.2 Datensammlung und Variablen

Da die MacDonald-Popularität in Bezug auf den vergangenen Erfolg, welche den zukünftigen determiniert, definiert wird, werden die vergangenen und aktuellen Charterfolge der jeweiligen Künstler- und Künstlergruppen als Popularitätsindikatoren herangezogen. Gesammelt werden zum einen die ex ante

Gesamtzahl der Top 40 Platzierungen in den offiziellen deutschen Single-Charts sowie deren Wochenanzahl pro Künstler und Jahr, zum anderen die Anzahl der Top 40 Platzierungen in den offiziellen deutschen Alben-Charts und ihrer Anzahl der Wochen pro Künstler und Jahr.

Im Einklang mit Adler (2006) ist die Popularität stark mit der Medienpräsenz verbunden. Um die Adler-Popularität (2006) zu identifizieren, wird die Medienberichterstattung als Proxy-Variable für die Popularität verstanden. Die Publicity eines Künstlers charakterisiert damit jenen Teil der Schätzgleichung, welcher auch unabhängig des musikalischen Talents respektive Erfolg auftreten kann. Dazu werden die kommerziellen Datenbankanbieter LexisNexis und Factiva genutzt. Die Datenbanken bieten weltweite Presseinformationen und qualitativen Content verschiedener deutscher Tages- und Wochenzeitungen (z. B. Frankfurter Allgemeine Zeitung, Die Welt am Sonntag, Die Welt, Taz, Thüringer Allgemeine) sowie deutsche Zeitschriften und Zeitschriften (u. a. Spiegel, Bild, Stern, Bunte) und deutsche Web-Publikationen (z. B. Echo online, The Huffington Post, RTL, Tagesschau, Yahoo! Deutschland: Schlagzeilen). Der Medienpool von Factiva umfasst mehr als 500 deutsche Presseinformationen, LexisNexis enthält insgesamt mehr als 240. Mithilfe der Datenbanken kann die Anzahl jener Artikel gezählt werden, in welchem ein Künstler oder eine Künstlergruppe zumindest einmal genannt wird (Brandes et al. 2008; Franck, Nüesch 2012). Darüber hinaus wird die Popularität anhand der individuellen Internetpräsenz mittels Google-Hits quantifiziert (Garcial del Barrio, Pujol 2007). Gezählt wird dabei die ex ante Anzahl der Suchmaschinenseiten (Google-Hits) pro Jahr und Künstler, in denen die teilnehmenden Künstler erwähnt werden (Budzinski, Pannicke 2017b).

Insgesamt werden zwei Zeiträume (6 Monate und 5 Jahre) betrachtet, um einen kurz- und einen langfristigen Effekt messen zu können.

Die Tabelle 21 gibt wiederkehrend detailliertere Auskunft über die unabhängige Variable der Popularität.

Tabelle 21: Popularität als unabhängige Variable (Quelle: Budzinski, Pannicke 2017b)

Variable	Description	Obs	Mean	Std. Dev.	Min	Max
Unabhängige Variablen						
MacDonald- Popularität						
Hits st[18]	Anzahl der Top 40 Hits, kurzfristig	2816	.2784091	.580845	0	2
weeks Hits st	Wochenanzahl Top 40 Hits, kurzfristig	2816	3.306.818	863.005	0	50
Albums st	Top 40 Albenanzahl, kurzfristig	2816	.2553267	.4361221	0	1
weeks Albums st	Wochenanzahl Top 40 Alben, kurzfristig	2816	2.861.506	6.943.619	0	49
Hits lt[19]	Anzahl der Top 40 Hits, langfristig	2816	.6917614	1.340.773	0	7
weeks Hits lt	Wochenanzahl Top 40 Hits, langfristig	2816	1.052.876	2.344.238	0	132
Albums lt	Top 40 Albenanzahl, langfristig	2816	.6352983	.9548328	0	5
weeks Albums lt	Wochenanzahl Top 40 Alben, langfristig	2816	863.956	165.936	0	79
Adler- Popularität						
LexisNexis st	Medienpräsenz (LexisNexis), kurzfristig	2592	5.444.869	9.773.384	0	750
LexisNexis lt	Medienpräsenz (LexisNexis), langfristig	2592	1.960.776	3.582.914	0	2952
Factiva st	Medienpräsenz (Factiva), kurzfristig	2592	8.129.861	1.331.388	0	900
Factiva lt	Medienpräsenz (Factiva), langfristig	2592	2.866.451	5.729.915	0	4377
GoogleHits st	Internetpräsenz mittels Google-Hits, kurzfristig	2816	1.283.766	3.420.365	0	32300
GoogleHits lt	Internetpräsenz mittels Google-Hits, langfristig	2816	13181.47	52281.43	0	501000

18 Short-term = kurzfristig = 6 Monate.

19 Long-term = langfristig = 5 Jahre.

Zusätzlich werden zahlreiche Kontrollvariablen in die Schätzung aufgenommen, welche bereits im Kap. 3.1.1 Berücksichtigung finden (Budzinski, Pannicke 2016; Pannicke 2016a).

- Darbietung und Eigenschaften des vorgestellten Musikstücks (u. a. Geschlecht des Interpreten, Reihenfolge, Formationsart),
- Beziehungen der Bundesländer untereinander (geografische und kulturelle Nähe, Konfession).

3.2.1.3 Schätzmodell und Ergebnisse

Der Datensatz setzt sich aus insgesamt 2816 Beobachtungen zusammen. Eine Beobachtung misst dabei die Punkte im Jahre t, welche das Bundesland A an den Künstler des Bundeslandes B vergibt. Da der BSC das letzte Mal im Jahre 2015 ausgestrahlt wurde, werden 11 Jahre betrachtet, d. h. der gesamte Zeitraum von Beginn der Veranstaltung in 2005 bis 2015. Weil in jedem BSC (die gleichen) 16 Bundesländer gegeneinander angetreten sind, ergeben sich pro Bundesland 176 Beobachtungen.

Folglich wird die Anzahl der Punkte $Points_{AB,t}$ als die abhängige Variable definiert (Budzinski, Pannicke 2017b):

$$Points_{AB,t} = a + \beta Popularity_{B,t} + X_{AB,t} + \varepsilon_{AB,t} \qquad \text{mit}$$

$Points_{AB,t}$	=	die Anzahl der vergebenen Punkte des Bundeslandes A an Künstler B im Jahre t
$\beta Popularity_{B,t}$	=	die korrespondierende Popularität des Künstlers B in Jahre t,
$\varepsilon_{AB,t}$	=	Störterm
$X_{AB,t}$	=	diverse Kontrollvariablen

Nachstehende Tabellen 22 und 23 zeigen sämtliche Schätzer der multiplen Regressionskoeffizienten aus lang- und kurzfristiger Sicht. Aufgrund imperfekter Multikollinearitäten werden 4 Modelle geschätzt.

Ergebnisse

Zusammenfassend lässt sich sagen, dass Popularität grundsätzlich in Form von vergangener Erfolgs- und Medienpräsenz-Proxis einen signifikanten Einfluss auf die Punkteverteilung im Bundesvision Song Contest ausübt.

Beide Popularitäts-Ansätze beeinflussen entsprechend das Abstimmungsverhalten der Zuschauer. Während die Medienpräsenz-Popularität nach Adler (1985) durchweg positiv und signifikant (Zeitschriften, Zeitungen, Websites,

Google-Hits) auf die Punkteverteilung wirkt, muss der Popularitäts-Ansatz nach MacDonald (1988) hingegen differenziert betrachtet werden. Langfristig wirkt sich die Anzahl der Wochen an Alben, die Anzahl der Top 40 Alben und der Top 40 Hits positiv-signifikant auf die Abstimmung aus. Die Wochenanzahl der Top 40 Hits beeinflusst langfristig gesehen allerdings signifikant negativ die Punkteverteilung. An dieser Stelle könnte auf einen sogenannten „One-Hit-Wonder" geschlossen werden. Aus kurzfristiger Sicht sind auch hier generell positive Korrelationen zu finden, hingegen sind jene nicht immer signifikant (Budzinski, Pannicke 2017b).

Somit lässt sich die Schlussfolgerung bezüglich des Wettbewerbs treffen, dass die Präsenz und die Berichterstattung durch Medien eine enorme Bedeutung genießt, um höhere Punkte zu generieren. Während die MacDonald-Popularität im Sinne vergangener Erfolge tendenziell auch relevant ist, kann der vergangene Erfolg allerdings auch signifikant negativ wirken. In dem vorliegenden Datensatz spielt die Publicity und Medienpräsenz (Adler-Popularität) folglich eine entscheidendere Rolle als der Erfolg in Form von Verkaufszahlen (MacDonald-Popularität) (Budzinski, Pannicke 2017b).

Tabelle 22: OLS-Schätzergebnisse, langfristig (Quelle: Budzinski, Pannicke 2017b)

Variables	**I Model**	**II Model**	**III Model**	**IV Model**
Opening	1.305***	1.199***	1.181***	1.069***
	(4.89)	(4.50)	(4.43)	(4.03)
Order	0.290***	0.274***	0.280***	0.264***
	(19.80)	(18.56)	(19.04)	(17.83)
Group	1.236***	0.911***	1.218***	0.882***
	(6.24)	(4.53)	(6.17)	(4.41)
Duet	0.831**	0.430	0.819**	0.406
	(2.81)	(1.46)	(2.78)	(1.39)
Male_solo	1.486***	1.254***	1.470***	1.231***
	(7.03)	(5.90)	(6.99)	(5.82)
FormerGDR	0.236	0.180	0.219	0.165
	(1.79)	(1.38)	(1.67)	(1.27)
Home_Bias	6.355***	6.412***	6.318***	6.378***
	(19.82)	(20.08)	(19.79)	(20.07)
Host	-0.643**	-0.554*	-0.557*	-0.473
	(-2.62)	(-2.27)	(-2.28)	(-1.95)

Variables	I Model	II Model	III Model	IV Model
Religion	-0.00962	-0.00551	-0.0203	-0.0173
	(-0.07)	(-0.04)	(-0.14)	(-0.12)
Capital DisAB	-0.00397***	-0.00386***	-0.00407***	-0.00395***
	(-7.87)	(-7.67)	(-8.08)	(-7.89)
Neighb.	0.405	0.435	0.405	0.438
	(1.62)	(1.75)	(1.63)	(1.77)
Length_CB	-0.000656	-0.000641	-0.000751	-0.000739
	(-0.87)	(-0.85)	(-1.00)	(-0.99)
Same Artist	-0.806**	-0.466	-0.838**	-0.503
	(-3.00)	(-1.74)	(-3.13)	(-1.89)
Conscientiousness	0.530	0.940	0.436	0.849
	(0.74)	(1.31)	(0.61)	(1.19)
Openness	0.568	0.561	0.663	0.662
	(1.10)	(1.09)	(1.29)	(1.29)
Agreeableness	-1.663	-1.886*	-1.725	-1.943*
	(-1.76)	(-2.01)	(-1.83)	(-2.08)
Extraversion	-0.272	-0.428	-0.411	-0.578
	(-0.26)	(-0.41)	(-0.40)	(-0.56)
Neuroticism	0.118	0.0675	0.144	0.0968
	(0.22)	(0.12)	(0.26)	(0.18)
LexisNexis lt	0.00132***	0.00120***		
	(7.37)	(6.71)		
GoogleHits lt	0.00500**	0.00558***	0.00536***	0.00582***
	(3.21)	(3.56)	(3.52)	(3.79)
Album lt	0.657***		0.657***	
	(8.82)		(8.88)	
Hits lt	0.0774		0.0726	
	(1.51)		(1.43)	
Weeks Album lt		0.0626***		0.0637***
		(10.06)		(10.36)
Weeks Hits lt		-0.0184***		-0.0197***
		(-4.25)		(-4.56)
Factiva lt			0.00115***	0.00111***
			(8.72)	(8.42)

Variables	I Model	II Model	III Model	IV Model
_cons	-0.0781	0.409	0.0388	0.527
	(-0.21)	(1.11)	(0.11)	(1.44)
N	2592	2592	2592	2592

t statistics in parentheses, * p < 0.05, ** p < 0.01, *** p < 0.001

Tabelle 23: OLS-Schätzergebnisse, kurzfristig (Quelle: Budzinski, Pannicke 2017b)

Variables	V Model	VI Model	VII Model	VIII Model
Opening	1.052***	1.110***	1.028***	1.082***
	(4.00)	(4.16)	(3.89)	(4.05)
Order	0.255***	0.255***	0.256***	0.256***
	(17.29)	(16.83)	(17.40)	(16.93)
Group	1.332***	1.145***	1.361***	1.179***
	(6.76)	(5.69)	(6.93)	(5.89)
Duet	0.838**	0.498	0.861**	0.525
	(2.88)	(1.69)	(2.97)	(1.79)
Male_solo	1.349***	1.188***	1.356***	1.198***
	(6.36)	(5.55)	(6.40)	(5.60)
FormerGDR	0.212	0.131	0.198	0.117
	(1.65)	(1.00)	(1.54)	(0.90)
Home_Bias	6.408***	6.451***	6.387***	6.428***
	(20.31)	(20.20)	(20.24)	(20.12)
Host	-0.233	-0.423	-0.194	-0.381
	(-0.96)	(-1.73)	(-0.80)	(-1.56)
Religion_Dummy	0.0302	0.00399	0.0262	-0.000630
	(0.21)	(0.03)	(0.19)	(-0.00)
Capital_DisAB	-0.00388***	-0.00390***	-0.00389***	-0.00392***
	(-7.79)	(-7.75)	(-7.82)	(-7.78)
Neighb	0.423	0.430	0.421	0.429
	(1.72)	(1.73)	(1.72)	(1.72)
Length_CB	-0.000780	-0.000611	-0.000804	-0.000638
	(-1.05)	(-0.81)	(-1.08)	(-0.85)
Same Artist	-0.251	0.227	-0.364	0.108
	(-1.00)	(0.93)	(-1.43)	(0.44)

Variables	V Model	VI Model	VII Model	VIII Model
Conscientiousness	0.873	1.283	0.907	1.322
	(1.24)	(1.79)	(1.28)	(1.85)
Openness	0.640	0.553	0.664	0.580
	(1.26)	(1.08)	(1.31)	(1.13)
Agreeableness	-1.509	-1.769	-1.647	-1.922*
	(-1.62)	(-1.88)	(-1.77)	(-2.05)
Extraversion	-0.376	-0.473	-0.472	-0.579
	(-0.37)	(-0.45)	(-0.46)	(-0.56)
Neuroticism	0.238	0.283	0.208	0.251
	(0.44)	(0.52)	(0.39)	(0.46)
LexisNexis st	0.00341***	0.00373***		
	(4.03)	(4.33)		
GoogleHits st	0.0618**	0.0701**	0.0550*	0.0618**
	(2.75)	(3.09)	(2.32)	(2.58)
Hits st	0.860***		0.855***	
	(7.18)		(7.14)	
Album st	0.939***		0.950***	
	(5.63)		(5.70)	
weeksHits st		0.0276*		0.0287*
		(2.04)		(2.12)
weeksAlbum st		0.0548**		0.0538**
		(3.21)		(3.16)
Factiva st			0.00265***	0.00292***
			(3.98)	(4.33)
_cons	0.0834	0.461	0.0683	0.443
	(0.23)	(1.25)	(0.19)	(1.20)
N	2592	2592	2592	2592

t statistics in parentheses, * $p < 0.05$, ** $p < 0.01$, *** $p < 0.001$

3.2.2 Erfolgsfaktoren von Kinofilmen am Beispiel computeranimierter Filme

Filme sind neben Kultur- und Wirtschaftsgütern vor allem Unterhaltungsgüter. Konsumenten schauen Spielfilme, um ihrem Bedürfnis nach Unterhaltung nachzugehen. Bezugnehmend auf die Konsumtheorie von Becker (1965) und

Stigler und Becker (1977) sind Spielfilme Inputfaktoren, welche in Kombination mit weiteren Inputfaktoren (Zeit, filmspezifisches Konsumkapital) das Zielgut „Unterhaltung“ produzieren (Kap. 2.2.3). Der Markt für Spielfilme ist allerdings aufgrund bestehender Informationsmängel durch extreme Unsicherheit (De Vany; Walls 1999; Nelson 1970) und einer damit einhergehenden geringen Erfolgsquote charakterisiert (Franck, Opitz 2002). Diese Unsicherheiten betreffen zum einen die Produzenten selbst, zum anderen aber auch die Nachfrager. Im Schnitt erreichen etwa nur 10 % der ausgestrahlten Filme ihre Gewinnschwelle (Vogel 2007). Bezogen auf den Adler-Ansatz im Kap. 2.2.3 agieren Anbieter von Spielfilmen als Konsumgut auch in diesem Bereich auf „Winner-take-all“-Märkten, nur geringe Wettbewerbsvorteile können zu erheblichen Einkommensunterschieden führen (Frank, Cook 1995). Die bestbezahltesten Schauspieler im Jahr 2016 sind beispielhaft Dwayne Johnson mit 64 Million US-Dollar und Jackie Chan mit 61 Million US-Dollar (Forbes 2016), welchen somit der Terminus Superstar zugeordnet werden kann (Kap. 2.2).

Das Informations- und Unterhaltungsgut ‚Film‘ wird überwiegend als ökonomisches Erfahrungsgut charakterisiert (Kap. 2.1.4.2.3). Im Gegensatz zu homogenen Gütern und Suchgütern können die Eigenschaften des Gutes erst nach dem Kauf beurteilt werden. Dementsprechend kann der subjektive Unterhaltungswert bzw. die Qualität des Films erst nach dem Konsum bewertet werden (Haucap 2006; Heinrich 2010). Wie in Kapitel 2.2.3 erläutert, ist die Beurteilung des Unterhaltungswertes dabei stets subjektiv und von individuellen Präferenzen und dem Konsumkapital der Konsumenten abhängig (Haucap 2006). Wird dem Nachfrager die Qualitätsbeurteilung allerdings vor dem Konsum und Kauf vollständig ermöglicht, hätte er den Film bereits gesehen und seine Zahlungsbereitschaft sinkt bzw. ist entsprechend i. d. R. gar nicht mehr vorhanden (Heinrich 2010). Dieses Dilemma beschreibt Arrow (1962) als Informationsparadoxon, „there is a fundamental paradox in the determination of demand for information; its value for the purchaser is not known until he has the information, but then he has in effect acquired it without cost” (Arrow 1962: 615). Filme als ökonomische Güter sind entsprechend Erfahrungsgüter, ihre Qualität lässt sich erst nach dem Konsum beurteilen. Dem Nachfrager bleiben vor dem Kauf entscheidende Qualitätsmerkmale verborgen. Diese scheinbare Informationsasymmetrie zu Lasten der Nachfrager lässt sich allerdings durch die selbige Unkenntnis der Anbieter mindern. So können Anbieter bzw. Produzenten von Filmen ebenso nicht im Voraus wissen, ob sich die Nachfrager tatsächlich auch unterhalten fühlen. Zudem ist nicht ersichtlich, wie ein Produzent die bestehenden Informationsmängel strategisch ausnutzen könne.

Dementsprechend handelt es sich hierbei nicht um Informationsasymmetrien, welche im klassischen Sinne zu Marktversagen führen könnten.

Traditionelle Signaling-Instrumente wie Qualitätsgarantien (Grossman 1981; Tolle 1994), Rückgaberechte und Gütesiegel (Leland 1979) sind aufgrund der subjektiven Präferenzen auf dem Filmmarkt nicht durchsetzbar (Haucap 2006). Um die Qualitätsunsicherheit und bestehenden Informationsmängel zu minimieren, bedienen sich die Anbieter daher anderen Mechanismen, wie bspw. Vorabinformationen mittels Rezensionen und Fachzeitschriften, Empfehlungsmarketing in Form von Mund-zu-Mund-Kommunikation (Ottaviani 1999) sowie Signal- und Reputationsmechanismen (Shapiro 1983). Konkret für die Filmindustrie stellen diese Mechanismen Erfolgsfaktoren dar, welche dem Konsumenten erlauben, die Qualitätseigenschaften des Films vorab besser einschätzen und beurteilen zu können. Faktoren wie das Produktionsbudget, das Startwochenende oder -quartal, Fortsetzungs- und Literaturverfilmungen, Jurypreise, Filmbewertungen, Produzenten und Regisseure sind nur einige Beispiele (Haucap 2006). Desgleichen kann an dieser Stelle die Konsumtheorie von Adler aus Kapitel 2.2.3 angeführt werden. Rezipienten eignen sich „filmspezifisches-Konsumkapital" an, was dazu führt, dass bspw. Filme von bestimmten Regisseuren oder Produzenten erfolgreich werden.

Im Sinne des Reputations- und Signalmechanismus und unter Berücksichtigung der Konsumtheorie von Adler (Kap. 2.2.3) ist bspw. auch das Genre bei Spielfilmen von Bedeutung. Film-Genres fungieren damit als Qualitätseigenschaft und können so Informationsmängel minimieren (Austin, Gordon 1987; De Silva 1998). Vor dem Hintergrund ist zunehmend der Erfolg des Genres der computeranimierten Filme auffallend. Mit einem durchschnittlichen Gewinn von 325 Millionen US-Dollar pro Film erreichen computeranimierte Filme damit die Spitze der profitabelsten Film-Genres im amerikanischen Kinomarkt zwischen 2004 und 2013 (Box Office Mojo 2015). Sie überbieten damit sogar klassische Blockbuster-Genre wie Action (138 Millionen US-Dollar), Drama (46 Millionen US-Dollar) oder die Komödie (31 Millionen US-Dollar). Darüber hinaus und im Vergleich zu diesen drei Genres sind computeranimierte Filme eines der wenigen Genres, die im letzten Jahrzehnt ein kontinuierliches Wachstum der Marktanteile aufzeigen (vgl. Abb. 5).

Abbildung 5: Marktanteile nach Genre (1995–2015) (Quelle: Kaimann, Pannicke 2017)

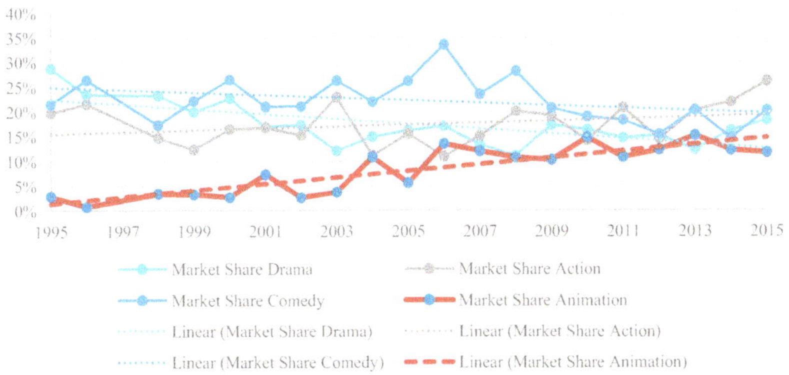

Fraglich ist also, welche Faktoren den Konsum computeranimierter Spielfilme fördern und damit den Erfolg oder Misserfolg determinieren.

Die ökonomische Bedeutung des Spielfilms und ihre Erfolgsfaktoren im Allgemeinen sind in der Literatur bereits umfassend diskutiert (u. a. Basuroy et al. 2003, 2006; Brewer et al. 2009; De Vany, Walls 1999; Elliott, Simmons 2008; Koschat 2012; Liu 2006; Suarez-Vazquez 2011).

Die computeranimierten Filme werden dabei trotz ihrer zunehmenden Popularität noch nicht betrachtet. Aus diesem Grund wird im Fokus der Unterhaltungsmärkte in einem Nebenprojekt diser Dissertation der Forschungsfrage 4 (Kap. 2.3) nachgegangen (Kaimann, Pannicke 2017). In einem genre-spezifischen Kontext setzt sich die nachfolgende empirische Studie daher mit den Einfluss- und Erfolgsfaktoren auseinander, welche den Erfolg von computeranimierten Kinofilmen in den USA determinieren. Dabei werden mittels ökonometrischer Methoden ökonomisch erfolgsrelevante Wirkungsmechanismen quantifiziert. Fokussiert werden dabei neben den Computer Animations die Genres: Action, Thriller, Drama, Comedy, Horror und Science-Fiction (Kaimann, Pannicke 2017).

Nicht nur das Genre, sondern auch Schauspieler als Superstars (Kap. 2.2) können Qualitätsunsicherheiten im Sinne von Reputations- und Signalmechanismen minimieren. Sie fungieren dabei als künstlerisches und ästhetisches Qualitätssignal für den entsprechenden Film, wenn sie bereits die Nachfrage auf sich konzentriert und durch Qualität, Leistung, Erfahrung sowie Talent in Sinne eines Superstars überzeugt haben. Filmsuperstars werden daher auch in der Literatur unter Berücksichtigung der Economics of Superstars eine besondere

Rolle zugeschrieben, da sie für den Erfolg eines Filmes essentiell sind (u. a. Borghans, Groot 1998; Elliot, Simmons 2008; Litman, Kohl 1989; Prag; Ravid 1999; Wallace et al. 1993). Weil sie langfristig daran interessiert sind im Filmgeschäft tätig zu bleiben, werben oder promoten sie lediglich für jene Filme, die ihren Qualitätsanforderungen entsprechen. Wie eine Dachmarke des Umbrella-Brandings (Wernerfelt 1988) transferieren Filmstars damit ihr positives Image und ihre Reputation. So profitiert der Film allein vom „Markennamen" des Filmstars. Selbstverständlich bietet ein Filmstar seine Arbeitskraft nur für jene Filme an, bei denen er annimmt, dass seine Anerkennung nicht ruiniert wird. Durch Mitwirkung, Engagement und Einverständnis des Superstars mit dem Drehbuch, Regisseur, Besetzung, Skript, Produktionsbudget etc. wird damit sozusagen sichergestellt, dass die Input-Qualität hoch ist und somit ein hochqualitativer Film produziert wird (Franck, Opitz 2002; Haucap 2006). So wird in zahlreichen wissenschaftlichen Analysen auf die Wechselwirkung der Reputation und die Filmqualität verwiesen (u. a. Hennig-Thurau, Dallwitz-Wegner 2003; Elliott; Simmons 2008). Darüber hinaus werden Filme mit Starbesetzung, im Vergleich zu Filmen, die keine Starbesetzung aufweisen, häufiger in Kinos zum Startwochenende ausgestrahlt (De Vany 2004).

Da computeranimierte Filme keine Realschauspieler benötigen, werden Schauspieler allen voran als Synchronsprecher eingesetzt. Ob Synchronsprecher mit Starcharakteristika allerdings auch ihre Reputation auf die entsprechende Animationsfigur übertragen, sodass das Starimage mit der Figur verknüpft wird und dieser dadurch eine höhere Aufmerksamkeit geschenkt wird (Eder 2007: 287), ist fraglich. Nichtsdestotrotz ringen Filmstudios, welche computeranimierte Filme produzieren, enorm um populäre Schauspieler. Wie aus Abbildung 6 hervorgeht, werden Animationsfilme relativ gesehen häufiger mit Starschauspielern (als Synchronsprechern) besetzt als Genre wie Horror, Comedy, Drama und Thriller. Nur Actionfilme sind prozentual öfter mit Filmstars besetzt. Populäre Synchronsprecher sind laut IMDb (2017) bspw. Cameron Diaz (Shrek The Third (2007)), Jackie Chan (Kung Fu Panda (2008)) oder Samuel L. Jackson (The Incredibles (2004)).

Abbildung 6: Anteil an Filmstars per Genre in % 2011–2014 (Quelle: Kaimann, Pannicke 2017)

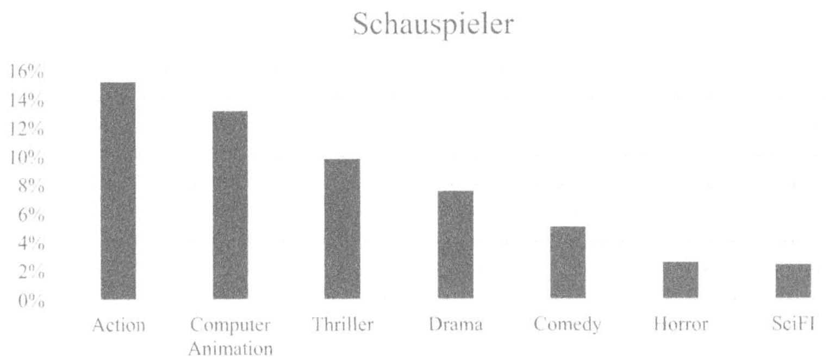

3.2.2.1 *Datensatz und Schätzmodell*

Vor dem Hintergrund einer intensiven Literaturrecherche werden folgende Faktoren als Qualitätssignale und damit Erfolgsfaktoren aufgenommen, welche den Umsatzerfolg erklären und einen vermuteten positiven (+) oder negativen (-) Einfluss auf ebenjenen ausüben:

- Starbesetzung (+), bezüglich computeranimierter Filme der Vermutung nach allerdings weniger relevant,
- Positive Filmkritiken und Filmbewertungen (Experten (+) und Zuschauer (+)),
- Anzahl der Auszeichnungen (Oscarverleihungen) (+),
- MPAA Altersempfehlungen/ restriktive Klassifizierung (G (general audiences), PG (parental guidance suggested), PG-13 (parents strongly cautioned) (+), R (restricted) and NC-17 (no one 17 and under admitted (-)),

sowie Kontrollvariablen:

- Produktionsbudget (+),
- Fortsetzungs- und. Literaturverfilmungen (+),
- Startwochenende (+), und
- Startquartal (+).

Schließlich kann der in Kapitel 2.3 gestellten Forschungsfrage: „*Welche Faktoren sind für den Erfolg von Kinofilmen, im speziellen für den Erfolg von computeranimierten Kinofilmen, verantwortlich?"* nachgegangen und mehrere dazugehörige Hypothesen[20] getestet werden, z. B:

H_1: Der von computeranimierten Filmen generierte Gesamtumsatz ist im Vergleich zu anderen Genres signifikant höher.

H_2: Das Mitwirken von Superstars wirkt sich signifikant und positiv auf die Einspielergebnisse von amerikanischen Kinofilmen aus. Der Effekt ist bei computeranimierten Filmen weniger relevant.

Um die aufgestellten Hypothesen zu testen, wird ein Datensatz gesammelt und aufbereitet. Dieser Datensatz enthält sämtliche US-amerikanische Kinofilme mit Einspielergebnissen von mindestens 1 Million US-Dollar im Zeitraum 2011 und 2014. Die Datenstichprobe enthält insgesamt 600 Kinofilme unterschiedlicher Genre (Action, Drama, Horror, Computeranimation etc.). Als abhängige Variable wird der Erfolg eines Kinofilms definiert, gemessen anhand der Kennzahl des Gesamtumsatzes. Um spezifisch auf den Erfolg computeranimierter Filme einzugehen, werden im genre-spezifischen Modell sämtliche bereits erwähnten Variablen mit aufgenommen.

Das genre-spezifische Modell lässt sich schließlich wie folgt formulieren (Kaimann, Pannicke 2017):

$$\begin{aligned}\ln \text{MovieSuccess}_i = \; & \alpha + \beta_1 \text{Genre}_i + \beta_2 \text{Stars}_i + \beta_3 \text{Critics}_i + \beta_4 \text{Awards}_i + \\ & \beta_5 \text{Age}_i + \gamma_1 (\text{Genre}_i \text{xStars}_i) + \gamma_2 (\text{Genre}_i \text{xCritics}_i) + \\ & \gamma_3 (\text{Genre}_i \text{xAwards}_i) + \delta_1 \text{MovieControls}_i + \varepsilon_i\end{aligned}$$

MovieSuccess wird zum einen anhand des Gesamtumsatzes jedes Kinofilms i gemessen, zum anderen anhand des Umsatzes, welcher am Eröffnungswochenende generiert wurde. Neben dem genre-spezifischem Regressionsmodell werden ebenso Interaktionseffekte berücksichtigt, welche nach Wooldridge (2009) und Halvorsen and Prag (1980) interpretiert und ausgewertet werden.

3.2.2.2 Zusammenfassende Ergebnisse

Nachstehende Tabellen 24 und 25 veranschaulichen die Schätzergebnisse des genre-spezifischen Modells in 10 verschiedenen Modellspezifikationen. In den Modellen II–IV und VII–X werden Interaktionseffekte in das Regressionsmodell

20 Für sämtliche Hypothesen s. Kaimann, Pannicke 2017.

aufgenommen. Das Genre wirkt dabei als Moderator, welcher mit den beschriebenen Erfolgsfaktoren interagiert. Ein signifikanter Interaktionsterm deutet auf einen Moderatoreffekt hin, d. h. das Genre als unabhängige Variable wirkt sich unterschiedlich stark auf die abhängige Variable aus, je nachdem welches Genre entsprechend Moderator ist.

Bezugnehmend auf die Modellspezifikationen ohne Interaktionseffekte (Modell I und Modell VI) kann die Hypothese 1 unterstützend angenommen werden. Die Analyse deutet darauf hin, dass das Genre der computeranimierten Filme signifikant jenes des Action-Genres übertrifft (Modell VI, Tab. 25). Grundsätzlich werden auch die bereits verfassten empirischen Studien zu dem positiven Effekt der Genres (Litman 1983; Litman, Kohl 1989; Prag, Casavant 1994; Sawhney, Eliashberg 1996) bekräftigt. Auf den Gesamtumsatz am Eröffnungswochenende kann hingegen kein Effekt seitens der computeranimierten Filme gezeigt werden (Modell I, Tab. 24). Das Horror-Genre ist das einzige Genre, welches sowohl am Eröffnungswochenende als auch gesamtheitlich den Umsatz betreffend sämtliche anderen Genres der Stichprobe übertrifft (Tab. 24 und Tab. 25). Zudem haben die Kontrollvariablen Produktionsbudget, Fortsetzungs- und Literaturverfilmungen, Auszeichnungen und das Mitwirken von Filmstars einen signifikant positiven Effekt auf den Gesamtumsatz der Kinofilme (Modell VI, Tab. 25). Interessant ist, dass die Bewertung durch Experten im Modell I sogar einen negativen Effekt zeigt, während die Bewertung durch die Zuschauer im Modell VI signifikant positiv wirkt. An dieser Stelle kann die Diskussion aus Kapitel 2.1.4.2.3 um die Bewertung aus Experten- oder Zuschauersicht erneut aufgegriffen werden, was demzufolge für die Bewertung durch die Zuschauer sprechen würde.

In den Modellspezifikationen II und VII unter Berücksichtigung der Interaktionseffekte kann anhand des vorliegenden Datensatzes nicht gezeigt werden, dass Schauspieler als Superstars einen Erfolgsfaktor für computeranimierte Filme darstellen. Superstars im Genre der Horror-Filme üben in dem Sample sogar einen negativen Einfluss aus (Modell II, Modell VII). Der Superstar-Effekt aus Hypothese 2 ist damit nicht eindeutig.

Tabelle 24: Schätzergebnisse (AV: Umsatz Eröffnungswochenende) (Quelle: Kaimann, Pannicke 2017)

	Dependent Variable: ln Opening Box Office Gross				
Independent Variables	**I**	**II**	**III**	**IV**	**V**
GENRE					
Computer Animation	-0.096	-0.105	-0.126	0.113	-0.051
	(0.304)	(0.325)	(0.257)	(0.276)	(0.268)
Comedy	-0.183	-0.132	-0.358*	-0.133	-0.339
	(0.207)	(0.213)	(0.216)	(0.212)	(0.244)
Drama	-0.875***	-0.923***	-0.997***	-0.924***	-1.125***
	(0.254)	(0.270)	(0.255)	(0.260)	(0.280)
Horror	1.095***	1.175***	0.778	1.129***	0.829
	(0.366)	(0.377)	(0.514)	(0.369)	(0.540)
SciFi	0.524*	0.522*	0.354*	0.459*	0.270
	(0.274)	(0.281)	(0.206)	(0.277)	(0.225)
Thriller	-0.129	-0.183	-0.068	-0.059	-0.217
	(0.302)	(0.327)	(0.295)	(0.301)	(0.329)
MOVIE CHARACTERISTICS					
ln Production Budget	0.738***	0.739***	0.707***	0.749***	0.723***
	(0.102)	(0.104)	(0.100)	(0.104)	(0.104)
G	0.308	0.330	0.196	0.171	0.023
	(0.485)	(0.492)	(0.481)	(0.463)	(0.459)
PG	0.560***	0.582***	0.443**	0.581***	0.502**
	(0.207)	(0.211)	(0.215)	(0.211)	(0.221)
PG-13	0.277	0.314*	0.261	0.280	0.280
	(0.182)	(0.185)	(0.184)	(0.183)	(0.186)
Critics Ratings	-0.016***	-0.016***	0.002	-0.015***	0.004
	(0.004)	(0.004)	(0.004)	(0.004)	(0.004)
Audience Ratings	0.008	0.008	-0.002	0.008	-0.000
	(0.006)	(0.006)	(0.007)	(0.006)	(0.007)
Sequel/Prequel	0.796***	0.760***	0.788***	0.742***	0.678***
	(0.149)	(0.151)	(0.151)	(0.149)	(0.153)
Adaption	0.450***	0.461***	0.452***	0.444***	0.457***
	(0.160)	(0.161)	(0.167)	(0.161)	(0.167)

Independent Variables	Dependent Variable: ln Opening Box Office Gross I	II	III	IV	V
Oscar Wins	-0.014	-0.039	0.016	0.016	-0.134
	(0.106)	(0.103)	(0.100)	(0.116)	(0.122)
Star Appearance	0.599***	0.597**	0.531***	0.559***	0.312
	(0.199)	(0.281)	(0.196)	(0.199)	(0.287)
TREND					
Q2	-0.256	-0.285	-0.285	-0.293	-0.325
	(0.218)	(0.222)	(0.213)	(0.221)	(0.219)
Q3	-0.018	-0.035	-0.022	-0.033	-0.039
	(0.197)	(0.202)	(0.199)	(0.199)	(0.205)
Q4	-0.523***	-0.550***	-0.485**	-0.505***	-0.485***
	(0.196)	(0.197)	(0.188)	(0.194)	(0.187)
Time Trend	-0.005	-0.004	0.011	-0.008	0.007
	(0.063)	(0.064)	(0.062)	(0.064)	(0.063)
INTERACTION TERMS					
CRITICS					
Computer Animation x Critics Ratings			-0.005		0.001
			(0.009)		(0.009)
Comedy x Critics Ratings			-0.024***		-0.025***
			(0.007)		(0.008)
Drama x Critics Ratings			-0.026***		-0.028***
			(0.008)		(0.008)
Horror x Critics Ratings			0.005		0.003
			(0.014)		(0.014)
SciFi x Critics Ratings			-0.006		-0.008
			(0.017)		(0.018)
Thriller x Critics Ratings			-0.037***		-0.039***
			(0.007)		(0.010)
Computer Animation x Audience Ratings			0.001		0.007
			(0.014)		(0.012)
Comedy x Audience Ratings			-0.007		-0.007
			(0.011)		(0.012)

Independent Variables	I	II	III	IV	V
	Dependent Variable: ln Opening Box Office Gross				
Drama x Audience Ratings			0.016		0.016
			(0.013)		(0.013)
Horror x Audience Ratings			-0.018		-0.017
			(0.024)		(0.024)
SciFi x Audience Ratings			0.010		0.007
			(0.021)		(0.021)
Thriller x Audience Ratings			0.056***		0.053**
			(0.016)		(0.024)
STARS					
Computer Animation x Star Appearance		0.079			0.315
		(0.429)			(0.549)
Comedy x Star Appearance		-0.846			-0.393
		(0.602)			(0.545)
Drama x Star Appearance		0.602			0.636
		(0.549)			(0.569)
Horror x Star Appearance		-2.201***			-1.662***
		(0.530)			(0.588)
SciFi x Star Appearance		-0.229			-0.037
		(0.417)			(0.470)
Thriller x Star Appearance		0.637			1.120
		(0.543)			(0.683)
AWARDS					
Computer Animation x Oscar Wins				-1.687	-1.946*
				(1.103)	(1.072)
Comedy x Oscar Wins				-0.436***	-0.091
				(0.135)	(0.171)
Drama x Oscar Wins				0.092	0.248
				(0.157)	(0.168)
Horror x Oscar Wins = 0				-	-
SciFi x Oscar Wins				0.230*	0.317**
				(0.117)	(0.144)

Independent Variables	I	II	III	IV	V
	Dependent Variable: ln Opening Box Office Gross				
Thriller x Oscar Wins				-3.545***	-0.382
				(0.487)	(1.496)
Constant	2.835	2.825	3.452**	2.666	3.263*
	(1.792)	(1.827)	(1.755)	(1.817)	(1.828)
Observations	600	600	600	600	600
R-squared	0.449	0.453	0.477	0.462	0.491
AIC	2382	2385	2375	2375	2375
BIC	2475	2495	2520	2485	2555

Robust standard errors in parentheses. *** p<0.01, ** p<0.05, * p<0.1.

The movie genre „Action" represents the reference category. In addition, Q1 and R represent the reference categories for the release quarter and age categorization.

Tabelle 25: Schätzergebnisse (AV: Gesamtumsatz) (Quelle: Kaimann, Pannicke 2017)

Independent Variables	VI	VII	VIII	IX	X
	Dependent Variable: ln Total Box Office Gross				
GENRE					
Computer Animation	0.405**	0.428**	0.366*	0.328	0.294
	(0.206)	(0.214)	(0.211)	(0.216)	(0.221)
Comedy	0.221*	0.218	0.183	0.216	0.122
	(0.130)	(0.137)	(0.133)	(0.132)	(0.148)
Drama	-0.354**	-0.364**	-0.409**	-0.402**	-0.493***
	(0.154)	(0.168)	(0.160)	(0.157)	(0.176)
Horror	0.533**	0.570**	0.440	0.536**	0.431
	(0.251)	(0.262)	(0.324)	(0.253)	(0.342)
SciFi	0.241	0.250	0.228	0.236	0.196
	(0.187)	(0.192)	(0.151)	(0.193)	(0.163)
Thriller	-0.075	-0.050	-0.051	-0.118	-0.123
	(0.180)	(0.196)	(0.186)	(0.180)	(0.200)
MOVIE CHARACTERISTICS					
ln Production Budget	0.538***	0.540***	0.532***	0.537***	0.531***
	(0.070)	(0.072)	(0.069)	(0.071)	(0.072)
G	-0.288	-0.264	-0.313	-0.254	-0.251
	(0.467)	(0.471)	(0.476)	(0.483)	(0.494)

	Dependent Variable: ln Total Box Office Gross				
Independent Variables	**VI**	**VII**	**VIII**	**IX**	**X**
PG	0.150	0.169	0.152	0.173	0.202
	(0.156)	(0.158)	(0.157)	(0.157)	(0.159)
PG-13	0.303***	0.313***	0.310***	0.296***	0.297***
	(0.103)	(0.104)	(0.104)	(0.103)	(0.104)
Critics Ratings	0.002	0.002	0.005	0.001	0.006
	(0.002)	(0.002)	(0.004)	(0.002)	(0.004)
Audience Ratings	0.009***	0.009***	0.012*	0.010***	0.013*
	(0.003)	(0.003)	(0.007)	(0.003)	(0.007)
Sequel/Prequel	0.555***	0.550***	0.556***	0.546***	0.532***
	(0.109)	(0.110)	(0.111)	(0.111)	(0.115)
Adaption	0.211**	0.217**	0.194*	0.226**	0.226**
	(0.107)	(0.108)	(0.110)	(0.107)	(0.111)
Oscar Wins	0.186***	0.175***	0.201***	0.011	-0.059
	(0.041)	(0.043)	(0.042)	(0.067)	(0.068)
Star Appearance	0.478***	0.482***	0.461***	0.453***	0.356**
	(0.100)	(0.160)	(0.107)	(0.101)	(0.172)
TREND					
Q2	-0.145	-0.156	-0.181	-0.158	-0.181
	(0.134)	(0.137)	(0.134)	(0.136)	(0.137)
Q3	-0.043	-0.059	-0.048	-0.050	-0.064
	(0.118)	(0.121)	(0.119)	(0.119)	(0.121)
Q4	-0.042	-0.058	-0.067	-0.037	-0.065
	(0.114)	(0.116)	(0.114)	(0.115)	(0.116)
Time Trend	0.044	0.041	0.049	0.042	0.044
	(0.040)	(0.040)	(0.040)	(0.040)	(0.041)
INTERACTION TERMS					
CRITICS					
Computer Animation x Critics Ratings			0.002		0.001
			(0.009)		(0.009)
Comedy x Critics Ratings			-0.008		-0.009*
			(0.005)		(0.005)
Drama x Critics Ratings			-0.000		-0.002
			(0.006)		(0.006)

Independent Variables	Dependent Variable: ln Total Box Office Gross VI	VII	VIII	IX	X
Horror x Critics Ratings			0.003		0.001
			(0.011)		(0.011)
SciFi x Critics Ratings			-0.002		-0.003
			(0.012)		(0.013)
Thriller x Critics Ratings			-0.006		-0.022***
			(0.010)		(0.007)
Computer Animation x Audience Ratings			-0.004		-0.006
			(0.011)		(0.012)
Comedy x Audience Ratings			-0.005		-0.007
			(0.008)		(0.009)
Drama x Audience Ratings			-0.001		-0.001
			(0.009)		(0.009)
Horror x Audience Ratings			-0.011		-0.011
			(0.014)		(0.015)
SciFi x Audience Ratings			-0.011		-0.012
			(0.015)		(0.015)
Thriller x Audience Ratings			0.006		0.029**
			(0.017)		(0.014)
STARS					
Computer Animation x Star Appearance		-0.276			-0.205
		(0.309)			(0.326)
Comedy x Star Appearance		0.158			0.365
		(0.256)			(0.293)
Drama x Star Appearance		0.211			0.253
		(0.286)			(0.295)
Horror x Star Appearance		-1.061***			-0.869**
		(0.356)			(0.399)
SciFi x Star Appearance		-0.386			-0.212
		(0.259)			(0.311)
Thriller x Star Appearance		-0.166			0.258
		(0.301)			(0.361)

Independent Variables	Dependent Variable: ln Total Box Office Gross VI	VII	VIII	IX	X
AWARDS					
Computer Animation x Oscar Wins				0.398**	0.413**
				(0.184)	(0.189)
Comedy x Oscar Wins				0.065	0.216**
				(0.073)	(0.089)
Drama x Oscar Wins				0.258**	0.318***
				(0.122)	(0.121)
Horror x Oscar Wins = 0				-	-
SciFi x Oscar Wins				0.132*	0.227**
				(0.070)	(0.088)
Thriller x Oscar Wins				1.868***	4.189***
				(0.280)	(0.852)
Constant	7.602***	7.584***	7.720***	7.650***	7.813***
	(1.228)	(1.255)	(1.212)	(1.238)	(1.253)
Observations	600	600	600	600	600
R-squared	0.501	0.503	0.509	0.506	0.521
AIC	1735	1740	1749	1736	1750
BIC	1827	1850	1894	1846	1930

Robust standard errors in parentheses. *** p<0.01, ** p<0.05, * p<0.1.

(Das Genre „Action“ stellt die Referenzkategorie dar.).

3.3 Abstimmungsverhalten, kulturelle Konvergenz und Superstars

Neben der Medienkonvergenz wird eine andere, populäre Form der Konvergenz in der Literatur zunehmend diskutiert. Hierbei handelt es sich um die Kulturkonvergenz, der Verschmelzung unterschiedlicher Kulturen. Der Grundgedanke wird durch die anwachsende Globalisierung und Digitalisierung begründet, nach der sich Konsummuster ortsübergreifend verstärkend angleichen und lokale Besonderheiten verdrängen. Wissenschaftler sprechen hier von einer „McDonaldisierung“ (Ritzer 1993), einer „Cocacolization“ der Welt (Mlinar 1992) oder der sogenannten „McWorld“ (Barber 1995).

Insbesondere die Kombination von globalen Medien, wie bspw. dem Internet, leicht reproduzierbaren Medien- und Kulturinhalten und die Anhäufung von

Konsumkapital (Kap. 2.2.3) verstärken diesen Prozess, sodass überall dieselben Bücher gelesen, dieselben Filme geschaut und dieselben Musikstücke gehört werden. In der heutigen modernen, digitalen Welt sind die gleichen Musikstücke, Filme, E-Books, Webseiten usw. innerhalb von Sekunden weltweit zugänglich. So steht bspw. die Video-Portal-Website YouTube in 42 verschiedenen Ländern zur Verfügung und wird in 54 verschiedenen Sprachen ausgestrahlt. Die Plattform verzeichnet 1,325 Mrd. Nutzer weltweit, denen somit Zugriff auf dieselben Videos gewährleistet wird (Statistic Brain Research Institute 2017).

Der in der Literatur nach Ritzer (1993) verwendete Fachterminus der „McDonaldisierung" dient als Metapher für einen Einfluss der Globalisierung und für Internalisierungsprozesse, welche durch Digitalisierung und die flächendeckende Verfügbarkeit von Breitband-Internet angetrieben werden; eine Konvergenz von Präferenzen und Lebensstilen, die schließlich zu standardisierten und homogenisierten Verbrauchsmustern sowie einer Homogenisierung der Nachfrage in den einzelnen Ländern weltweit führen. Aus ökonomischer Perspektive führt schließlich insbesondere die Kombination digitaler Kulturgüter und die Erleichterung der grenzüberschreitenden Verfügbarkeit durch das Internet zu einem Globalisierungsprozess, der auch bei bspw. Lebensmitteln, Mode und Universitäten, jedoch überwiegend bei Unterhaltungsgütern (Musik, Filme etc.) auftreten kann (Esmer 2006; Ferreira, Waldfogel 2013; George, Peukert 2014; Jurgenson 2010; Ritzer 1993). Weltliteratur, Weltkunst und Weltmusik sind dabei nur Beispiele von Begrifflichkeiten, die sich im Zuge der kulturellen Globalisierung herausgebildet haben (Wagner 2002).

Bezugnehmend auf den Arbeitsmarkt für Künstler unterstützt die kulturelle Globalisierung die Existenz von internationalen Superstars (Gersbach, Schmutzler 2014), welche in Kap. 2.2 diskutiert werden. In jedem Land werden entsprechend die gleichen Top-Künstler favorisiert und rezipiert, welche auf Kosten lokaler und regionaler Künstler sämtliche Nachfrage auf sich vereinen. Die Konvergenz führt also zu einem Konzentrationsprozess der Anbieter, bei dem die gleiche Gruppe von Superstars in jedem Land präferiert wird, wodurch sie aufgrund der erhöhten Nachfrage Marktmacht gewinnt und sich dementsprechend hohe Renten aneignen kann. Vor diesem Hintergrund gehen bspw. Gersbach und Schmutzler (2014) sowie Manasse und Turrini (2001) der Frage nach, ob die Globalisierung das Entstehen von Superstars unterstützt. Bezugnehmend auf die theoretische Superstarentstehung von Rosen (1981) und der damit einhergehenden schiefen Einkommensverteilung (Kap. 2.2.1) untersuchen sie, ob die Managergehälter in einer Volkswirtschaft im Zeitverlauf heterogener werden, d. h. Anbieter mit geringfügig höheren Kompetenzen und Fertigkeiten (= Talent) höhere Marktanteile und damit höhere Erträge (= Einkommen) genießen. Beide Studien zeigen, dass die Globalisierung die Entstehung von Superstars unterstützt, was sich in einer Erhöhung der Einkommensungleichverteilung zeigt. Die hohen Gehälter konzentrieren sich auf wenige Anbieter.

Übertragen auf den Unterhaltungsmarkt kann an dieser Stelle erneut der Eurovision Song Contest (Kap. 3.1.1) herangezogen werden. Auf eine ähnliche Ungleichverteilung der verteilten Punkte im Zeitverlauf deutete nämlich der Fernsehmoderator und Journalist Peter Urban hinsichtlich des Eurovision Song Contests im Jahr 2015 hin. Der Moderator versucht dabei zu erklären, wieso Deutschland derartig schlecht abgeschnitten hatte. Deutschland hatte in diesem Jahr keinen Punkt erreicht und landete folglich auf dem letzten Platz. Dabei verwies er darauf, dass sich die Punkte aus den verschiedenen Ländern heute wesentlich stärker auf nur wenige Länder konzentrieren würden als früher, so dass die Topplatzierungen insgesamt auch mehr Punkte erhalten (Norddeutscher Rundfunk 2015: 00:53h). Wissenschaftlich formuliert steht dahinter die bereits beschriebene These der Kulturkonvergenz, d. h. die Geschmäcker der Zuschauer würden sich im Zeitablauf immer weiter aneinander angleichen (Budzinski, Pannicke 2017a).

Anhand dieses Datensatzes zum ESC kann die Hypothese der Präferenzkonvergenz überprüft werden. Dazu wird schlichtweg das Abstimmungsverhalten des Eurovision Song Contest im historischen Zeitverlauf analysiert. Aufgrund der langjährigen Geschichte des Wettbewerbs (1956- dato) wird der Zeitraum der zunehmenden Digitalisierung und der Internetverfügbarkeit abgedeckt. Darüber hinaus ist dieser Zeitraum durch wirtschaftliche Integration und der Öffnung nationaler Volkswirtschaften gekennzeichnet, denn Europa hat sich durch grenzüberschreitende Zusammenarbeit mit anderen Ländern deutlich weiterentwickelt (Europäische Freihandelsassoziation, Europäische Gemeinschaften, Europäische Union usw.), wodurch die Hypothese der kulturellen Konvergenz unterstützt werden kann (Budzinski, Pannicke 2017a).

Es gilt entsprechend herauszufinden, ob es einen signifikanten Trend der Geschmackskonvergenz gibt, sprich eine vermehrte Konzentration der Punkteverteilung für die Spitzengruppe. Die Punkteverteilung sollte sich entsprechend der Homogenisierungstheorie der Präferenzen im Zeitverlauf immer stärker konzentrieren, d. h. der „Marktanteil" der Spitzengruppe (= u. a. Superstars) am „Punktemarkt" würde stetig zunehmen. Die nachkommende Analyse untersucht schließlich folgende Forschungsfrage 5 (Kap. 2.3):

Die Präferenzen der Zuschauer gleichen sich vor dem Hintergrund kultureller Bias, der Economics of Superstars und der zunehmenden Digitalisierung und Globalisierung im Zeitablauf immer mehr aneinander an.

Die Hypothese wird anhand der Abstimmungsresultate im ESC überprüft. Dazu werden Konzentrationsraten, HHI-Indizes, Gini-Koeffizienten und eine Trendanalyse der Punkteverteilung im ESC hinzugezogen (Budzinski, Pannicke 2017a).

3.3.1 Daten und deskriptive Analyse

Um die Punkteverteilungen im Zeitverlauf messen und vergleichen zu können, wird der Datensatz erst ab Einführung des „douze-points-System“ im Jahre 1975 herangezogen, welches bereits im Kapitel 2.1.4.2.2 kurz erläutert wurde. Mit Beginn des ESC basiert das Punktesystem noch auf Einzelstimmen von Juroren, welche sich auch in ihrer Anzahl jedes Jahr unterscheiden. Diese Einzelstimmen können wiederum beliebig kumuliert werden, sodass es mitunter vorkommen kann, dass sämtliche Punkte auf nur ein einziges Land verteilt werden. Erst im Jahre 1962 werden die Bewertungen der Expertenjury in Punkte umgerechnet, bis 1974 kommt es allerdings noch immer zu einem Abwechseln beider Systeme. Mit Einführung des „douze points" System ist die Punkteverteilung ebenso einheitlich und damit über die Jahre vergleichbar, da es keine weiteren Änderungen seit der Einführung gibt (Norddeutscher Rundfunk 2017). Der Datensatz enthält somit die kumulierte Punktzahl, welche jedes teilnehmende Land pro Jahr am Ende der Veranstaltung im Zeitraum von 1975–2016 erhalten hat. Der Datensatz besteht insgesamt aus einer Stichprobe von 954 Bewertungen (Budzinski, Pannicke 2017a).

Die nachstehende Tabelle 26 zeigt sämtliche Länder, die im Beobachtungszeitraum am finalen Contest teilgenommen haben. Belgien hat bspw. 31 Mal teilgenommen und dabei im Schnitt 60,2 Punkte von allen Ländern erhalten. Die minimale Punkteanzahl, welche es pro Wettbewerb im Jahre x erreicht hat, waren 2 Punkte, 217 Punkte waren es dagegen maximal.

Tabelle 26: Deskriptive Statistik (Quelle: Budzinski, Pannicke 2017a)

Participating countries	Year	mean points awarded	(sd) points Awarded	(min) points Awarded	(max) points awarded
Albania	7	72	39.58535	34	146
Armenia	9	133	70.30647	34	249
Australia	2	353.5	222.7386	196	511
Austria	31	49.83871	57.40157	0	290
Azerbaijan	9	143.1111	70.92856	33	234
Belarus	4	63.5	55.89574	18	145
Belgium	31	60.19355	62.39574	2	217
Bosnia and Herzegovina	18	69	54.3637	13	229
Bulgaria	2	232	106.066	157	307
Croatia	17	64	34.63741	24	131
Cyprus	27	51.59259	37.85322	2	170
Czech Republic	1	41	.	41	41
Denmark	31	74.83871	63.4524	5	281
Estonia	14	81.64286	53.73812	2	198
Finland	31	38.22581	52.20709	0	292
France	41	69.60976	55.32218	2	257
Georgia	7	90.14.286	31.44004	50	136
Germany	41	65.58537	53.7308	0	246
Greece	35	78.08571	64.37453	10	252
Hungary	12	68.25	51.36876	3	143
Iceland	24	54.75	48.89407	0	218
Ireland	34	86.55882	58.01577	5	226
Israel	31	76.19.355	49.71748	4	172
Italy	23	93.78261	59.54292	27	292
Latvia	10	97.1	67.9893	5	186
Lithuania	12	54.41667	62.97107	0	200
Luxembourg	19	49.21053	38.88527	4	142
Macedonia	8	46.125	21.11491	16	73
Malta	22	79.22727	54.27262	1	192
Moldova	8	78	41.57266	22	148
Monaco	5	66	45.17189	12	107

Participating countries	Year	mean points awarded	(sd) points Awarded	(min) points Awarded	(max) points awarded
Montenegro	2	40.5	49.49747	37	44
Morocco	1	7	.	7	7
Netherlands	29	66.55172	53.29338	4	238
Norway	38	66.73684	74.86048	0	387
Poland	13	57.30769	67.78936	10	229
Portugal	30	32.7	25.13707	0	92
Romania	17	69.88235	50.99495	6	172
Russia	20	147.8	1.194.834	17	491
San Marino	1	14	.	14	14
Serbia	7	138.1429	79.66477	53	268
Serbia and Montenegro	2	200	89.09545	137	263
Slovakia	3	14	5.567764	8	19
Slovenia	13	42.76923	30.57001	7	96
Spain	42	53.66667	34.32958	0	119
Sweden	40	100.875	8.565.949	2	372
Switzerland	29	61.86207	45.4224	0	148
Turkey	33	60.48485	60.30502	0	195
Ukraine	13	170.6923	135.785	30	534
United Kingdom	42	78.16667	55.46298	0	227
Yugoslavia	13	56.15385	44.02622	1	137
Total	42	7.240.881	6.578.987	0	534

3.3.2 Konzentrationsrate, Herfindahl-Hirschman-Index und Ungleichverteilungsmaß Gini-Koeffizient

Um die Hypothese der Punktekonzentration überprüfen zu können, werden zunächst Konzentrationsraten bestimmt. Die Konzentrationsrate (concentration ratio, kurz: *CR*) ist ein absolutes Konzentrationsmaß zur Ermittlung der kumulierten Markteinteile der n größten Unternehmen. So symbolisiert CR-1 bspw. den Marktanteil des umsatzstärksten Unternehmens im relevanten Markt, CR-5 den kumulierten Marktanteil der 5 umsatzstärksten Unternehmen des relevanten Marktes usw. Aufgrund der Höhe der Konzentrationsrate kann zum Beispiel im Gesetz gegen Wettbewerbsbeschränkungen eine marktbeherrschende Stellung im relevanten Markt abgeleitet werden (§ 18 GWB). Im vorliegenden Fall gibt die Konzentrationsrate an, wieviel Prozent der Gesamtpunkteanzahl auf die x besten Künstler entfällt.

Für bspw. die Berechnung der CR-5 werden die prozentualen Punkteanteile der Top 5 Künstler addiert, welche die höchste Punktzahl erreicht haben. P1 ist dabei der Künstler bzw. jenes Land, welches die höchste Gesamtpunktzahl erhalten hat und somit Gewinner des Wettbewerbs, P2 der zweitplatzierte, P3 der drittplatzierte usw. M ist die Gesamtzahl aller verteilten Punkte innerhalb eines Wettbewerbs im Jahr t.

$$\mathrm{CRX}_t = \frac{\mathrm{P1} + \mathrm{P2} + \mathrm{P3} + \ldots\ \mathrm{PX}}{\mathrm{M}} x100 \qquad (1)$$

Zudem wird der Herfindahl-Hirschman-Index (HHI-Index) ermittelt, welcher nach den Ökonomen Orris C. Herfindahl (1950) und Albert O. Hirschman (1945, 1964) benannt worden ist. Der HHI-Index fokussiert sich dabei im Gegensatz zur Konzentrationsrate auf alle Unternehmen einer Industrie bzw. in diesem Falle auf alle Teilnehmer des Contests. Daher findet das Maß auch breite Anerkennung im Bereich der Industrieökonomik und des Wettbewerbsrechts (Borenstein 1989; Davidson et al. 2008; Evans, Kessides 1993; Gilbert 1984; Sullivan 1985; Sumner 1981). Der HHI-Index gibt die Summe aller quadrierten Marktanteile derjenigen Wettbewerber an, die im relevanten Markt konkurrieren. Die Werte reichen dabei von 0–10.000. Je höher der Wert, desto höher die Marktkonzentration. Um den HHI-Index in einen Präferenz-Indikator zu konvertieren, werden die Marktanteile sämtlicher Länder seit 1975 betrachtet. Der Index misst also die Summe der quadrierten Punkteanzahl für jedes Land pro Wettbewerb und Jahr:

$$HHI_t = \sum_{i=1} MS_i^2 \qquad (2)$$

Als drittes Maß zur Darstellung von Ungleichverteilungen wird der Gini-Koeffizient ermittelt, welcher von Corrado Gini entwickelt wurde. Schmidt and Berri (2001) nutzen den Gini-Koeffizienten bspw. um die competitive balance innerhalb einer Sportliga zu bestimmen. Der Gini-Koeffizient verweist auf Ungleichverteilungen und kann Werte zwischen 0 und 1 annehmen. Je ungleicher die Verteilung, desto eher nähert sich der Koeffizient dem Wert 1 an, was entsprechend für die Hypothese der Homogenisierungspräferenz der Konsumenten sprechen würde.

Der Gini-Koeffizient wird wie folgt definiert:

$$D_{Gt} = \frac{2\sum_{j=1}^{n} jx_j - (1+\mathrm{n})\sum_{j=1}^{n} x_j}{\mathrm{n}\sum_{j=1}^{n} x_j} \qquad (3),$$

wobei n die zu bewertenden Länder im Jahre t und x_j die Gesamtpunktzahl der Länder im Jahre t repräsentieren (Budzinski, Pannicke 2017a).

3.3.3 Ergebnisse

Um einen eventuellen Konzentrationstrend feststellen zu können, wird eine Zeitreihen-Regressionsanalyse durchgeführt. Die folgenden Abbildungen 7–9 veranschaulichen die Schätzwerte unter der Annahme eines linearen Trends. Der Tabelle 27 sind die entsprechenden Schätzwerte und Signifikanzen zu entnehmen.

Tabelle 27: Schätzergebnisse HHI, CR-3, CR-5, CR-10 und Gini Koeffizient mit Zeit als UV (Jahr), linearer Trend (Quelle: Budzinski, Pannicke 2017a)

	HHI	**CR-3**	**CR-5**	**CR-10**	**Gini-Index**
Year	-3.741***	-0.0693	-0.148*	-0.288***	0.00112
	(0.945)	(0.0468)	(0.0611)	(0.0564)	(0.000781)
_cons	802.1***	34.57***	51.95***	82.24***	0.400***
	(23.31)	(1.155)	(1.508)	(1.391)	(0.0193)
N	42	42	42	42	42
R-sq.	0.2818	0.0521	0.1286	0.3947	0.0491
Adj. R-sq	0.2297	0.028	0.107	0.380	0.025

t statistics in parentheses, * $p < 0.05$, ** $p < 0.01$, *** $p < 0.001$

Entsprechend der Tabelle 27 und Abbildung 7 zeigen die Top-3 Platzierten (CR-3) im Zeitverlauf keinen signifikanten Trend, während die Top-5 (CR-5) mit einem Signifikanzniveau von $p < 5\,\%$ und die Top-10 (CR-10) mit einem Signifikanzniveau von $p < 0{,}1\,\%$ sogar einen signifikant negativen Trend vermuten lassen. Die Punkteverteilung wird also im Zeitlauf weniger konzentriert.

Abbildung 7: Linare Regression, Trendlinie, CR, 1975–2016 (Quelle: Budzinski, Pannicke 2017a)

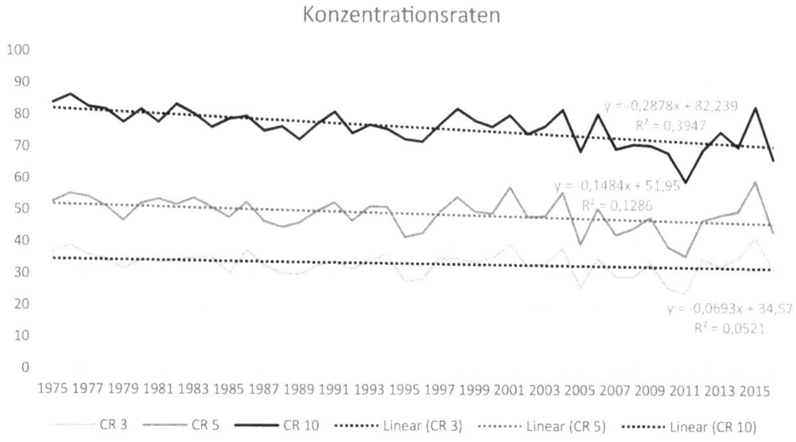

Dieser entgegen der Hypothese vorliegende Trend kann auch nicht mit der zunehmenden Anzahl an Teilnehmer begründet werden, wie die Tabelle 28 verdeutlicht. Es liegen keine Korrelationen zwischen den Änderungen der Teilnehmer im Zeitverlauf und den Änderungen der Konzentrationsmaße vor.

Tabelle 28: Korrelationsmatrix der Stichprobe (Quelle: Budzinski, Pannicke 2017a)

	dPartic.	**dHHI**	**dCR-3**	**dCR-5**	**dCR-10**	**dGini**
dPartic.	1.000					
dHHI	0.0755	1.000				
	0.6388					
dCR-3	0.1795	0.9149*	1.000			
	0.2615	0.0000				
dCR-5	0.1781	0.9470*	0.9416*	1.000		
	0.2652	0.0000	0.0000			
dCR-10	0.0534	0.9266*	0.7545*	0.8478*	1.000	
	0.7401	0.0000	0.0000	0.0000		
dGini	0.3331*	0.9097*	0.8470*	0.8846*	0.8866*	1.000
	0.0333	0.0000	0.0000	0.0000	0.0000	

t statistics in parentheses, * $p < 0.05$, ** $p < 0.01$, *** $p < 0.001$

Auch hinsichtlich des HHI-Indexes kann kein Trend zur Konvergenz der Präferenzen gefunden werden. Entsprechend der Tabelle 27 und Abbildung 8 ist auch hier eine signifikant negative Tendenz zu erkennen, was gegen die These der zunehmenden Punkte-Konzentration spricht.

Abbildung 8: Linare Regression, Trendlinie, HHI, 1975–2016 (Quelle: Budzinski, Pannicke 2017a)

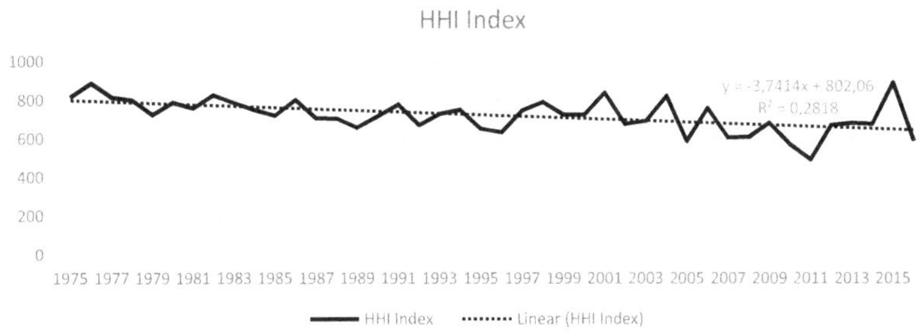

Abbildung 9: Linare Regression, Trendlinie, Gini, 1975–2016 (Quelle: Budzinski, Pannicke 2017a)

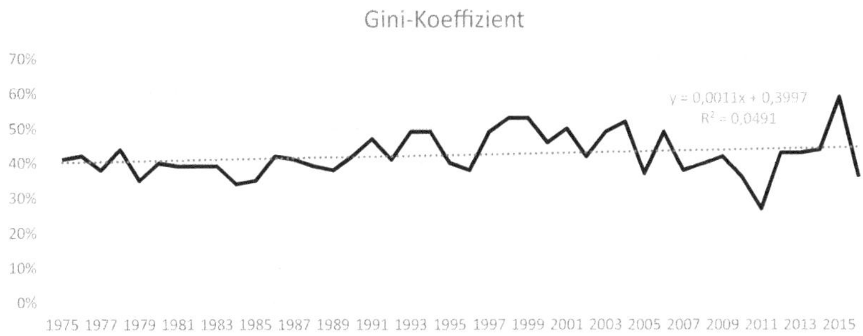

Lediglich der Gini-Koeffizient deutet auf eine Tendenz hin, welche eine zunehmende Ungleichverteilung der Punkte verdeutlicht (Abb. 9). Dies würde für die Hypothese der Kulturkonvergenz sprechen, allerdings ist der Trend nicht signifikant.

Resultierend lässt sich aus der Datenanalyse zusammenfassen, dass die Entwicklung der Punkteverteilung im ESC der letzten 4 Jahrzehnte nicht die Hypothese der Präferenzkonvergenz unterstützt. Keiner der eingesetzten Indikatoren deutet auf eine Zunahme der Punktekonzentration hin. Auch bei einer separaten

Betrachtung reiner Zuschauer- (1998–2016) und Expertenbewertungen (1975–1997) kann dieser Trend nicht angenommen werden (Budzinski, Pannicke 2017a).

Zwar lassen die Daten vermuten, dass es hierbei sogar zu einem De-Konzentrationstrend führt (insbesondere Konzentrationsraten CR-5 und CR-10 sowieso der HHI-Index), dennoch sollte an dieser Stelle jenes Ergebnis aber allen voran auch vor dem Hintergrund der zunehmenden Anzahl an teilnehmenden Ländern mit Vorsicht interpretiert werden. Anhand des Datensatzes kann nicht gezeigt werden, dass sich die (Musik)- Geschmäcker der Zuschauer selbst in einem relativ hoch integrierten Raum wie Europa im Zeitverlauf einander angleichen. Unter Berücksichtigung der Economics of Superstars kann entsprechend auch kein Hinweis auf das Herausbilden von „global superstars" gefunden werden. Allerdings muss dies nicht bedeuten, dass im Allgemeinen keine Kulturkonvergenz im Sinne einer Präferenzkonvergenz stattfindet. So wäre es durchaus auch denkbar, dass die Künstler selbst ihre Performance derartig angleichen, um damit eine möglichst breite Zuschauermasse in Europa zu erreichen. Infolgedessen kann durchaus der Trend existieren, dass sich die Aufführungen, Lieder und Shows aus verschiedenen Ländern im Zeitverlauf untereinander angleichen. Bedauerlicherweise kann dieser Effekt aber nur schwer gemessen werden (Budzinski, Pannicke 2017a).

4 Zusammenfassung und Implikationen

Eine der weltweit am schnellsten wachsenden, dynamischen und sich verändernden Industriezweige ist die Medienbranche. Medienmärkte haben aufgrund neuer Geschäftsmodelle, Technologien und konvergierenden Medien in kurzer Zeit außerordentliche Veränderungen erfahren sowie darüber hinaus neue Märkte und damit neue Geschäftsfelder und Optionen entwickelt. Korrespondierend dazu nimmt die wissenschaftliche Literatur im Bereich der Medienökonomik auffallend zu. Trotz dessen ist die einschlägige Literatur im Bereich der Unterhaltungsökonomik ein vergleichsweise weniger erforschtes Feld.

Basierend auf den Theorien und empirischen Studien der modernen Wettbewerbs- und Industrieökonomik liegt der Kern der vorliegenden Forschungsbeiträge darin, wie außen entstehende Einflüsse (u. a. kulturelle, geografische, medial-vermittelte) zu Medienverzerrungen auf Unterhaltungsmärkten führen, welche Rolle dem ökonomischen Phänomen der Superstars zugeschrieben wird und wie die Konvergenz der Medien im Zeitalter der neuen Medien und digitaler Revolution die kulturelle Entwicklung beeinflusst. Vor diesem Hintergrund werden im Anschluss an das einleitende Kapitel im zweiten Kapitel die theoretischen Grundlagen und wissenschaftlichen Analysen fokussiert und korrespondierend dazu im dritten Kapitel eigene empirische Analysen vorgestellt und ausgewertet.

Angesichts dessen soll zunächst an dieser Stelle darauf hingewiesen werden, dass sämtliche Schätzungen der empirischen Studien lediglich Korrelationen und keine direkten Kausalitäten darstellen. Kausalitäten lassen sich lediglich durch experimentelle Belege und Reproduzierbarkeit exakt bestimmen. Ein Experiment setzt wiederum ein entsprechendes Forschungsdesign, ein Modell und die Berücksichtigung von potentiellen Störfaktoren voraus, was nicht ohne hohe Ressourcenaufwände gewährleistet werden kann. Trotz dessen sind die gezeigten Korrelationen nicht weniger von Bedeutung, da jene existierenden korrelativen Beziehungen signalisieren, dass es sich lohnt in diese Richtung zu forschen. Die Schätzungen geben jedoch dementsprechend nur Hinweise, jedoch keine Beweise für klassische Ursache-Wirkungsbeziehungen. Allerdings kann anhand der Schätzergebnisse festgestellt werden, dass ein Zusammenhang zwischen den Variablen besteht. Die Prüfung von exakten Kausalitäten ist genaugenommen lediglich in experimentellen Designs möglich.

Der Anspruch der Forschungsbeiträge bezüglich des Eurovision und Bundesvision Song Contests (Kap. 3.1.1) kann allerdings über die reine Erklärung des Abstimmungsverhaltens und deren Einflussvariablen hinausgehen. Es stellt sich entsprechend die Frage, was aus den gezeigten empirischen Zusammenhängen und der Vergleichsanalyse abgeleitet werden kann. Zunächst liefern sie weitere empirische Evidenz, dass das Abstimmungsverhalten über musikalische Leistungen auch durch nicht-musikbezogene Variablen beeinflusst wird. Vor dem Hintergrund der öffentlichen Diskussion und Literatur zum ESC werden überwiegend kulturelle und geografische Einflüsse für eine verzerrte Abstimmung in den Fokus gestellt. Es ist eine in der Literatur zugrundeliegende Annahme, dass der internationale Charakter des Eurovision Song Contests und dementsprechend die Heterogenität der teilnehmenden Länder einen wichtigen Anreiz und Impuls zu Voting Bias setzt. Weil die Nachbarländer der Annahme nach häufig ähnlicher als weiter entfernte Länder sind, ist die Bereitschaft für die Aufführung des entsprechenden Nachbarlandes abzustimmen weitaus höher. Werden demnach Voting Bias durch die Heterogenität einer Abstimmungsgruppe getrieben, dann sollten ebenjene in einem nationalen Contest mit weitaus homogeneren Abstimmungsgruppen hinsichtlich ihrer Sprache, Kultur, Religion etc. im Vergleich zu internationalen Abstimmungsgruppen weniger bedeutsam sein. Der Vergleich der Abstimmungsmuster des über Europa hinausreichenden ESC mit seinem innerdeutschen Pendant zeigt allerdings, dass sich jene nicht beträchtlich unterscheiden. So finden sich auch in einem nationalen Contest geografisch und kulturell bedingte Voting Bias. Schlussendlich kann daher gezeigt werden, dass insbesondere geografisch bedingte Voting Bias nicht exklusiv und ausschließlich in internationalen Wettbewerben bedeutsam sind. Die „lokale Unterstützung" scheint dabei eine fundamentale Präferenz der Zuschauer zu repräsentieren und damit evtl. sogar eine größere Relevanz als das Konzept Nationalstaat haben. Eine neutrale und rein musikalisch-orientierte Abstimmung ohne jedwede Verzerrung kann selbst bei vergleichsweise homogeneren Abstimmungsgruppen nicht erwartet werden. Unabhängig davon wie weit die Abstimmungsgruppen regional eingegrenzt werden, können Voting Bias in einem derartigen Musikwettbewerb damit de facto als unvermeidbar betitelt werden.

Dennoch können unter Berücksichtigung der Diskussion zu Voting Bias zwischen Experten und Zuschauern (Kap. 2.1.4.2.3), bei welchen das Konsumkapital und die Informationen bezüglich musikalischer Leistungen erheblich variieren können (Franck, Nüesch 2007), Implikationen getroffen werden, um die Voting Bias zumindest zu minimieren.

Um Gleichheit und Fairness einer Abstimmung gewährleisten zu können, ist ein effizientes Wahlsystem notwendig (Haan et. al 2005). Glejser und Heyndels (2001) beschreiben dahingehend einen idealen Bewertungsprozess von Musik: „In an ideal world, the assessment process would be fully decentralised: experts would travel the world and attend M × Co × Ci concerts, where M is the number of musicians in the world, Co is the number of possible concert programs and Ci the number of thinkable circumstances (attendance, climate, acoustics)" (Glejser, Heyndels 2001: 110). Diese Dezentralisierung würde die Informationsmängel minimieren und die neutralste Bewertungsgrundlage schaffen. In der Realität ist dies aber aufgrund überaus hoher Kosten nicht realisierbar (Glejser, Heyndels 2001: 110). So ist es wichtig, Voting Bias im Vorfeld in geeigneter Weise zu identifizieren, um jene a priori zu minimieren oder zumindest im Entscheidungskalkül zu berücksichtigen. Darüber hinaus könnte eine obligatorische Bereitstellung von musikbezogenen Informationen während des Wettbewerbs und vor dem Abstimmungsprozess dazu beitragen, dass Informationsmängel und Qualitätsunsicherheiten gemindert werden und das Voting daher weniger durch nicht-talentbasierte Faktoren kompensiert wird. Eine Verwirklichung könnte bspw. durch Kommentare und Informationen von Musikexperten nach jedem Beitrag während des Musikwettbewerbs durchgeführt werden. Das Vorhaben würde zusätzliche Suchkosten senken und dafür sorgen, dass Rezipienten Konsumkapitel aufbauen (Glejser, Heyndels 2001: 110). Infolgedessen könnte eingeschränkt werden, dass Zuschauer ihr inferiores Wissen über die musikalische Leistung durch exogene Faktoren wie nicht-talentbasierte Bewertungsdimensionen kompensieren. Ähnliches wird bspw. bei der Castingshow „Deutschland sucht den Superstar" angewandt. Bevor der musikalische Wettbewerb in live TV-Shows übertragen wird, entscheidet einzig und alleine eine Fachjury über das Weiterkommen der Wettstreiter, bis letztendlich eine bestimmte Anzahl an gegeneinander antretenden Teilnehmern erreicht ist. Anschließend entscheidet ausschließlich das Publikum über das Weiterkommen ihrer Favoriten, indem sie für die Teilnehmer abstimmen. Die Experten haben zwar nicht mehr die Möglichkeit abzustimmen, sie bewerten und urteilen allerdings über die musikalischen Leistungen nach jedem Auftritt in einer Live-Show. Musikalische Aufführungen sind jedoch, wie bereits erwähnt, aufgrund der Erfahrungsgutcharakteristik in ihrer objektiven Qualitätsbewertung eingeschränkt (Andersson, Andersson 2006: 1). Das Wissen der Experten und ihre Informationen über die musikalischen Leistungen können somit nur unterstützend wirken und evtl. bei der Entscheidungsfindung weiterhelfen. Fraglich wäre an dieser Stelle ebenso, ob die Expertenmeinungen tatsächlich zu einer Objektivierung des Abstimmungsverhaltens beitragen können, da jene auch ihren eigenen Interessenlagen folgen können und nicht frei von jedweden äußerlichen Einflüssen agieren (Kap. 2.1.4.2.3).

Eine weitere Möglichkeit, die sowohl für die Fachexperten als auch für die abstimmenden Zuschauer gilt, stellt die Einführung von gemeinsamen objektiven Bewertungskriterien dar, entsprechend die Implementierung eines mehrdimensionalen Bewertungsraumes. Boyle (1992) befürwortet bspw. die Einführung von auswertbaren Kriterien bzw. Kategorien, um die Objektivität in der Bewertung zu erhöhen und damit zu ermitteln, wie gut der jeweilige Künstler das aufgestellte Kriterium erfüllt (Boyle 1992). Die Kategorien könnten u. a. die Komposition, den Rhythmus oder die Intonation betreffen, welche dann separat von Experten und Zuschauern bewertet werden (Boyle, Radocy 1987: 172). Dies schafft zwar mehr Transparenz über die Berücksichtigung der Bewertungskriterien, die Bewertung kann allerdings auch an dieser Stelle subjektive Kriterien einschließen und damit die Objektivität mindern. Die Konsequenz wäre eine Verschmelzung von Objektivität und Subjektivität. Aus diesem Grund wäre es sinnvoll auch subjektive Bewertungskriterien in den Abstimmungsprozess zu integrieren, welche nicht weniger bedeutsam für den Konsumnutzen sind (Kap. 2.1.4.2.3). Subjektive Kriterien wie das äußere Erscheinungsbild, Sympathie, Herkunft, kulturelle Hintergründe, geografische Aspekte etc. könnten dann dazu führen, dass bezüglich objektiver Bewertungskriterien grundsätzlich objektiver beurteilt wird. Durch die Schaffung der Möglichkeit, auch bezüglich subjektiver Kriterien abzustimmen, wird damit evtl. entsprechend die Bereitschaft zur objektiven Bewertung erhöht. Darüber hinaus kann aber auch bereits die Auswahl der einzelnen zu bewertenden Kategorien problematisch werden, da auch hier unterschiedliche Meinungen der Experten über die relative Bedeutung von Leistungsmerkmalen existent sein könnten. Auch der hohe Aufwand der Umsetzung sollte Berücksichtigung finden.

Um Voting Bias zu minimieren wäre darüber hinaus das Einführen von „blind auditions“ möglich, bei welchen lediglich die Gesangsleistung der Künstler bewertet wird und Bewertungskriterien wie Aussehen, Show oder Geschlecht unberücksichtigt bleiben. Das Konzept ignoriert allerdings die Mehrdimensionalität, welche für das eindimensionale Ziel, d. h. die musikalische Qualität auch förderlich sein kann (Amegashie 2009). Dies wird bspw. aktuell bei dem Castingshow-Konzept „The Voice“ umgesetzt. Bedenklich ist indes, dass nur den Experten die subjektiven Bewertungskriterien vorenthalten werden, während Zuschauer bei ihrer Abstimmung dann wiederum den objektiven und subjektiven Einflüssen unterliegen. Explizit auf den Eurovision - oder Bundesvision Song Contest bezogen würde dies auch implizieren, dass auf die Länderbekanntmachung verzichtet wird. Es wird somit erst am Ende der Sendung das Herkunftsland des Künstlers bekannt gegeben, also nachdem ein entsprechender Sieger gekürt wurde. Für dieses Konzept spricht bspw., dass die Spannung und der Überraschungseffekt gesteigert werden und die Objektivität in der Bewertung erhöht wird, jedoch dürfte die Umsetzung aufgrund der Geheimhaltung eher schwierig und nicht durchsetzbar sein. Durch die fehlende Differenzierung könnten zudem die Wettbewerbsintensität und die zusätzlichen Leistungsanreize gemindert werden. Kamenkova (2014) befürwortet daher die Mehrdimensionalität und argumentiert: „Das alles schränkt die Qualität des Wettbewerbs nicht ein, sondern verleiht ihm noch weitere Tiefe, immerhin geht es nicht (mehr) um den besten Song, sondern um das beste europäische und künstlerische Unterhaltungskonzept" (Kamenkova 2014).

Dies mag in Anbetracht einer musikalischen Unterhaltungssendung vermutlich etwas trivial oder weniger bedeutsam erscheinen. Werden die Resultate allerdings auf andere gesellschaftspolitische Bereiche von Abstimmungsprozessen übertragen, wovon die wissenschaftliche Literatur in diesem Forschungsfeld ausgeht (u. a. Haan et al. 2005; Spierdijk, Vellekoop 2009), können weitere und relevante Implikationen getroffen werden.

Eine interessante Implikation ergibt sich damit angesichts der Föderalismusdebatte um die Bereitstellung öffentlicher Güter. Das von Oates (1972) entwickelte Dezentralisierungstheorem begründet die föderativen Staatsformen ökonomisch. Dabei steht die Frage im Zentrum, ob unter Berücksichtigung homogener oder heterogener Präferenzen sowie weiteren Bedingungen (Skalenerträge und externe Effekte) die Politik zentralisiert oder dezentralisiert werden und entsprechend die Bereitstellung der Güter zentral oder dezentral erfolgen sollte. Werden nun die Resultate der Schätzungen des Kapitels 3.1.1 übertragen, zeigen sich hier aufgrund bestimmter Abstimmungsmuster durchaus heterogene Präferenzen innerhalb einer Nation, wodurch die Implikation einer Dezentralisierung unterstützt würde. Desgleichen könnte die Dezentralisierung anhand des Forschungsbeitrages zur Kulturkonvergenz durch die sich nicht im Zeitverlauf angleichenden Präferenzen Unterstützung finden. Überdies kann die Frage des rationalen Handelns und der rationalen Entscheidungsfindung thematisiert werden. Die in wissenschaftlichen Analysen getroffene Annahme rational handelnder Individuen lässt die „weichen" Faktoren wie kulturelle Nähe, Sympathien, Erscheinungsbild etc. in der Analyse von Entscheidungsfindungen unbeachtet (Schweiger, Brosius 2003). Jene sollten aber angesichts der gezeigten empirischen Evidenz Berücksichtigung finden. Insbesondere dann, wenn Fragen bezüglich internationaler Beziehungen fokussiert werden.

Dass Superstars bzw. die Popularität von Künstlern vor dem Hintergrund der theoretischen Grundlagen der Economics of Superstars keine unbedeutende Einflussvariable im Rahmen der Voting Bias darstellt, ist einleuchtend. Das

Forschungspapier, welches erstmals auch die in der Literatur vernachlässigte Variable der Popularität als erklärende Variable für das Abstimmungsverhalten in einem musikalischen Wettbewerb fokussiert und einbezieht, zeigt auch dessen empirische Evidenz (Kap. 3.2.1). Die vorliegenden Schätzergebnisse unterstreichen zum einen die Bedeutsamkeit der Popularität, zum anderen belegen sie aber auch den Einfluss der Medien auf die Handlungs- und die Entscheidungsrelevanz der Rezipienten. Ihre Berichterstattungen und Aktivitäten über die entsprechenden Teilnehmer des Contests beeinflussen die Zuschauer in ihrer Stimmabgabe signifikant positiv. Dies hebt darüber hinaus die Macht und Einflussnahme der Medien hervor. In diesem Wettbewerb scheint die mediale Präsenz höher gewichtet zu sein als der vergangene erarbeitete Erfolg eines Künstlers. Das impliziert, dass die verschiedenen Formen der Popularität (Adler 1985; MacDonald 1988) bei der Analyse von Erfolgsfaktoren eines musikalischen Wettbewerbs nicht vernachlässigt werden sollten - sei es in künstlerischen Wettbewerben oder in generellen Kontexten. Dies ist überdies besonders wichtig, wenn sich die Popularität der konkurrierenden Teilnehmer erheblich unterscheidet. An dieser Stelle können bspw. die bereits diskutierten Fernsehformate und musikalischen Castingshows à la „Pop Idol“ oder „The X Factor“ angeführt werden, bei welchen grundsätzlich nur Newcomer gegeneinander antreten, die i. d. R. keine vergangenen Erfolge verzeichnen. Die Adler-Popularität in Form von medialer Präsenz könnte hier von entscheidender Bedeutung sein. Es scheint daher eine vielversprechende Implikation zu sein, die mediale Präsenz der Teilnehmer aktiv zu fördern, sodass sie präsent und in den Gedächtnissen der Zuschauer bleiben. Der Medienkanal kann damit die Wahrscheinlichkeit eines Sieges erheblich unterstützen. Er kann zudem auch den Popularitäts-Ansatz nach MacDonald (und damit auch von Rosen 1981) überwinden, weswegen Newcomer durchaus auch gegen bereits etablierte Stars hervorstechen könnten.

Superstars übernehmen nicht nur die Funktion eines Vorbilds, sie beeinflussen darüber hinaus die öffentliche Meinungsbildung als Multiplikatoren nachhaltig. Die Aktivitäten der Medien sowie die Globalisierung unterstützen dabei maßgeblich die Entstehung von Superstars (Gerbach, Schmutzler 2007; Manasse, Turrini 2001), d. h., dass sich die Nachfrager auf nur wenige an der Spitze stehenden Anbieter konzentrieren. Die Mündung in eine kulturelle Konvergenz und somit einer Angleichung der Präferenzen und Geschmäcker ist anhand des Voting-Verhaltens allerdings nicht erkennbar, zumindest nicht in der analysierten Studie zum Eurovision Song Contest (Kap. 3.3). Zu dieser Thematik stellt sich die Frage, ob sich nicht die Nachfrager hinsichtlich ihrer Präferenzen, sondern die Anbieter (= Künstler) an die (ähnlichen) Präferenzen der Nachfrager

(= Zuschauer bzw. Abstimmenden) im Sinne von präferenzgerechten Inhalten angleichen. Dies würde wiederum ebenso zu einer Einschränkung kultureller Vielfalt und Pluralität führen. Ähnliches wird bspw. bei deutschen TV-Sendungen und -Sendern beobachtet, welche sich an die Präferenzen der Nachfrager anpassen. Das führt zu einer Programmkonvergenz, demgemäß zu ähnlichen Sendeinhalten unterschiedlicher Sender (u. a. Beck 2012; Maier 2002; Messner 2013). Eine weiterführende empirische Untersuchung würde sich an dieser Stelle daher empfehlen.

Die Dissertation hat darüber hinaus fokussiert, dass medial vermittelte Inhalte aufgrund diverser Faktoren verzerrt werden können (Kap. 2.1). Während sich der Beitrag zu den Commercial Media Bias nur in die Literatur einreiht, liefert er trotzdem einen weiteren Beleg dafür, dass die redaktionellen Inhalte mit den Werbeaufwendungen ihrer Anzeigenkunden korrelieren und zwar im Bereich von Publikumszeitschriften (Kap. 3.1.2). An dieser Stelle empfiehlt sich eine weitere Sammlung von erklärenden Variablen hinsichtlich qualitativer Merkmale zu den einzelnen Produkten.

Zusammenfassend und bezugnehmend auf die Forschungsfragen und -annahmen des Kapitels 2.3. trifft die Forschungsannahme 1 zu Voting Bias: „*Der nationale Musikwettbewerb >Bundesvision Song Contests< wird aufgrund homogeneren Abstimmungsgruppen weniger durch Cultural Voting Bias bestimmt als der internationale Musikwettbewerb >Eurovision Song Contests<*“ somit anhand der ökonometrischen Analyse nicht zu. Die Untersuchung zeigt, dass trotz der Homogenität ähnliche Abstimmungsmuster zu finden sind. Die Annahme zu der gestellten Forschungsfrage 2 im Rahmen der Commercial Media Bias: „*Die Höhe des Werbevolumens entsprechender Unternehmen in deutschen Frauenzeitschriften beeinflusst die Anzahl ihrer Nennungen im redaktionellen Teil positiv signifikant*“ kann hingegen Unterstützung finden, da eindeutige Korrelationen durch die empirische Analyse vorliegen. Darüber hinaus sind beide Annahmen zu den Economics of Superstars im Rahmen einer Abstimmung: „*Die MacDonald-Popularität (vergangene und aktuelle Charterfolge) beeinflusst signifikant und positiv das Abstimmungsergebnis im Bundesvision Song Contest*“ sowie „*Die Adler-Popularität (traditionelle und neue Medienberichterstattung) beeinflusst signifikant und positiv das Abstimmungsergebnis im Bundesvision Song Contest*“ offenkundig empirisch evident, wenn auch nicht gleichermaßen. Die Analyse der Annahme von Forschungsfrage 5: „*Die Punktevergabe im Eurovision Song Contest konzentriert sich im Zeitverlauf auf immer weniger Künstler der Top-Platzierungen*“ lässt hingegen keine angleichenden Präferenzen in Form eines sich angleichenden Abstimmungsverhaltens vermuten.

Summa Summarum zeigen die Ergebnisse, dass sich Media - und die damit verbundenen Voting Bias nicht vermeiden lassen, auch nicht mit einer scheinbar homogeneren Abstimmungsgruppe. Allerdings zeigen die Ergebnisse auch, dass dies nicht zwingend Probleme mit sich bringen muss. Zudem wird die Relevanz und Macht der Medien auf den Unterhaltungsmärkten untermauert. Mit diesem Hintergrundwissen und der Berücksichtigung diverser diskutierter Faktoren lassen sich Inhalte von Unterhaltungsmärkten mit einem gewissen Abstand und mehr Achtsamkeit betrachten.

Es wäre zu wünschen, dass die vorliegende Dissertation zu einer verstärkten Forschungsaktivität in der ökonomischen und empirischen Analyse von Medienmärkten und insbesondere Entertainmentmärkten beiträgt.

5 Literaturverzeichnis

Adler, M. (1985): Stardom and Talent. The American Economic Review, Vol. 75(1), S. 208–212.

Adler, M. (2006): Stardom and Talent. In: Victor A. Ginsburgh, David Throsby (Hrsg.): Handbook of the Economics of Art and Culture, Vol. 1, Amsterdam: Elsevier North-Holland, S. 895–906.

Ainslie, A., Drèze, X., Zufryden, F. (2005): Modeling movie life cycles and market share. Marketing Science, 24(3), S. 508–517.

Akerlof, G. A. (1978): The market for "lemons": Quality uncertainty and the market mechanism. Uncertainty in Economics, S. 235–251.

Alexander, P. J., Cunningham, B. M. (2004): Diversity in broadcast television: An empirical study of local news. International Journal on Media Management, 6(3–4), S. 176–183.

Amegashie, J. A. (2009): American Idol: should it be a singing contest or a popularity contest? Journal of Cultural Economics, 33(4), S. 265–277.

Andersson, D. E., Andersson, Å. E. (2006): The economics of experiences, the arts and entertainment. Edward Elgar Publishing.

Anderson, S. P., McLaren, J. (2012): Media mergers and media bias with rational consumers. Journal of the European Economic Association, 10(4), S. 831–859.

Anderson, S.P., Gabszewicz, J. J. (2006): The Media and Advertising: A Tale of Two-Sided Markets. In: Gainsburgh, V. A., Throsby, D. (Hrsg.): Handbook of the Economics of Art and Culture, S. 567–614.

Armstrong, M. (2006): Competition in two-sided markets. The RAND Journal of Economics, 37(3), S. 668–691.

Arrow, K. J. (1962): Economic Welfare and the Allocation of Resources for Invention. In: Nelson, R. R. (Hrsg.): The Rate and Direction of Inventive Activity – Economic and Social Factors, S. 609–625.

Atkinson, R. C., Shiffrin, R. M. (1968): Human memory: A proposed system and its control processes. Psychology of learning and motivation, 2, S. 89–195.

Austin, B. A., Gordon, T. F. (1987): Movie genres: Toward a conceptualized model and standardized definitions. In: Austin, B. A. (Hrsg.): Current research in film: Audiences, economics, and law, 3, S. 12–33.

Bain, J. S. (1951): Relation of profit rate to industry concentration: American manufacturing, 1936–1940. The Quarterly Journal of Economics, 65(3), S. 293–324.

Bain, J. S. (1956): Barriers to New Competition, Cambridge, MA.

Barber, B. (1995): How globalism and tribalism are reshoping the World. New York: Ballantine.

Baron, D. P. (2006): Persistent Media Bias. Journal of Political Economy 90(1), S. 1–36.

Basuroy, S., Chatterjee, S., Ravid, S.A. (2003): How Critical Are Critical Reviews? The Box Office Effects of Film Critics, Star Power, and Budgets. Journal of Marketing, 67(4), S. 103–117.

Basuroy, S., Desai, K. K., Talukdar, D. (2006): An Empirical Investigation of Signaling in the Motion Picture Industry. Journal of Marketing Research, 43(2), S. 287–295.

Bator, F. M. (1958): The anatomy of market failure. The quarterly journal of economics, 72(3), S. 351–379.

Beck, K. (2012): Das Mediensystem Deutschlands: Strukturen, Märkte, Regulierung. Springer-Verlag.

Becker, G. S. (1965): A theory of the allocation of time. The Economic Journal, 75(299), S. 493–517.

Beebe, J. H. (1977): Industrial Structure and Program Choices in Television Markets. Quarterly Journal of Economics, 91(1), S. 15–37.

Behne, K. E., Wöllner, C. (2011): Seeing or hearing the pianists? A synopsis of an early audiovisual perception experiment and a replication. Musicae Scientiae, 15(3), S. 324–342.

Bernhardt, D., Krasa, S., Polborn, M. (2008): Political Polarization and the Electoral Effects of Media Bias. Journal of Public Economics, 92(5–6), S. 1092–1104.

Berry, S.T., Waldfogel, J. (2001): Do Mergers Increase Product Variety? Evidence from Radio Broadcasting. Quarterly Journal of Economics, 116(3), S. 1009–1025.

Besley, T., Prat, A. (2006): Handcuffs for the grabbing hand? Media capture and government accountability. The American Economic Review, 96(3), S. 720–736.

Beutel, S. (2011): Pro und Contra zum Bundesvision Song Contest. Braucht Deutschland den BuViSoCo?, http://www.stuttgarter-zeitung.de/inhalt.pro-und-contra-zum-bundesvision-song-contest-braucht-deutschland-den-buvisoco.fcf6be21-d24d-45c8-b2aa-a016fdefc708.html (aufgerufen am 24.06.2017).

Biddle, J. E., Hamermesh, D. S. (1998): Beauty, productivity, and discrimination: Lawyers' looks and lucre. Journal of Labor Economics, 16(1), S. 172–201.

Bissell, K., Parrott, S. (2013): Prejudice: The Role of the Media in the Development of Social Bias. Journalism & Communication Monographs, Vol. 15 (4), S. 219–270.

Blair, R. D., Romano, R. E. (1993): Pricing decisions of the newspaper monopolist. Southern Economic Journal, 59(4), S. 721–732.

Blasco, A., Pin, P., Sobbrio, F. (2014): Paying Positive to Go Negative: Advertisers' Competition and Media Reports. Quaderni-Working Paper DSE.

Blasco, A., Sobbrio, F. (2012): Competition and commercial media bias. Telecommunications Policy, 36(5), S. 434–447.

Boorstin, D. J. (1961): The image or what happened to the American dream, New York: Harper and Row.

Borcholte, A. (2014): Bundesvision Song Contest 2014: Das Elend des deutschen Pop, http://www.spiegel.de/kultur/tv/bundesvision-song-contest-2014-revolverheld-gewinnt-bei-stefan-raab-a-992865.html (aufgerufen am 20.07.2017).

Borenstein, S. (1989): Hubs and High Fares: Dominance and Market Power in the U.S. Airline Industry. The RAND Journal of Economics 20(3), S. 344–365.

Borghans, L., Groot, L. (1998): Superstardom and monopolistic power: Why media stars earn more than their marginal contribution to welfare. Journal of Institutional and Theoretical Economics (JITE) / Zeitschrift für die gesamte Staatswissenschaft, 154(3), S. 546–571.

Bowbrick, P. (1983): The Economics of Superstars: Comment. American Economic Review, 73(3), S. 459.

Box Office Mojo (2015): Average profit per Hollywood film between 2004 and 2013, by genre (in million U.S. dollars), Nomura Holdings. https://www.statista.com/statistics/309022/hollywood-profit-per-film-genre/ (aufgerufen am 29.07.2017).

Boyle, D. J. (1992): Evaluation of Music Ability, in: Colwell, Richard (Hrsg.): Handbook of Research on Music Teaching and Learning: a Project of the Music Educators National Conference, New York: Schirmer, S. 247–265.

Boyle, D. J., Radocy, R. E. (1987): Measurement and Evaluation of Musical Experiences. New York: Schirmer.

bpb (2010a): Fernsehunterhaltung, http://www.bpb.de/nachschlagen/zahlen-und fakten/globalisierung/52780/fernsehunterhaltung (aufgerufen am 20.07.2017).

bpb (2010b): Musik, http://www.bpb.de/nachschlagen/zahlen-und-fakten/globalisierung/52783/musik (aufgerufen am 21.07.2017).

Brady, F. (1990): Citizen Welles: A Biography of Orson Welles, London: Hodder and Stoughton.

Brainpool (2017a): Bundesvision Song Contest / Shows / Programs / Home, http://www.brainpool.de/en/Programs/Shows/Bundesvision-Song-Contest (aufgerufen am 21.07.2017).

Brainpool (2017b): Bundesvision Song Contest, http://tvtotal.prosieben.de/events/bundesvision-song-contest/2014/ (aufgerufen am 21.07.2017).

Brandes, L., Franck, E., Nüesch, S. (2008): Local Heroes and Superstars: An Empirical Analysis of Star Attraction in German Soccer. Journal of Sports Economics, 9(3), S. 266–286.

Bredenkamp, J., Wippich, W. (1977): Lern- und Gedächtnispsychologie. Stuttgart: Kohlhammer, 2.

Brewer, S., Kelley, J., Jozefowicz, J. (2009): A blueprint for success in the US film industry. Applied Economics, 41(5), S. 589–606.

Brigitte (2010): Kommunikationsanalyse 2010. Frauen in Deutschland: Einstellungen, Marken, Medien, http://ems.guj.de/fileadmin/redaktion/Print/Deutsch/Portfolio/Titel/brigitte/KA_2010_Berichtsband.pdf, (aufgerufen am 20.06.2017).

Brigitte (2012): Kommunikationsanalyse 2012. Frauen in Deutschland: Einstellungen, Marken, Medien, http://ems.guj.de/fileadmin/redaktion/Print/Deutsch/Portfolio/Titel/brigitte/KA_2012_Druck_V10.pdf, (aufgerufen am 20.06.2017).

Bruine de Bruin, W. (2005): Save the last dance for me: unwanted serial position effects in jury evaluations. Acta Psychologica, 118(3), S. 245–260.

Bruine de Bruin, W. (2006): Save the last dance II: Unwanted serial position effects in figure skating judgments. Acta Psychologica, 123(3), S. 299–311.

Bruning, E., Saqib, N. U. (2013): Cultural similarity and national bias: an assessment in an international service context. Journal of Global Marketing, 26(1), S. 41–56.

Bryson, A., Rossi, G., Simmons, R. (2014): The migrant wage premium in professional football: a superstar effect? Kyklos, 67(1), S. 12–28.

Buchanan, J. M., Tullock, G. (1962): The calculus of consent, 3, Ann Arbor: University of Michigan Press.

Budzinski, O. (2009): Europäische Medienmärkte: Die Rolle der Wettbewerbspolitik. Medienökonomik: Ordnungsökonomische Grundfragen und Gestaltungsmöglichkeiten, Stuttgart, S. 337–361.

Budzinski, O. (2016): Aktuelle Herausforderungen der Wettbewerbspolitik durch Marktplätze im Internet. Ilmenauer Diskussionsreihen, Diskussionspapier Nr. 103.

Budzinski, O., Pannicke, J. (2016): Culturally biased voting in the Eurovision Song Contest: Do national contests differ? Journal of Cultural Economics, 43, S. 343–378.

Budzinski, O., Pannicke, J. (2017a): Do preferences for pop music converge across countries? – Empirical evidence from the Eurovision Song Contest. Creative Industries Journal, 10(2), S. 168–187.

Budzinski, O., Pannicke, J. (2017b): Does Popularity Matter in a TV Song Competition? Evidence from a National Music Contest. Ilmenau Economics Discussion Papers, 21(106).

Burke, J. (2008): Primetime Spin: Media Bias and Belief Confirming Information. Journal of Economics & Management Strategy, 17(3), S. 633–665.

Caillaud, B., Bruno J. (2003): Chicken & Egg: Competition among Intermediation Service Providers. The RAND Journal of Economics, 34(2), S. 309–328.

Campbell B, Galbraith J.W. (1996): Nonparametric tests of the unbiasedness of Olympic figure-skating judgments. Statistician, 45(4), S. 521–526.

Castellano, C., Fortunato, S., Loreto, V. (2009): Statistical physics of social dynamics. Reviews of modern physics, 81(2), S. 591.

Chambers, T. (2003): Radio Programming Diversity in the Era of Consolidation. Journal of Radio Studies, 10(1), S. 33–45.

Christensen, M.; Christensen, C. (2008): The After-Life of Eurovision 2003: Turkish and European Social Imaginaries and Ephemeral Communicative Space. Popular Communication, 6(3), S. 155–172.

Chung, K. H., Cox, R. A. K. (1994): A Stochastic Model of Superstardom: An Application of the Yule Distribution: Review of Economics and Statistics, 76(4), S. 771–775.

Clerides, S., Stengos, T. (2006): Love thy Neighbor, Love thy Kin: Voting Biases in the Eurovision Song Contest. Discussion Paper 01, University of Cyprus.

Connolly, M., Krueger, A. B. (2006): Rockonomics: The Economics of Popular Music. Handbook of Economics of Art and Culture, 1(1), S. 667–719.

Corden W. (1952): The maximisation of profit by a newspaper. The Review of Economic Studies, 20(3), S. 181–190.

Corneo, G. (2006): Media Capture in a Democracy. Journal of Public Economics, 90 (1–2), S. 37–58.

Cowen, T. (1998): In Praise of Commercial Culture, Harvard University Press, Cambridge and London.

Cowen, T. (2000): What Price Fame. Cambridge, MA: Harvard University Press.

Davidson, S., Farrell, L., Fry, T.R., Mihajilo, S. (2008): Contestability of Australian Federal Elections. Australian Journal of Political Science, 43(3), S. 547–554.

de Bruin, W. B. (2006): Save the last dance II: Unwanted serial position effects in figure skating judgments. Acta psychologica, 123(3), S. 299–311.

De Silva, I. (1998): Consumer selection of motion pictures. In: Litman, B. R. (Hrsg.): The motion picture mega industry, Needham Heights, MA: Allyn Bacon, S. 144–171.

De Smet, D., Vanormelingen, S. (2012): The Advertiser is Mentioned Twice. Media Bias in Belgian Newspapers, Hub Research Papers.

De Vany, A. (2004): Hollywood Economics: How extreme uncertainty shapes the film industry, London.

Dekker, E., de Jong, M. (2016): What Do Book Awards Signal? An Analysis of Book Awards in Three Countries. Working Paper. Erasmus University Rotterdam.

DellaVigna, S., Kaplan, E. (2007): The Fox News Effect: Media Bias and Voting. Quarterly Journal of Economics, 122(3), S. 1187–1234.

Demange, G., Gale, D. (1985): The strategy structure of two-sided matching markets. Econometrica: Journal of the Econometric Society, 53(4), S. 873–888.

Destatis (2012): Volkswirtschaftliche Gesamtrechnungen, Inlandsproduktsberechnung. Statistisches Bundesamt, Lange Reihen ab 1970, Fachserie 18 Reihe, S: 1.5, http://de.statista.com/statistik/daten/studie/161553/umfrage/konsumausgaben-der-privaten-haushalte-in-deutschland-fuer-freizeit-und-kultur/ (aufgerufen am 20.07.2017).

De Vany, A., Walls, W. D. (1999): Uncertainty in the Movie Industry: Does Star Power Reduce the Terror of the Box Office? Journal of Cultural Economics, 23(4), S. 285–318.

Dewenter R., Heimeshoff, U. (2013): Neustrukturierung der öffentlich-rechtlichen Fernsehlandschaft: theoretische Hintergründe und Reformoptionen. In: Dewenter, R. Haucap, J., Kehder, C. (Hrsg.): Wettbewerb und Regulierung in Medien, Politik und Märkten, Festschrift für Jörn Kruse zum 65. Geburtstag, Nomos Verlagsgesellschaft mbH & Co. KG, S. 225–260.

Dewenter, R. (2006): Two-sided Markets. Medienwirtschaft – Zeitschrift für Medienmanagement und Medienökonomie, 3(2), S. 57–62.

Dewenter, R. (2007a): Crossmediale Fusionen und Meinungsvielfalt: Eine ökonomische Analyse. In: Fechner, F. (Hrsg.): Crossmediale Fusionen und Meinungsvielfalt, Medienrechtliche Schriften, Technische Universität Ilmenau, S. 47–89.

Dewenter, R. (2007b): Das Konzept der zweiseitigen Märkte am Beispiel von Zeitungsmonopolen. Medienwirtschaft – Zeitschrift für Medienmanagement und Medienökonomie, 4, S. 6–14.

Dewenter, R. (2011): Der Mediensektor zwischen Wettbewerb und Regulierung: aktueller und zukünftiger (De-) Regulierungsbedarf. In: Theurl, T. (Hrsg.): Gute Regeln oder Wirtschaftslenkung, Berlin, S. 145–179.

Dewenter, R., Heimeshoff, U. (2014): Media bias and advertising: Evidence from a German car magazine. Review of Economics, 65(1), S. 77–94.

Dewenter, R., Heimeshoff, U. (2015): More ads more revs: A note on media bias in review likelihood. Economic Modelling, 44, S. 156–161.

Dewenter, R., Rösch, J. (2015): Einführung in die neue Ökonomie der Medienmärkte. Eine wettbewerbsökonomische Betrachtung aus Sicht der Theorie der zweiseitigen Märkte. Wiesbaden: Gabler.

Djankov, S., McLiesh, C., Nenova, T., Shleifer, A. (2003): Who owns the media? The Journal of Law and Economics, 46(2), S. 341–382.

Dogru, B. (2013): Modeling Voting Behavior in the Eurovision Song Contest. MPRA Paper, Gumushane University.

dpa (2002): Die Streit-Fälle von Salt Lake City. http://www.faz.net/aktuell/sport/hintergrund-die-streit-faelle-von-salt-lake-city-150228.html (aufgerufen am 20.07.2017).

Druckman, J. N., Parkin, M. (2005): The impact of media bias: How editorial slant affects voters. Journal of Politics, 67(4), S. 1030–1049.

Duerksen, G. L. (1972): Some effects of expectation on evaluation of recorded musical performance. Journal of Research in Music Education, 20(2), S. 268–272.

Dyen, I., Kruskal, J.B., Black, P. (1992): An Indo-European classification: A lexicostatistical experiment. Transactions of the American Philosophical Society 82(5), S. 1–132.

EBU-UER (2013): EBU – Members, https://www.ebu.ch/about/member (aufgerufen am 20.04.2017).

Ecke, O. (2011): Relevanz der Medien für die Meinungsbildung. Empirische Grundlagen zur Ermittlung der Wertigkeit der Mediengattungen bei der Meinungsbildung, Präsentation der Studienergebnisse, München.

Eder, J. (2007): Spiel-Figuren. Computeranimierte Familienfamilie und der Wandel von Figurenkonzeptionen im gegenwärtigen Kino. In: Leschke, R.; Venus, J. (Hrsg.): Spielformen im Spielfilm. Zur Medienmorphologie des Kinos nach der Postmoderne. Bielefeld, S. 271–298.

Elberse, A. (2007): The Power of Stars: Do Star Actors Drive the Success of Movies? Journal of Marketing, 71(4), S. 102–120.

Eliashberg, J., Shugan, S. M. (1997): Film Critics: Influencers or Predictors? Journal of Marketing, 61(4), S. 68–78.

Elliott, C., Simmons, R. (2008): Determinants of UK Box Office success: the impact of quality signals. Review of Industrial Organisation, 33(2), S. 93–111.

Ellman, M., Germano, F. (2009): What do the papers sell? A model of advertising and media bias. The Economic Journal, 119(537), S. 680–704.

Elvik, R. (1995): Explaining the distribution of state funds for national road investments between counties in Norway: Engineering the standards or vote trading. Public Choice, 85(3), S. 371–388.

Engel, B., Breunig, C. (2015): Ergebnisse der ARD/ZDF-Langzeitstudie: Massenkommunikation 2015: Mediennutzung im Intermediavergleich, Ergebnisse der ARD/ZDF-Langzeitstudie, Media Perspektiven, 7–8, S. 310–322.

Entman, R. M. (2007): Framing Bias: Media in the Distribution of Power. Journal of Communication, 57 (1), S. 163–173.

Esmer, Y. (2006): Globalization, 'McDonaldization' and Values: Quo Vadis? Measuring and Mapping Cultures, S. 79–98.

Eurofound (2012): Working time developments – 2011. European Foundation for the Improvement of Living and Working Conditions, http://www.eurofound.europa.eu/docs/eiro/tn1204022s/tn1204022s.pdf (aufgerufen am 10.07.2017).

European Broadcasting Union (2013): Rules of the 59th Eurovision Song Contest, http://www3.ebu.ch/files/live/sites/ebu/files/Knowledge/Publication%20 Library/EBU_ESC2014_RULES_EN.pdf (aufgerufen am 21.07.2017).

European Broadcasting Union (2017): In a nutshell, https://eurovision.tv/history/in-a-nutshell/ (aufgerufen am 21.07.2017).

Evans, D. S. (2003): Some empirical aspects of multi-sided platform industries. Review of Network Economics, 2(3), S. 191–209.

Evans, D. S., Schmalensee, R. (2007): The Industrial Organization of Markets with Two-sided Platforms, Competition Policy International, 3(1), S. 151–179.

Evans, W., Kessides, I. (1993): Localized Market Power in the U.S. Airline Industry. Review of Economics and Statistics, 75(1), S. 66–75.

Facebook (2017): Facebook Fourth Quarter and Full Year 2016 Results, https://de.statista.com/statistik/daten/studie/151159/umfrage/umsatz-von-facebook-in-2009-nach-segmenten/ (aufgerufen am 29.07.2017).

Farrell, J., Saloner, G. (1986): Installed base and compatibility: Innovation, product preannouncements, and predation. The American economic review, 76(5), S. 940–955.

Felbermayr, G. J., Toubal, F. (2010): Cultural proximity and trade. European Economic Review, 54(2), S. 279–293.

Fenn, D., Suleman, O., Efstathiou, J., Johnson, N. F. (2006): How does Europe make its mind up? Connections, cliques, and compatibility between countries in the Eurovision Song Contest. Physica A: Statistical Mechanics and its Applications, 360(2), S. 576–598.

Ferreira, F., Waldfogel, J. (2013): Pop Internationalism: Has Half a Century of World Music Trade Displaced Local Culture? The Economic Journal, 123(569), S. 634–664.

Filimon, N., López-Sintas, J., Padrós-Reig, C. (2011): A test of Rosen's and Adler's theories of superstars. Journal of Cultural Economics, 35(2), S. 137–161.

Fiske, H. E. (1994): Evaluation of vocal performances: Experimental research evidence. In: Welch, G., Murao, T. (Hrsg.): Onchi and Singing Development, London, S. 74–1003.

Fleischer, A., Felsenstein, D. (2002): Cost-Benefit Analysis Using Economic Surpluses: A Case Study of a Televised Event, Journal of Cultural Economics, 26(2), S. 139–156.

Flôres, Jr., R.G., Ginsburgh, V.A. (1996): The Queen Elisabeth Musical Competition: How Fair Is the Final Ranking? Journal of the Royal Statistical Society. Series D (The Statistician), 45(1), S. 97–104.

Forbes (2016): Celebrities, https://www.forbes.com/celebrities/list/) (aufgerufen am 20.06.2017).

Franck, E., Nüesch, S. (2007): Avoiding 'Star Wars': Celebrity Creation as Media Strategy. Kyklos, Vol. 60(2), S. 211–230.

Franck, E., Nüesch, S. (2008): Mechanisms of superstar formation in German soccer: Empirical evidence. European Sport Management Quarterly, 8(2), S. 145–164.

Franck, E., Nüesch, S. (2012): Talent and/or popularity: what does it take to be a superstar? Economic Inquiry, 50(1), S. 202–216.

Franck, E., Opitz, C. (2002): Julia Roberts, Tom Hanks & Co: Wie Stars zur effizienten Zuordnung von Filmen auf Filmkonsumenten beitragen. Arbeitspapier des Lehrstuhls für Unternehmensführung und-politik der Universität Zürich.

Frank, R. H., Cook, P. J. (1995): The Winner-take-all Society: How More and More Americans Compete for Ever Fewer and Bigger Prizes, Encouraging Economic Waste, Income Inequality, and an Impoverished Cultural Life. New York: Free Press.

FSF (2009): Richtlinien zum Umgang mit Castingshows und vergleichbaren Formaten Ergebnis der „AG Deutschland sucht den Superstar“ des FSF-Kuratoriums / Sitzung vom 19.09.2008.

Fu, Q., Lu, J. (2012): The optimal multi-stage contest. Economic Theory, 51 (2), S. 351–382.

Gabszewicz, J. J., Laussel, D., Sonnac, N. (2004): Programming and advertising competition in the broadcasting industry, Journal of Economics & Management Strategy 13(4), S. 657–669.

Gaitanides, M. (2001): Was sind Moviestars wert? - Empirische Befunde zu Rangposition, Substitutionsmöglichkeiten und Kassenerfolg von Stars. In: Gaitanides, M., Kruse, J. (Hrsg.): Stars in Film und Sport: Ökonomische Analyse des Starphänomens, Hamburger Forum Medienökonomie Bd. 3, München: Fischer, S. 7–22.

Gal-Or, E., Geylani, T., Yildirim, T. P. (2012): The impact of advertising on media bias. Journal of Marketing Research, 49(1), S. 92–99.

Gambaro, M. Puglisi, R. (2015): "What do ads buy? Daily coverage of listed companies on the Italian press. European Journal of Political Economy, 39, S. 41–57.

Gamson, J. (1994): Claims to Fame: Celebrity in Contemporary America, University Press Group Ltd.

García, D., Tanase, D. (2013): Measuring cultural dynamics through the Eurovision song contest. Advances in Complex Systems, 16(8), S. 1–33.

Garcia-del-Barrio, P., Pujol, F. (2007): Hidden monopsony rents in winner-take-all markets—sport and economic contribution of Spanish soccer players. Managerial and Decision Economics, 28(1), S. 57–70.

Gatherer, D. (2004): Birth of a Meme: the Origin and Evolution of Collusive Voting Patterns in the Eurovision Song Contest, Journal of Memetics - Evolutionary Models of Information Transmission, Letter, 8(1).

Gatherer, D. (2006): Comparison of Eurovision Song Contest Simulation with Actual Results Reveals Shifting Patterns of Collusive Voting Alliances. Journal of Artificial Societies and Social Simulation, 9(2).

Gentzkow, M. A., Shapiro, J. M. (2006): Media Bias and Reputation. Journal of Political Economy, 114(2), S. 280–316.

Gentzkow, M. A., Shapiro, J. M. (2010): What Drives Media Slant? Evidence from U.S. Daily Newspapers. Econometrica, 78(1), S. 35–71.

Gentzkow, M., Glaeser, E. L., Goldin, C. (2006): The rise of the fourth estate. How newspapers became informative and why it mattered. Corruption and Reform: Lessons from America's Economic History, University of Chicago Press, S. 187–230.

George, L. M., Peukert, C. (2014): YouTube Decade: Cultural Convergence in Recorded Music. NET Institute Working Paper, S. 14–11.

George, L., Waldfogel, J. (2003): Who affects whom in daily newspaper markets? Journal of Political Economy, 111(4), S. 765–784.

Georgiou, M. (2008): In the End, Germany will Always Resort to Hot Pants: Watching Europe Singing, Constructing the Stereotype. Popular Communication, 6(3), S. 141–154.

Gerber, A. S., Karlan, D., Bergan, D. (2009): Does the media matter? A field experiment measuring the effect of newspapers on voting behavior and political opinions. American Economic Journal: Applied Economics, 1(2), S. 35–52.

Germano, F., Meier, M. (2013): Concentration and self-censorship in commercial media. Journal of Public Economics, 97, S. 117–130.

Gersbach, H., Schmutzler, A. (2014): Does globalization create superstars? A simple theory of managerial wages. European Economic Review, 71, S. 34–51.

Gershman, J. (2012): America's Idol? How the Contestant Most Voted for Doesn't Always Win. Quadrivium: A Journal of Multidisciplinary Scholarship, 4(1).

Gilbert, A. (1984): Bank Market Structure and Competition: A Survey. Journal of Money, Credit and Banking, 16(4), S. 617–645.

Ginsburgh, V. (2003): Awards, success and aesthetic quality in the arts. Journal of Economic Perspectives, 17(2), S. 99–111.

Ginsburgh, V. (2005): Languages, genes, and cultures. Journal of Cultural Economics, 29(1), S. 1–17.

Ginsburgh, V. A., Van Ours, J. C. (2003): Expert opinion and compensation: Evidence from a musical competition. The American Economic Review, 93(1), S. 289–296.

Ginsburgh, V., Noury, A. G. (2008): The Eurovision song contest. Is voting political or cultural? European Journal of Political Economy, 24(1), S. 41–52.

Ginsburgh, V., Weber, S. (2014): Culture, Linguistic Diversity, and Economics. In: Ginsburgh, V., Throsby, D. (Hrsg.): The Handbook of the Economics of Art and Culture, 2, S. 507–544.

Ginsburgh, V., Weyers, S. (1999): On the perceived quality of movies. Journal of cultural economics, 23(4), S. 269–283.

Ginsburgh, V., Weyers, S. (2014): Nominees, winners, and losers. Journal of cultural economics, 38(4), S. 291–313.

Giuffre, K. (1999): Sandpiles of Opportunity: Success in the Art World. Social Forces, 77(3), S. 815–832.

Glejser, H., Heyndels, B. (2001): Efficiency and Inefficiency in the Ranking in Competitions: The Case of the Queen Elisabeth Music Contest. Journal of Cultural Economics, 25(2), S. 109–129.

Grossman, S. J. (1981): The informational role of warranties and private disclosure about product quality. The Journal of Law and Economics, 24(3), S. 461–483.

Guiso, L., Sapienza, P., Zingales, L. (2009): Cultural biases in economic exchange? The Quarterly Journal of Economics, 124(3), S. 1095–1131.

Guo, W.-C., Lai, F. C. (2014): Media Bias When Advertisers Have Bargaining Power. Journal of Media Economics, 27 (3), S. 120–136.

Gustafsson, K. E. (1978): The circulation spiral and the principle of household coverage, Scandinavian Economic History Review, 26 (1), S. 1–14.

Haan, M. A., Dijkstra, S. G., Dijkstra, P. T. (2005): Expert judgment versus public opinion? Evidence from the Eurovision Song Contest. Journal of Cultural Economics, 29(1), S. 59–78.

Halvorsen, R., Palmquist, R. (1980): The Interpretation of Dummy Variables in Semilogarithmic Equations. The American Economic Review, 70(3), S. 474–475.

Hamermesh, D. S., Biddle, J. E. (1993): Beauty and the labor market. National Bureau of Economic Research.

Hamilton, J.T. (2004): All the News that Fit to Sell, Princeton: NJ.

Hamlen, W. (1991): Superstardom in Popular Music: Empirical Evidence. The Review of Economics and Statistics, 73(4), S. 729–733.

Hamlen, W. A. Jr. (1994): Variety and Superstardom in Popular Music, Economic Inquiry - Western Economic Association International, 32(3) S. 395–406.

Hanemann, M. W. (1991): Willingness to Pay and Willingness to Accept: How Much Can They Differ? The American Economic Review, 81 (3), S. 635–647.

Hasebrink, U. (2016): Meinungsbildung und Kontrolle der Medien, http://www.bpb.de/gesellschaft/medien/medienpolitik/172240/meinungsbildung-und-kontrolle-der-medien?p=all (aufgerufen am 03.07.2017).

Haucap, J. (2006): Warum sind einige Spielfilme erfolgreich, andere aber nicht: Einige ökonomische Überlegungen, Medienwirtschaft – Zeitschrift für Medienmanagement und Medienökonomie, 3, S. 6–15.

Heath, A., Evans, G. (1994): Tactical voting: concepts, measurement and findings. British Journal of Political Science, 24(4), S. 557–561.

Heinrich, J. (2010): Medienökonomie: Band 2: Hörfunk und Fernsehen. Springer-Verlag.

Heizler, O., Kimhi, A. (2012): Who will be idol? The importance of social networks for winning on reality shows. The Journal of Socio-Economics, 41(1), S. 18–25.

Hennig-Thurau, T., Houston, M. B., Sridhar, S. (2006): Can Good Marketing Carry a Bad Product? Evidence from the Motion Picture Industry. Marketing Letters, 17 (3), S. 205–219.

Henning-Thurau, T., Dallwitz-Wegner, D. (2003): Zum Einfluss von Filmstars auf den ökonomischen Erfolg von Spielfilmen, Working Paper Nr. 2, Bauhaus-Universität Weimar.

Herfindahl, O.C. (1950): Concentration in the Steel Industry, Dissertation. New York: Columbia University.

Hirschman, A.O. (1945): National Power and the Structure of Foreign Trade, Bureau of Business and Economic Research. Berkeley: University of California.

Hirschman, A.O. (1964): The Paternity of an Index. The American Economic Review 54(5), S. 761–762.

Hofstede, G. (1980): Culture's Consequences, Beverly Hills, California.

Hofstede, G. (1991): Culture and Organizations, London.

Hofstede, G. (2003): Culture's consequences: Comparing values, behaviors, institutions and organizations across nations. Sage publications.

Holbrook, M. B. (1999): Popular appeal versus expert judgments of motion pictures. Journal of consumer research, 26(2), S. 144–155.

Holbrook, M. B., Addis, M. (2007): Taste versus the market: An extension of research on the consumption of popular culture. Journal of Consumer Research, 34(3), S. 415–424.

Hotelling, H. (1929): Stability in competition. The Economic Journal, 39(153), S. 41–57.

Iannaccone, L. R. (1998): Introduction to the economics of religion. Journal of Economic Literature, XXXVI, S. 1465–1496.

IMDb (2017): Genre: Animation. http://www.imdb.com/genre/animation (aufgerufen am 29.07.2017).

Jessee, S. A. (2010): Partisan bias, political information and spatial voting in the 2008 presidential election. The Journal of Politics, 72(2), S. 327–340.

Jurgenson, N. (2010): The de-McDonaldization of the Internet. In Ritzer, G. (Hrsg.): McDonaldization. The Reader. Thousand Oaks, S. 159–170.

Kahn L. M. (2000): The Sports Business as a Labor Market Laboratory. Journal of Economic Perspectives, 14(3), S. 75–94.

Kaimann, D., Pannicke, J. (2017): Do computer animated movies outperform traditional movie genres? Empirical evidence from the US movie industry, Manuskript (überarbeitete Version des Diskussionspapiers 20(98), Ilmenauer Diskussionsreihen).

Kaiser, U., Song, M. (2009): Do media consumers really dislike advertising? An empirical assessment of the role of advertising in print media markets. International Journal of Industrial Organization, 27(2), S. 292–301.

Kamenkova (2014): „Es geht nicht (mehr) um den besten Song", http://www.eurovision.de/auf_ein_wort/Es-geht-nicht-mehr-um-besten-Song,kamenkova101.html (aufgerufen am 21.07.2017).

Kantzenbach, E. (1988): Zum Verhältnis von publizistischem und ökonomischem Wettbewerb aus ökonomischer Sicht. In: Hoffmann-Riem, Wolfgang (Hrsg.): Rundfunk im Wettbewerbsrecht. Der öffentlich-rechtliche Rundfunk im Spannungsfeld zwischen Wirtschaftsrecht und Rundfunkrecht. Baden-Baden: Nomos, S. 78–83.

Katz, M. L., Shapiro, C. (1985): Network externalities, competition, and compatibility. The American economic review, 75(3), S. 424–440.

Keane, M., Moran, A. (2008): Television's new engines. Television & New Media, 9(2), S. 155–169.

Kerkhof, A., Münster, J. (2015): Quantity restrictions on advertising, commercial media bias, and welfare. Journal of Public Economics, 131, S. 124–141.

Kiefer, M.L. (2005): Medienökonomik, München, Wien, 2. Auflage.

Kokko, A., Tingvall P. G. (2012): The Eurovision Song Contest, Preferences and European Trade, Ratio Working Paper No. 183.

Koschat, M. A. (2012): The Impact of Movie Reviews on Box Office: Media Portfolios and Intermediation of Genre. Journal of Media Economics, 25, S. 35–53.

Kressley, K.M. (1978): Integrated television in Europe: a note on the EUROVISION network, International Organization, 32(4), S. 1045–1050.

Krueger, A. B. (2005): The Economics of Real Superstars: The Market for Rock Concerts in the Material World. Journal of Labor Economics, 23(1), S. 1–30.

Kruse, J. (1996): Publizistische Vielfalt und Medienkonzentration unter dem Einfluß von Marktkräften und politischen Entscheidungen. In: Altmeppen, K. (Hrsg.): Ökonomie der Medien und des Mediensystems, Opladen, S. 25–52.

Kruse, J. (1999): Wieviel öffentlich-rechtliches Fernsehen brauchen wir noch? Diskussionsbeitrag zur Wirtschaftspolitik, Universität der Bundeswehr Hamburg, Institut für Wirtschaftspolitik, Nr. 101, Hamburg.

Kuckartz, U. (2010): Klimabewusstsein in Europa. Jahrbuch Ökologie 2011, Stuttgart, S. 128–137.

Kull, S., Ramsay, C., Lewis, E. (2003): Misperceptions, the media, and the Iraq war. Political Science Quarterly, 118(4), S. 569–598.

Kuran, T. (1994): Religious economics and the economics of religion. Journal of Institutional and Theoretical Economics, 150, S. 769–775.

Lazarsfeld, P. F., Berelson, B., Gaudet, H. (1948): The people's choice: How the voter makes up his mind in a presidential campaign. New York: Columbia University Press.

Lee, D. S., Moretti, E., Butler, M. J. (2004): Do voters affect or elect policies? Evidence from the US House. The Quarterly Journal of Economics, 119(3), S. 807–859.

Lee, J. (2006): American Idol: Evidence of Same-Race Preferences? The B.E. Journal of Economic Analysis & Policy, 9(1), S. 1–21.

Lehmann, E. E., Schulze, G. G. (2008): What does it take to be a star?–The role of performance and the media for German soccer players. Applied Economics Quarterly, 54(1), S. 59–70.

Leibenstein, H. (1950): Bandwagon, Snob, and Veblen Effects in the Theory of Consumers' Demand. Quarterly Journal of Economics, 64 (2), S. 183–207.

Leland, H. E. (1979): Quacks, lemons, and licensing: A theory of minimum quality standards. Journal of political economy, 87(6), S. 1328–1346.

Link, A. M. (1998): US and non-US submissions: an analysis of reviewer bias. Jama, 280(3), S. 246–247.

Litman, B. R. (1983): Predicting Success of Theatrical Movies. An Empirical Study. Journal of Popular Culture, 16(4), S. 159–175.

Litman, B. R., Kohl, L. S. (1989): Predicting financial success of motion pictures: The' 80s experience. Journal of Media Economics, 2(2), S. 35–50.

Liu, Y. (2006): Word of mouth for movies: Its dynamics and impact on box office revenue. Journal of marketing, 70(3), S. 74–89.

Lucifora, C., Simmons, R. (2003): Superstar effects in sport: Evidence from Italian soccer. Journal of Sports Economics, 4(1), S. 35–55.

Lynch, K. (2015): Eurovision Song Contest für den am längsten, regelmäßig laufenden, im Fernsehen ausgestrahlten, Musikwettbewerb von Guinness World Records ausgezeichnet, http://www.guinnessworldrecords.de/news/2015/5/eurovision-song-contest-fur-den-am-langsten-regelmassig-laufenden-im-fernsehen-a-379520 (aufgerufen am 21.07.2017).

MacDonald, G. (1988): The Economics of Rising Stars. The American Economic Review, 78(1), S. 155–166.

Maier, M. (2002): Zur Konvergenz des Fernsehens in Deutschland. Ergebnisse qualitativer und repräsentativer Zuschauerbefragungen. Konstanz: UVK, 618.

Manasse, P., Turrini, A. (2001): Trade, wages, and 'superstars'. Journal of international Economics, 54(1), S. 97–117.

Marshall, A. (1947): Principles of Economics. 8th ed. New York: MacMillan.

Masnick, M., Ho, M. (2012): The Sky is Rising, http://www.ccianet.org/CCIA/files/ccLibraryFiles/Filename/000000000733/Sky%20is%20Rising%202013.pdf (aufgerufen am 10.05.2017).

Mason, E. (1939): Price and Production Policies of Large-Scale Enterprise. The American Economic Review, 29(1), S. 61–74.

McCall, L., Percheski, C. (2010): Income inequality: New trends and research directions. Annual review of sociology, 36, S. 329–347.

McCort, D. J., Malhotra N. K. (1993): Culture and Consumer Behavior: Toward an Understanding of Cross-Cultural Consumer Behavior. Journal of International Consumer Marketing, 6(2), S. 91–127.

Médaille Charlemagne (2016): Médaille Charlemagne – Eurovision Song Contest (2016), http://medaille-charlemagne.eu/akteure/eurovision-song-contest/ (aufgerufen am 21.07.2017).

Media Perspektiven (2017): Bruttowerbeaufwendungen in Publikumszeitschriften in den Jahren 2014 und 2015 nach Segmenten (in Millionen Euro), Statista, https://de.statista.com/statistik/daten/studie/154899/umfrage/werbeauf wendungen-in-publikumszeitschriften/ (aufgerufen am 06.04.2017).

Menger, P. M. (1999): Artistic labor markets and careers. Annual review of sociology, 25(1), S. 541–574.

Messner, H. (2013): Pay-TV in Deutschland: ein schwieriges Geschäftsmodell. Springer-Verlag.

Mlinar, Z. (1992): Individuation and globalization: the transformation of territorial social organization. Globalization and territorial identities, 26, S. 15–34.

Morgan, H. N., Rotthoff, K. W. (2014): The harder the task, the higher the score: Findings of a difficulty bias. Economic Inquiry, 52(3), S. 1014–1026.

Mueller, D. (2003): Public Choice III, Cambridge: Cambridge University Press.

Mullainathan, S., Shleifer, A. (2002): Media bias, Working Paper Nr. 9295, National Bureau of Economic Research.

Mullainathan, S., Shleifer, A. (2005): The market for news. The American Economic Review, 95(4), S. 1031–1053.

Musgrave, R.A. (1959): The Theory of Public Finance. McGraw Hill, New York.

Mylonas, K. (2009): Statistical analysis techniques based on cross-cultural research methods: Cross-cultural paradigms and intra-country comparisons. Psychology: The Journal of the Hellenic Psychological Society, 16(2), S. 185–204.

Mylonas, K., Furnham, A. (2014): Bias in Terms of Culture and a Method for Reducing It: An Eight-Country "Explanations of Unemployment Scale" Study. Educational and Psychological Measurement, 74(1), S. 77–96.

Nelson, P. (1970): Information and consumer behavior. Journal of Political Economy, 78(2), S. 311–329.

News Aktuell (2008): Werbung steht bei immer mehr Frauen hoch im Kurs, http://www.presseportal.de/pm/6788/1222781/werbung-steht-bei-immer-mehr-frauen-hoch-im-kurs (aufgerufen am 20.06.2017).

Norddeutscher Rundfunk (2015): Peter Urban: „Man kann Ann Sophie nichts vorwerfen", http://www.ardmediathek.de/tv/Eurovision-Song-Contest/Peter-Urban-Man-kann-Ann-Sophie-nichts/Das-Erste/Video?bcastId=9525092&documentId=28484804&merkliste (aufgerufen am 21.07.2017).

Norddeutscher Rundfunk (2016): ESC 2016 erreicht 204 Millionen Menschen weltweit, http://www.eurovision.de/news/ESC-2016-erreicht-204-Millionen-Menschen-weltweit,zuschauer200.html (aufgerufen am 21.07.2017).

Norddeutscher Rundfunk (2017): Häufige Fragen rund um den ESC, http://www.eurovision.de/Fragen-und-Antworten,faq117.html (aufgerufen am 21.07.2017).

Oates, W. E. (1972): Fiscal federalism. New York, HBJ.

Ottaviani, M. (1999): Monopoly pricing with social learning. London Business School.

Page, L., Page, K. (2010): Last shall be first: A field study of biases in sequential performance evaluation on the Idol series. Journal of economic behavior & organization, 73(2), S. 186–198.

Pannicke, J. (2016a): Abstimmungsverhalten im Bundesvision Song Contest: Regionale Nähe versus Qualität der Musik. Zeitschrift für Kulturmanagement: Kunst, Politik, Wirtschaft und Gesellschaft, 2(2), S. 39–66.

Pannicke, J. (2016b): Media Bias in Women's Magazines: Do Advertisements Influence Editorial Content? International Journal of Applied Economics, 13(2), S. 74–93.

Perri, T. (2013): A Competitive Model of (Super)Stars. Eastern Economic Journal, 39(3), S. 346–357.

Petrova, M. (2011): Newspapers and parties: How advertising revenues created an independent press. American Political Science Review, 105(04), S. 790–808.

Petrova, M. (2012): Mass media and special interest groups. Journal of Economic Behavior & Organization, 84(1), S. 17–38.

Pindyck, R. S., Rubinfeld, D. L. (2009): Mikroökonomie. Pearson Deutschland GmbH.

Pine, B. J., Gilmore, J. H. (1998): Welcome to the experience economy. Harvard business review, 76, 97–105.

Poitras, M., Sutter, D. (2009): Advertiser pressure and control of the news: The decline of muckraking revisited. Journal of Economic Behavior & Organization, 72(3), S. 944–958.

Popović, R. (2000): International bias detected in judging rhythmic gymnastics competition at Sydney-2000 Olympic Games. Facta universitatis-series: Physical Education and Sport, 1(7), S. 1–13.

Prag, J.; Casavant, J. (1994): An empirical study of the determinants of revenues and marketing expenditures in the motion picture industry, in: Journal of Cultural Economics, 18, 217–235.

Price, C. J. (2003): Interfering Owners or Meddling Advertisers: How Network Television News Correspondents Feel About Ownership and Advertiser Influence on News Stories. Journal of Media Economics, 16(3), S. 175–88.

Prinz, J., Weimar, D., Deutscher, C. (2012): Popularity Kills the Talentstar? Einflussfaktoren auf Superstargehälter in der NBA. Zeitschrift für Betriebswirtschaft, Vol. 82 (7–8), S. 789–806.

Psychogiopoulou, E. (2006): The Cultural Mainstreaming Clause of Article 151(4) EC: Protection and Promotion of Cultural Diversity or Hidden Cultural Agenda? European Law Journal, 12(5), S. 575–592.

Putrevu, S. (2005): Differences in Readers' Response Towards Advertising Versus Publicity. Psychological Reports, 96(1), S. 207–212.

PwC (2012): German Entertainment and Media Outlook 2012–2016. PricewaterhouseCoopers AG Wirtschaftsprüfungsgesellschaft, Fachverlag Moderne Wirtschaft, Frankfurt.

PwC (2015): German Entertainment and Media Outlook 2015–2019. PricewaterhouseCoopers AG Wirtschaftsprüfungsgesellschaft, Fachverlag Moderne Wirtschaft, Frankfurt.

PwC (2016): Gesamtumsätze der Unterhaltungs- und Medienbranche in Deutschland in den Jahren 2003 bis 2020* (in Millionen Euro). In Statista - Das Statistik-Portal. https://de.statista.com/statistik/daten/studie/3211/umfrage/umsatzentwicklung-der-unterhaltungs--und-medienbranche-seit-2003/ (aufgerufen am 20.07.2017).

Queen Elisabeth Competition (2017): Queen Elisabeth Competition http://cmireb.be/cgi?lg=en&pag=2030&tab=108&rec=4396&frm=0&par=aybabtu (aufgerufen am 21.07.2017).

Ravid, S. A., Basuroy, S. (2004): Executive Objective Function, the Rating Puzzle and the Production of Violent Movies. Journal of Business, 77(S2), S. 155–192.

Renner, C. (2017): Redaktionelle Werbung/ Inhalte, http://medienrecht-blog.com/a-z/redaktionelle-werbunginhalte/ (aufgerufen am 26.07.2017).

Reuter, J. (2009): Does Advertising Bias Product Reviews? An Analysis of Wine Ratings. Journal of Wine Economics, 4(2), S. 125–151.

Reuter, J. E., Zitzewitz, E. (2006): Do Ads Influence Editors? Advertising and Bias in the Financial Media? The Quarterly Journal of Economics, 121(1), S. 197–227.

Rinallo, D., Basuroy, S. (2009): Does Advertising Spending Inuence Media Coverage of the Advertiser? Journal of Marketing, 73(6), S. 33–46.

Ritzer, G. (1993): The McDonaldization of Society: An Investigation into the Changing Character of Contemporary Social Life. Newbury Park, CA: Pine Forge Press.

Rochet, J. C., Tirole, J. (2006): Two-sided markets: a progress report. The RAND journal of economics, 37(3), S. 645–667.

Rochet, J.C., Tirole, J. (2002): Cooperation among competitors; some economics of payment card associations. The RAND Journal of Economics, 33(4), S. 549–570.

Rochet, J.C., Tirole, J. (2003): Platform Competition in Two-sided Markets. Journal of the European Economic Association, 1(4), S. 990–1029.

Romer, D. (2006): Do firms maximize? Evidence from professional football. Journal of Political Economy, 114(2), S. 340–365.

Rommel, J. (2013): Bundesvision Song Contest 2013 mit Johannes Oerding, http://www.schlagerplanet.com/news/tv-video/tv-tipps-und-kritiken/bundesvision-song-contest-2013-mit-johannes-oerding_n1795.html (aufgerufen am 29.07.2017).

Röper (2012): Zeitungsfinanzierung, http://www.bpb.de/gesellschaft/medien/lokaljournalismus/151250/zeitungsfinanzierung (aufgerufen am 26.07.2017).

Rosen, R. (2005): Two-Sided Markets: A Tentative Survey. Review of Network Economics, 4(2), S. 142–160.

Rosen, S. (1981): The Economics of Superstars. The American Economic Review, 71(5), S. 845–858.

Rosen, S., Sanderson, A. (2001): Labour markets in professional sports. The Economic Journal, 111(469), S. 47–68.

Ross, J. S., Gross, C. P., Desai, M. M., Hong, Y., Grant, A. O., Daniels, S. R., Krumholz, H. M. (2006): Effect of blinded peer review on abstract acceptance. Jama, 295(14), S. 1675–1680.

Rothenberg, J. (1962): Consumer Sovereignity and the Economics of TV Programming. Studies in Public Communication 4(1), S. 45–54.

Rysman, M. (2009): The economics of two-sided markets. The Journal of Economic Perspectives, 23(3), S. 125–143.

Salganik, M. J., Dodds, P. S., Watts, D. J. (2006): Experimental study of inequality and unpredictability in an artificial cultural market. Science, 311(5762), S. 854–856.

Salganik, M. J., Watts, D. J. (2008): Leading the Herd Astray: An Experimental Study of Self-fulfilling Prophecies in an Artificial Cultural Market. Social Psychology Quarterly, 71(4), S. 338–355.

Sawhney, M. S., Eliashberg, J. (1996): A Parsimonious Model for Forecasting Gross Box-Office Revenues of Motion Pictures. Marketing Science, 15(2), S. 113–131.

Schmidt, H. M. (2016): ESC: Teuer, banal, langweilig? Meckern über den ESC – was ist dran an der Kritik? https://www.noz.de/deutschland-welt/vermischtes/artikel/711599/meckern-uber-den-esc-was-ist-dran-an-der-kritik (aufgerufen am 21.07.2017).

Schmidt, M., Berri, D. (2001): Competitive Balance and Attendance: The Case of Major League Baseball. Journal of Sports Economics, 2(2), S. 145–167.

Schulze, G. (2003): Superstars. In: Towse, R. (Hrsg.): A Handbook of Cultural Economics, Cheltenham: Edward Elgar Publishing, S. 431–436.

Schweiger, W., Brosius, H. (2003): Eurovision Song Contest – beeinflussen Nachrichtenfaktoren die Punktvergabe durch das Publikum? Medien und Kommunikationswissenschaft, 51(2), S. 271–294.

Sekaran, U. (1983): Methodological and Theoretical Issues and Advancements in Cross-Cultural Research. Journal of International Business Studies, 14 (2), S. 61–73.

Shapiro, C. (1983): Premiums for high quality products as returns to reputations. The quarterly journal of economics, 98(4), S. 659–679.

Shor, B., Rogowski, J. C. (2016): Ideology and the US congressional vote. Political Science Research and Methods, S. 1–19.

Simon, H.A. (1955): On a class of skew distribution functions. Biometrika, 42(3–4), S. 425–440.

Sobbrio, F. (2011a): Indirect Lobbying and Media Bias. Quarterly Journal of Political Science, 6(34), S. 235–274.

Sobbrio, F. (2011b): A citizen-editors model of news media. Working Paper. IMT Lucca.

Spierdijk, L., Vellekoop, M. (2009): The structure of bias in peer voting systems: Lessons from the Eurovision Song Contest. Empirical Economics, 36(2), S. 403–425.

Spierdijk, L., Voorneveld, M. (2009): Superstars without Talent? The Yule Distribution Controversy. The Review of Economics and Statistics, 91(3), S. 648–652.

Spiteri, J., (2015): When Is No News Good News? A Model of Information Disclosure and Commercial Media Bias. Working paper. University of Edinburgh.

Statistic Brain Research Institute (2017): YouTube Company Statistics, http://www.statisticbrain.com/youtube-statistics/ (aufgerufen am 21.07.2017).

Steiner, P., (1952): Program Patterns and Preferences, and the Workability of Competition in Radio Broadcasting. Quarterly Journal of Economics, 66(2), S. 194–223.

Stiftung für Zukunftsfragen (2013), Zukunft der Freizeit, http://www.stiftung-fuerzukunftsfragen.de/de/forschung/forschungsthemen/die-zukunft-der-freizeit.html (aufgerufen am 20.07.2017).

Stigler, G. J., Becker, G. S. (1977): De Gustibus Non Est Disputandum. American Economic Review, 67(2), S. 76–90.

Stoiber, M. (2003). Die nationale Vorbereitung auf EU-Regierungskonferenzen: interministerielle Koordination und kollektive Entscheidung, 8, Mannheimer Beiträge zur politischen Soziologie und positiven politischen Theorie.

Stratmann, T. (1992): The Effects of Logrolling on Congressional Voting. The American Economic Review, 82(5), S. 1162–1176.

Stratmann, T. (1995): Logrolling in the US Congress. Economic Inquiry, 33(3), S. 441–456.

Stratmann, T. (1997): Logrolling. In: Mueller, D. C. (Hrsg.): Perspectives on Public Choice. Cambridge: Cambridge University Press, S. 322–341.

Strömberg, D. (2004): Mass media competition, political competition, and public policy. The Review of Economic Studies, 71(1), S. 265–284.

Suarez-Vazquez, A. (2011): Critic Power or Star Power? The Influence of Hallmarks of Quality of Motion Pictures: an experimental approach. Journal of Cultural Economics, 35(2), S. 119–135.

Sullivan, D. (1985): Testing Hypotheses About Firm Behavior in the Cigarette Industry. Journal of Political Economy, 93(3), S. 586–598.

Sumner, D. (1981): Measurement of Monopoly Behavior: An Application to the Cigarette Industry. The Journal of Political Economy, 89(5), S. 1010–1019.

Tolle, E. (1994): Informationsökonomische Erkenntnisse für das Marketing bei Qualitätsunsicherheit der Konsumenten. Zeitschrift für betriebswirtschaftliche Forschung, 46(11), S. 926–938.

Treme, J., Allen, S.K. (2011): Press Pass: Payoffs to Media Exposure Among National Football League (NFL) Wide Receivers. Journal of Sports Economics, 12(3), S. 370–390.

Tsay, C. J. (2013): Sight over sound in the judgment of music performance. Proceedings of the National Academy of Sciences, 110(36), S. 14580–14585.

Turner, G. (2004): Understanding Celebrity, London.

Tylor, E. B. (1871): Primitive Culture: Researches into the Development of Mythology, Philosophy, Religion, Art and Custom. 2, London.

Van de Vijver, F. J. R. (2011): Capturing bias in structural equation modeling. In: Davidov, E., Schmidt, P., Billiet, J. (Hrsg.): Cross-cultural analysis. Methods and applications. New York, NY: Routledge. S. 3–34.

Van der Wurff, R., Van Cuilenburg, J. (2001): Impact of moderate and ruinous competition on diversity: The Dutch television market. The Journal of Media Economics, 14(4), S. 213–229.

VDZ, McKinsey (2012): Veränderte Medienlandschaft – Veränderte Media Spendings, http://www.pzonline. de/fileadmin/images/ 121031_VDZ_McKinsey_Studie_Publishers_Summit_final.pdf (aufgerufen am 20.06.2017).

Verrier, D. B. (2012): Evidence for the influence of the mere-exposure effect on voting in the Eurovision Song Contest. Judgment and Decision Making, 7(5), S. 639–643.

Vettas, N. (1997): On the informational role of quantities: Durable goods and consumers' word-of-mouth communication. International Economic Review, S. 915–944.

Viswanathan, S., Kuruzovich, J., Gosain, S., & Agarwal, R. (2007): Online infomediaries and price discrimination: Evidence from the automotive retailing sector. Journal of Marketing, 71(3), S. 89–107.

Vogel, H. L. (2007): Entertainment Industry Economics: A Guide for Financial Analysis, 7. Auflage, Cambridge.

VPRT (2015): Umsätze der audiovisuellen Medien in Deutschland 2016, Statistik 2015 – Prognosen 2016 – Trends 2017–2021. Verband Privater Rundfunk und Telemedien, http://www.vprt.de/sites/default/files/documents/VPRT-Marktprognose-Audiovisuelle%20Medien-in-Deutschland-2016.pdf?c=1 (aufgerufen am 27.07.2017).

VPRT (2017): Auf Wachstumskurs: Pay-TV und Videodienste setzen erstmals 3 Milliarden Euro um, (http://www.vprt.de/verband/presse/pressemitteilungen/content/auf-wachstumskurs-pay-tv-und-videodienste-setzen-erstmals-?c=4 (aufgerufen am 27.07.2017).

VuMa. (2016): Verbrauchs- und Medienanalyse - VuMA 2016, http://de.statista.com/statistik/daten/studie/171428/umfrage/in-den-letzten-3-monaten-gelesene-zeitschriftenarten/ (aufgerufen am 24.06.2017).

Wagner, B. (2002): Kulturelle Globalisierung, Von Goethes 'Weltliteratur zu den weltweiten Teletubbies'. aus Politik und Zeitgeschichte, Bonn, Bundeszentrale für politische Bildung, 12, S. 10–18.

Wallace, W. T., Seigerman, A., Holbrook, M. B. (1993): The role of actors and actresses in the success of films: how much is a movie star worth? Journal of Cultural Economics, 17(1), S. 1–27.

Walls, W. D. (2005): Modelling Movie Success When "Nobody knows anything": Conditional Stable-Distribution Analysis of Film Returns. Journal of Cultural Economics, 29(3), S. 177–190.

Walter, J. (2014): Media Bias durch Werbung – Das Beispiel Frauenzeitschriften, Masterthesis TU Ilmenau.

Watson, J. J., Wright, K. (2000): Consumer ethnocentrism and attitudes toward domestic and foreign products. European journal of Marketing, 34(9/10), S. 1149–1166.

Wernerfelt, B. (1988): Umbrella branding as a signal of new product quality: An example of signalling by posting a bond. The RAND Journal of Economics, 19(3), S. 458–466.

Western, B., Bloome, D., Percheski, C. (2008): Inequality among American families with children, 1975 to 2005. American Sociological Review, 73(6), S. 903–920.

Weyl, E. G. (2010): A price theory of multi-sided platforms. The American Economic Review, 100(4), S. 1642–1672.

Wilbur, K. C. (2008): A two-sided, empirical model of television advertising and viewing markets. Marketing science, 27(3), S. 356–378.

Wiles, P. (1963): Pilkington and the Theory of Value. The Economic Journal, 73(290), S. 183–200.

Wolf, M. J. (1999): The Entertainment Economy: How Mega-Media Forces Are Transforming Our Lives. United States: Times Books.

Wooldridge, J. M. (2009): Introductory Econometrics. A Modern Approach. 5th Edition, Cincinnati, Ohio: South-Western, Cengage Learning.

Xiang, Y., Sarvary, M. (2007): News Consumption and Media Bias. Marketing Science, 26(5), S. 611–628.

Yair, G. (1995): 'Unite Unite Europe' The political and cultural structures of Europe as reflected in the Eurovision Song Contest. Social Networks, 17(2), S. 147–161.

Yair, G., Maman, D. (1996): The persistent structure of hegemony in the Eurovision Song Contest. Acta Sociologica, 39(3), S. 309–325.

Yule, G.U., (1924): A mathematical theory of evolution, based on the conclusions of Dr. J. C. Willis, F.R.S. Philosophical Transactions of the Royal Society of London, Series B, 213, S. 21–87.

Zitzewitz, E. (2006): Nationalism in winter sports judging and its lessons for organizational decision making. Journal of Economics & Management Strategy, 15(1), S. 67–99.

6 Anhang

Tab. 1: Schätzergebnisse mir rekonstruierter Bias-Variable, BSC

	(1) **BiasW**	(2) **BiasW**
Neighb	1.848***	1.702***
	(9.69)	(9.22)
$Length\_{-CB}$	-0.000146	0.000841
	(-0.25)	(1.46)
$Capital\_Dis_{AB}$	0.00189***	0.000984**
	(6.15)	(3.19)
FormerGDR	0.00567	0.108
	(0.06)	(1.08)
Male_solo	0.0700	0.0395
	(0.38)	(0.22)
Duet	-0.0967	0.0758
	(-0.40)	(0.33)
Group	-0.0243	0.0513
	(-0.14)	(0.32)
Order	0.00457	-0.00407
	(0.40)	(-0.37)
Opening	0.122	0.0309
	(0.56)	(0.15)
Host	0.0425	0.0252
	(0.22)	(0.13)
Religion	0.0946	0.00283
	(0.59)	(0.02)
$Openness_{AB}$		1.528***
		(3.93)
$Agreeableness_{AB}$		-3.083***
		(-4.26)
$Extraversion_{AB}$		4.886***
		(6.15)
$Neuroticism_{AB}$		0.122

	(1) **BiasW**	(2) **BiasW**
		(0.30)
$\text{Conscientiousness}_{AB}$		5.626***
		(10.59)
_cons	-1.101***	-1.901***
	(-3.98)	(-6.88)
N	2304	2304

t statistics in parentheses

* $p < 0.05$, ** $p < 0.01$, *** $p < 0.001$

Tabelle 2: Beispiel der Punkteverteilungs-Rekonstrukion, BSC

Year	**Country A**	**Country B**	**Bereinigt Points to B**	**Points to B**	**Bias Without Country A**	**Bias**
2005	BB	BB	omitted	12	-3,533333	9,2
2005	BB	BE	12	10	4,9333333	3,133333
2005	BB	BW	5	4	0,0666667	-0,86667
2005	BB	BY	0	0	-0,533333	-1,13333
2005	BB	HB	4	3	2,4	1,133333
2005	BB	HE	10	8	-0,8	-2,06667
2005	BB	HH	0	0	-2,933333	-2,93333
2005	BB	MV	0	0	0	-0,8
2005	BB	NI	3	2	-2,666667	-3,53333
2005	BB	NW	0	0	0	-0,66667
2005	BB	RP	0	0	0	-0,66667
2005	BB	SA	0	0	-0,266667	-1
2005	BB	SH	7	6	-2,133333	-2,26667
2005	BB	SN	8	7	3,6	2,733333
2005	BB	TH	6	5	2,0666667	1,133333
2005	BB	SL	2	1	-0,2	-1,4

Tabelle 3: Schätzergebnise, ESC, 1998–2008 (Zuschauervoting)

	(1) **Bias**	(2) **Bias**
Neighb	1.649***	1.098***
	(8.20)	(4.40)
Length_CB	0.00131***	0.00157***
	(4.47)	(4.13)
Capital_Dis	-0.000180***	-0.0000978
	(-4.25)	(-1.62)
Lang	1.364***	0.732***
	(7.56)	(3.53)
Male_solo	0.0211	-0.0103
	(0.26)	(-0.10)
Duet	0.135	0.196
	(1.03)	(1.16)
Group	-0.0272	-0.0468
	(-0.32)	(-0.45)
English	0.00950	0.0912
	(0.14)	(1.05)
French	-0.355	-0.378
	(-1.84)	(-1.78)
Order	0.00108	0.00583
	(0.21)	(0.95)
Opening	-0.0169	-0.0910
	(-0.10)	(-0.40)
Host	0.0105	0.0121
	(0.06)	(0.06)
Religion	0.529***	0.292**
	(6.86)	(2.99)
PDI		-0.00590*
		(-2.30)
IDV		-0.00585*
		(-1.97)
MAS		-0.00687**
		(-2.87)

	(1) Bias	(2) Bias
UAI		-0.00697**
		(-2.91)
_cons	-0.116	0.380
	(-0.91)	(1.86)
N	8040	5018

t statistics in parentheses

* $p < 0.05$, ** $p < 0.01$, *** $p < 0.001$

Tabelle 4: Schätzergebnisse mit Semifinale-Variable, ESC

	(1) Bias	(2) Bias
Semifinal	0.103	0.159
	(1.48)	(1.76)
Neighb	2.058***	0.872***
	(11.54)	(3.56)
Length_CB	0.000712**	0.00184***
	(2.77)	(4.81)
Capital_Dis	-0.000264***	-0.000264***
	(-7.04)	(-4.22)
Lang	1.945***	1.001***
	(10.24)	(4.35)
Male_solo	0.0149	-0.00301
	(0.21)	(-0.03)
Duet	0.171	0.0530
	(1.28)	(0.26)
Group	-0.0241	-0.0444
	(-0.29)	(-0.40)
English	0.0389	0.153
	(0.61)	(1.72)
French	-0.162	-0.323
	(-0.72)	(-1.21)
Order	-0.000234	0.00379
	(-0.05)	(0.61)

	(1) **Bias**	(2) **Bias**
Opening	-0.0727	-0.0449
	(-0.44)	(-0.21)
Host	0.0336	0.0221
	(0.21)	(0.11)
Religion	0.562***	0.271**
	(7.69)	(2.68)
PDI		-0.00535*
		(-2.04)
IDV		-0.00338
		(-1.13)
MAS		-0.00531*
		(-2.25)
UAI		-0.00494*
		(-2.05)
_cons	-0.0590	0.430*
	(-0.48)	(2.03)
N	9753	4922

t statistics in parentheses

* $p < 0.05$, ** $p < 0.01$, *** $p < 0.001$

Schriften zur Politischen Ökonomik
Evolutorische und ökologische Aspekte

Political Economics, Competition and Regulation

Herausgegeben von / Edited by Udo Müller, Oliver Budzinski, Yücel Calbay, Jörg Jasper und Torsten Sundmacher

Band 1 Jörg Jasper / Torsten Sundmacher (Hrsg.): Ökologische Kompatibilität und technologischer Wandel. 2000.

Band 2 Torsten Sundmacher: Das Umweltinformationsinstrument Ökobilanz (LCA). Anwendungsbezug und instrumentelle Ausgestaltungsmöglichkeiten. 2002.

Band 3 Oliver Budzinski / Jörg Jasper (Hrsg.): Wettbewerb, Wirtschaftsordnung und Umwelt. Festschrift für Udo Müller. 2004.

Band 4 Robert König: Die Elementarschadenversicherung in der Bundesrepublik Deutschland als Element der finanziellen Risikovorsorge gegen Naturereignisse. Diskussion staatlicher Regulierungsoptionen am Fallbeispiel der Hochwasser 2002 unter Berücksichtigung versicherungswirtschaftlicher Präferenzen. 2006.

Band 5 Sven Twelemann: Stromwirtschaft im Spannungsfeld zwischen Wettbewerb und Klimapolitik. Eine Untersuchung am Beispiel des deutschen Strommarktes. 2006.

Band 6 Shin-Yuan Tsai: Globalization Effects on China's Influence on Taiwan Economy. 2007.

Vol. 7 Marina Grusevaja / Christoph Wonke / Ulrike Hösel / Malcolm H. Dunn (Hrsg.): Quo vadis Wirtschaftspolitik? Ausgewählte Aspekte der aktuellen Diskussion. Festschrift für Norbert Eickhof. 2008.

Band 8 Ann Kathrin Buchs: Schutz der Biodiversität durch Benefit-sharing? Das Beispiel pharmazeutischer Bioprospektierung. 2009.

Band 9 Susanna Hübner: Wettbewerbsanalyse des Fernsehsektors. Anforderungen an eine neue Rundfunkordnung aus ordnungspolitischer Sicht. 2009.

Band 10 Arndt Christiansen: Der "More Economic Approach" in der EU-Fusionskontrolle. Entwicklung, konzeptionelle Grundlagen und kritische Analyse. 2010.

Vol. 11 Claudia Schmidt: Refusal to License Intellectual Property Rights as Abuse of Dominance. 2010.

Band 12 Ninja Mariette Lehnert: Möglichkeiten und Grenzen der ökologischen Innovationspolitik im Pkw-Verkehr. 2013.

Band 13 Dirk-Christof Stüdemann: Europäische Politik aus einem Guss? Energiepolitik zwischen europäischen Visionen und nationalen Realitäten am Beispiel von Deutschland und Frankreich. 2014.

Band 14 Oliver Budzinski / Arne Feddersen (eds.): Contemporary Research in Sports Economics. Proceedings of the 5th ESEA Conference. 2014.

Band 15 Karoline H. Köhler: Wettbewerbspolitische Aspekte des „Amazon-Falls". Analyse der ökonomischen Auswirkungen horizontaler und vertikaler Beschränkungen unter Berücksichtigung der Charakteristika von Onlinemärkten. 2016.

Band 16 Julia Pannicke: The Economics of Entertainment. Eine theoretische und empirische Untersuchung vor dem Hintergrund der Ökonomik der Medienverzerrung und der Superstars. 2018.

www.peterlang.com

www.ingramcontent.com/pod-product-compliance
Ingram Content Group UK Ltd.
Pitfield, Milton Keynes, MK11 3LW, UK
UKHW021823290926
8980IPUK00004B/237

9 783631 767023